为什么孩子不服你

解决父母教育难题，改变家长教育方式

张小雪 著

中国友谊出版公司

图书在版编目（CIP）数据

为什么孩子不服你 / 张小雪著. -- 北京：中国友谊出版公司，2017.11
ISBN 978-7-5057-4186-7

Ⅰ.①为… Ⅱ.①张… Ⅲ.①家庭教育 Ⅳ.①G78

中国版本图书馆 CIP 数据核字(2017)第 223867 号

书名	为什么孩子不服你
作者	张小雪
出版	中国友谊出版公司
发行	中国友谊出版公司
经销	新华书店
印刷	北京兆成印刷有限责任公司
规格	710×1000 毫米　16 开
	17.5 印张　284 千字
版次	2017 年 11 月第 1 版
印次	2017 年 11 月第 1 次印刷
书号	ISBN 978-7-5057-4186-7
定价	39.80 元
地址	北京市朝阳区西坝河南里 17 号楼
邮编	100028
电话	（010）64668676

前　言

教育问题是一个让很多家长都感到困惑的问题，相信在大家心里，教育从来没有像现在这样让我们感到每天都是新的。社会在变，环境在变，过去适用的教育方法到了今天就不一定适用了，所以，家长要随着环境的变迁，不断地对自身的教育方法进行调整，才能适应长大的孩子以及不断变化的社会。

当你有了孩子，你是如此关心他的成长，他的第一个微笑，第一次翻身，第一次迎着你的召唤蹒跚学步，第一次开口说话，第一次用他稚嫩的小手摸着你的脸安慰你的痛苦，第一次背着书包上学校，第一次拿回成绩单让你签字，第一次为你做饭……对你来说都是人生的重新体验。它是快乐的体验，是能让你抛掉一切烦恼的体验，是让你从内心深处得到满足的体验。然而，快乐每增添一分，你的忧虑似乎也毫不留情地增加一分。孩子的成长是一个不断出现问题、解决问题的过程，而当他长到十几岁的时候，你几乎开始怀疑自己，怀疑孩子，你甚至怀疑你们之间是无法沟通的，怀疑你和孩子以前的情谊将成为过眼云烟，迷茫却不知道如何是好，是要放弃还是要在痛苦之中继续挣扎，你因不知道答案而无所适从。

相信每位父母都希望自己的孩子优秀。但现实中认为孩子不如意的父母却十有八九，有的孩子在父母和他人的眼里，甚至会成为十足的"坏孩子"。对于表现一般的孩子，父母对他们的要求可以放得很低，但当父母有一个不乖的孩子的时候，这对一个家庭来说是无比痛苦的事。这样的孩子会使家庭失去和美，使父母失去希望，使生活麻烦不断，使父母脸面全无……每个孩子都承载着一个家庭的希望，曾有个"坏孩子"的父母说："看到孩子这样，我连死的心都有。"为什么父母"连死的心都有"？原因就是当父母看到自己孩子"坏"时，他们束手无策，没有有效的办法对他的"坏孩子"进行管教。在父母的心里，对自己孩子已经失去了信心，认为孩子已经"病入膏肓"，已经"无可救药"了。

所以我们发现，与孩子们生活在一起，将他们养育成人是一个极富挑战性、极易让人筋疲力尽的过程，仅仅有爱心是远远不够的，很多情况下还需要我们充满智慧和耐力。什么才是跨越代沟、进入孩子心灵世界的钥匙，怎样才能与我们的孩子亲密无间地沟通？父母首先要明白，有时候青少年的疯狂根本是毫无理由，无理取闹，他们只是叛逆。不幸的是，你无论做什么都无济于事。

"你这孩子怎么那么不听话？"面对孩子的行为做父母的常常忍不住脱口而出。是的，天凉了让加衣服就是不加，地板凉可就是要光着脚丫，每天就是不要刷牙，吃饭就是要把饭弄得满桌子都是，见到长辈不懂得礼貌，在屋里总是要把屋子弄得乱七八糟，到吃饭的时间了还要看电视，从来不主动做作业等，无论怎么说都不听。

无数家长为此烦恼，家里充满呵斥和吵嚷声，可是没用，火药味越发浓烈，问题却解决不了。

无忧的物质生活、空前的学习压力、紧密的亲情缠绕是当代独生子女的生活写照。孩子们有许多疑问：我的快乐在哪里？我的痛苦源于什么？我为什么要活着？因为不了解他们内心真正的需求，疑惑的家长也要问：我的孩子怎么了？我的教育错在哪里？

一个孩子，如果长大了还是只会被动接收，等着别人帮他做决定或者做事情，那么当他步入社会时，是不会被重视的。所以家长要注重从小培养孩子的良好行为习惯，为他们以后的成功打下坚实的基础。

教育孩子是百年大计，社会、学校、家庭从来没有像今天这样重视孩子的教育和成长。国内外的出版人士也把眼光转向望子成龙的亿万父母，每年有许多"父母必读"类的新书摆在书架的显眼处。但家长面对各种版本的教子书，也不一定能找到适合教育自己孩子的方法。

本书将给您提供教育的技巧与接受教育训练的机会，给您走进孩子内心世界的钥匙，指引您切身体会孩子内心的感受。通过一些有效的方法，帮助您和孩子建立起一个能够快乐交流的平台，使孩子变得愿意与父母配合。掌握了交流的技巧，就能开启孩子的心灵世界，与孩子达成美妙的交流沟通，让孩子在您的引导下身心健康地发展。本书从多个角度说明了孩子不同阶段所需要的理解，对在培养孩子各种良好行为习惯过程中需要注意的问题做出了简要分析，给予家长一个很好的参照。

这本书共分上、中、下三篇，从父母的言行举止和教育方式的角度阐明了父母培养孩子的方法，并对其进行全方位、深入细致地描写，内容涵盖了孩子成长过程中的不少问题，使父母读后能在孩子成长过程中为孩子保驾护航，让孩子对家长的教育心服、口服。

没有不成功的孩子，只有不成功的父母。一个天才般的孩子，是没有道理被埋没的，除非父母没有掌握正确的教育方法，没有培养孩子正确的学习生活习惯。所以各位家长从现在开始，从阅读本书开始，做一个明智的家长吧！

作　者

2016 年 4 月

学习篇

- 一 亲子伴读,智慧共享——影响 / 3
- 二 高分背后不一定是孩子的灿烂前程——分数 / 8
- 三 鼓励孩子多问"为什么"——兴趣 / 16
- 四 让书本生活化,让学习游戏化——方法 / 26
- 五 开采孩子大脑中的"金矿"——智力 / 36
- 六 让孩子与书"亲密接触"——阅读 / 44
- 七 孩子在学习中成长,在摸索中前行——探索 / 51
- 八 不做孩子的"监工"——思考 / 58
- 九 多让孩子"自己来"——自觉 / 68
- 十 谁动了孩子的童年——快乐 / 76
- 十一 别让分数成为孩子的枷锁——放松 / 83
- 十二 把孩子打磨成钻石,每个切面都闪光——全能 / 87

引导篇

- 一 为孩子制定"跳一跳,够得着"的目标——目标 / 95
- 二 给孩子的问题挖个"引水渠"——提问 / 103
- 三 帮助孩子给情绪贴上序号——自控 / 110
- 四 让孩子和挫折握手言欢——坚强 / 118
- 五 阳光聚焦才能燃烧,孩子专注才能成功——专注 / 123
- 六 给孩子金山银山,不如培养孩子好习惯——习惯 / 132
- 七 用放大镜发现孩子的闪光点——天赋 / 141

八　锁定孩子的最佳才能坐标——特长 / 148

九　让孩子懂得"百善孝为先"——孝顺 / 156

十　用赞美的雨滴滋润孩子的心田——鼓励 / 163

十一　将孩子推到人群中去——交际 / 174

十二　去掉多余的爱,还孩子自主成长的权利——个性 / 182

亲子篇

一　教育从读懂孩子的心开始——了解 / 191

二　为爱点一盏灯——爱护 / 196

三　为沟通搭一座桥——沟通 / 203

四　什么样的水,养什么样的鱼——氛围 / 211

五　做孩子的好朋友,陪孩子一起玩物长志——平等 / 218

六　穿上孩子的鞋走路——换位 / 226

七　在孩子的心里撒下一颗爱的种子——关心 / 232

八　孩子有自己的时间表——自由 / 239

九　不要以爱的名义伤害孩子——空间 / 245

十　让"良言"如阳光照亮孩子的心房——交流 / 251

十一　给孩子100%的爱,也要给孩子100%的
　　　尊重——尊重 / 257

十二　把握爱的尺度,再富也要穷孩子——适度 / 265

学习篇

一　亲子伴读，智慧共享——影响

1. 求知型父母的重要

《中国妇女报》曾经刊登了"家庭教育有奖问卷调查"，收到来自全国 30 多个省市近 5000 份答卷，还有近 200 封父母和孩子们的来信。在调查中发现，58%的父母认为自己在教育孩子方面能力属于一般水平；52.2%的父母认为自己需要学习如何教育孩子；44%的父母认为自己非常需要学习怎样教育孩子。其中，很多父母谈道：我不知道如何指导孩子看电视、玩游戏机等；我不知道为孩子推荐什么样的儿童报刊和课外书；我不知道从哪里能获得教育孩子的知识和方法；我不知道用什么方法和自己的孩子交流等。所有这些都说明，要做一个成功的父母，教育孩子首先要教育自己。

父母是孩子的第一任老师，也是终身的老师。当孩子慢慢长大，父母的知识便显得有些落后了，这个时候，作为父母的我们就该补充一些新知识，补充一些孩子喜欢的知识，让孩子愿意和我们在一起，而不是因为我们在知识上的缺乏而疏远我们。

教育是门艺术，记住，是门艺术。你要先看看自己，有没有给他创造个让他可以探索、可以学习的环境，这是比较重要的；再者看看你自己是不是比较喜欢学习，如果你是个爱学习的人，那么小孩也会跟着你学，小孩就是这样学习着大人的行为长大的。

如果向家长们问一句：当前家教重点在哪？马上会有家长说："提高孩子能力。"你的回答是正确的，但不完全正确，你忘了自己。在家庭教育中，许多家长之所以对孩子"不会管"，是因为他们看不到自己缺乏正确的家教观念和科学的家教方法。家长如果用不正确的观念方法去教育孩子，就如同用有缺陷的设备和方法去生产产品，其结果必然造成家教失败。

如何让孩子听话？如何不让家庭中产生悲剧？正确的做法是：运用"家庭教育全面质量管理方法"中的"全面管理"观念，在解决对孩子应该"管什么"的问题之前，家长先要解决自己"学什么"的问题。

（1）家长只有认真学习才能不被时代抛弃。

在日本、美国，孩子最尊敬的往往是自己的父母，可在中国，父母的地位如何？据一项调查显示，在孩子的心目中，母亲排到了第10位，地位父亲更是排到了第11位，远远低于各种"星"，说明父母在孩子的心目中，并不"光彩照人"。2000年4月，大连一个14岁的少年上法院提出要"炒"父母，更换自己的监护人。后经过调查，并不存在父母虐待孩子的问题，只是父母教育方法不当。

一些母亲为了家庭、为了孩子贡献了自己的一切，但孩子心目中的母亲是什么样的？一个孩子的话："我妈妈把全部心思和精力都用在了我身上，说实话，我觉得她挺不容易的，可我就是对她尊敬不起来。"辛勤操劳十几年的家长们有一天突然发现：自己没用了，被发展中的家庭、被成长中的孩子看不起了。

据上海的一项调查：31.5%的孩子认为母亲缺乏魅力、文化知识偏低、思想平庸；75.8%的孩子认为母亲应该加强学习、提高自身修养；80.2%的孩子希望母亲改进教育方式，和孩子交朋友；67.3%的孩子希望母亲尊重自己，给自己提供成长的空间；只有3.7%的孩子对母亲现行的教育方式表示能接受；7%的孩子对母亲表示敬佩。

为什么落得这样一个可悲的结局？因为思想陈旧、语言陈旧。为了能得到家庭的尊重，为了永远做一个有用的人，家长必须加强对现代家庭教育知识的学习，必须不断充实自己，只有如此，才能避免家教的失败。

（2）家长只有认真学习才能"教子成功"。

家长是什么性质的职业？它是一个不经过考核就可以上岗，永远不会因为考核不合格而下岗的职业。天下最简单就是为人父母——把孩子养大，那甚至是许多动物与生俱来的本能；天下最难的也是为人父母——它要求在没有现成的经验和方法下，必须把孩子教育成功，它体现了家长的家庭教育水平（谁也不敢在孩子出生时就保证：我一定能把孩子教育成功）。

作为家长，我们认真履行了自己的职责，明白了对孩子有责任管、管全程、管全面，这样做就行了吗？当然这还是不够！您还是没有完全尽到自己的责任，家长还要提高自己的能力，学习正确的教育方法。

绝大部分家长都是第一次当父母，从来没有全面、系统地学习过家庭教育知识。据有关调查表明，我国90%以上的家长不具备家庭教育经验，许多家庭还是以从上一代继承下来的观念（不管落后与否），以自己现有的知识程度（不管正确与否）对孩子进行家庭教育，具体表现在家庭教育中对孩子"不管"或"不会管"。

作为一名合格的家长，对孩子不仅要管（否则是失职），更要做到有能力管（否则孩子不服你管）、有方法管（否则就是形式化管理、无效的管理）。著名教育家陶行知曾经说过："我希望我的儿子做一个什么样的儿子，我自己得先做成那样一个儿子。"家长如果不学习科学的家庭教育方法，也就失去了教育孩子的能力和资格，所以说，家庭教育不仅是培养孩子的问题，更是教育两代人的事情。为了使孩子受到全面正确的教育，家长首先要接受全面正确的教育。

2. 构造学习型家庭

1996年，联合国教科文组织提出了"学会求知，学会做事，学会共同生活，学会生存"的教育目标。这是21世纪的学生必备的学习能力，也是家庭教育中的重点，是现代人学习的动力和目标。

苏霍姆林斯基曾指出：学校教育要实现学生"和谐的全面的发展"，离不开"两个教育者"学校和家庭的密切联系和协调一致的配合。他说："学校和家庭，不仅要一致行动，要向儿童提出同样的要求，而且要志同道合，抱着一致的信念，始终以同样的原则出发，无论在教育的目的上、过程上，还是手段上，都不要发生分歧。"

因此学习型家庭应成为学校和家庭教育密切结合的典范，应使学生学会学习，学会求知、做事、共处和生存。

（1）学会求知。

即在当今的信息社会，孩子不能只是接受老师教授的课本上的或课堂内的知识，还要学会自学，学会获取其他知识的本领，要学会向未知的领域求知，变"不知"为"知之"，变"知之不多"为"知之甚多"。而学会求知这一能力也需要家长作出一些表率，因为家长永远是孩子的第一任老师。

（2）学会做事。

即在社会的大学校里学会解决问题、分析问题的能力。能够独立地做一件事，用学到的知识去解决实际生活中的问题，这是要有一定实践能力的。学习上、生活上碰到了问题，都要学会自己分析、解决，如在家中能够独立地做一些家务或尝试进行家政管理等等。当然在学会做事的同时还要有一定的创新能力，充分发挥想象力，做好事情。

（3）学会共处。

即学会与家人相处、与朋友相处、与邻居相处、与同学相处，即与他人和平、友好地相处，要克服"以我为中心"的倾向。人类社会既是一个竞争的社会，更是一个合作的社会，没有合作，将一事无成，因此学习型家庭要教会孩子懂得宽容别人，懂得分享快乐，不搞独霸、独占，不能以自我为中心。

（4）学会生存。

人的一生是一个自我完善、自我发展的过程，是一个无止境的学习过程，人必须从他的生存环境中不断学习那些自然和本能没有赋予他的生存技术，例如孩子小时候我们要教他们吃饭、穿衣，稍大些要教他们识字、明礼，再大些要教他们克服困难、学会生存。当然学习不仅仅为了生存，更是为了发展，为了发展，就更需要学习，去寻找新的学习目标和学习内容，从而实现完善自我，达到自我实现的目标。

但是学习型家庭的家庭教育要体现合作学习的精神，家庭成员要平等相处，家长不能居高临下，与孩子讲话要平等，多沟通、多交流。若平等交流意见不统一，可以与孩子进行纸笔交谈。纸笔交流的好处是这种形式最适合表达双方的情意，最能妥当、婉转地说出对事情的看法，这种交流既能解决问题，又保护了孩子的自尊心，也能提高写作能力和表达能力。另外要教孩子制订学习计划，计划应制订得合适，即达到跳一跳能摘到苹果的感觉。计划制订后，家长要适当地指导、帮助孩子去实现目标，这个指导、帮助应有个度，不能代替孩子去做，不能直接帮孩子去实现目标，当然也不能让孩子实现不了这个目标，要让孩子始终保持较强的自信心去实现家庭计划。

学习型家庭更要让孩子懂得为什么学习，在教育中要渗透终身学习的理念。联合国教科文组织曾指出，在迅速变革的时代，终身教育应在社会的中心位置上，"终身教育是进入21世纪的关键所在"，要让孩子明白终身教育包括正规教育、非正规教育和非正式的教育行为和活动。学习型家庭家长应成为家庭中学习的主角，不仅要带头学习，为孩子做学习的表率，更要和孩子一起学习，相互学习，因此学习型家庭是亲子学习的典范。家长要在孩子面前做终身学习的榜样，让自己的行动证明终身教育是贯穿一个人生命全过程的教育，学习应该成为家庭的重要功能，成为家庭的一种生活方式。

通过创建学习型家庭，能使每个家庭成员懂得学习，建立更为平等的家庭关系，并在和谐、融洽的气氛中学习，使学习成为一种最基本的生存需要，成为家庭的一种生活方式，成为一件很快乐的事情。让每个学习型家庭的成员都能有终身学习的理念，都能做到活到老、学到老。在现在的信息时代、网络时代，如果不继续学习，每个人都会落后，正如伟大的教育家陶行知先生所指出的"生活即教育"的理论，学习型家庭要始终教育我们的孩子，学习是开放的，要向同学学习、向老师学习、向课本知识学习、向自然学习、向社会学习、向现代科技学习、向生活学习。

父母要树立榜样，处处做孩子的表率。年幼的孩子缺少辨别是非的能力，他们总是无意识地模仿父母的行为。父母的言行举止无论好坏都会被孩子不自觉地效仿，好的行为被效仿，当然很好，但坏的被效仿了，改变起来是很难的。当我们友好而和善地对待他人时，我们的孩子就会学到我们的善；当我们心胸狭窄、自私自利时，我们的孩子也同样学到了这些东西。所以父母亲的一言一行无不对孩子产生重要的影响。

二　高分背后不一定是孩子的灿烂前程——分数

1. 关注孩子内心需求

有这么一个故事，在美国，一个老师问孩子长大后要成为什么人，一个孩子回答道，长大后要成为小丑。那个老师立即鼓掌，表扬孩子志向远大，为了人类增加更多笑声与快乐而树立理想。而在中国，如果孩子说长大要成为小丑，一般会被训斥为胸无大志，这就是观念的区别。朋友说她的一个外国朋友立志要成为一流的调酒师，并且在为之努力，而朋友告诉她父亲时却被她父亲嘲笑，说外国人这么可笑。

这是国内外教育观念的区别，也是为什么国外有诺贝尔奖获得者，而中国没有的关键所在。中国一味追求成绩，产生应试教育，孩子的其他方面没有得到发挥，心理健康、创新思维、情商、逆商没有得到家长的重视。我想只要孩子能够健康成长，能够一辈子幸福，不管做什么父母亲都是值得开心的，这些是和成绩无关的，无论理想的大小，它都是孩子心底想要去做的，所以父母要理解孩子的内心需求才能正确地看待孩子。

杨澜，作为一位聪明的名人，又成功又这么富有，记者问她对孩子有什么期望，杨澜回答说："我不希望孩子成为什么家什么家的，只要幸福生活就够了，就算是一个工人、护士、图书馆管理员，我都很开心，只要有这三点：一是孩子身体健康；二是孩子有很多的朋友，能够处理好人际关系；三是孩子能够乐观生活，心理健康，喜欢自己所做的事情。"我想这能够给一味追求成绩的家长一些启发。

有一篇精美的英文散文，叫 following your heart，文章写了一个小女孩，十几岁时候树立了一个理想，就是长大了要做一个好母亲。大学毕业后，她同男友结婚了，然后就好好在家培养了三个孩子，作专职母亲。等到孩子们一个个成长后，她也老了，她一生没有工作过，只有一个职业：母亲！她觉得很成功，实现了自己的理想。于是有了这篇文章，叫《跟随你心的召唤》。

只要树立了理想，坚持不变一直为理想而努力，就是幸福的。这在中国也是不可思议的，哪有一个小女孩会立志要当一个母亲，把母亲当作一生的职业的，而别人就能够做到，并且很开心、很用心地去做。

如果说家长不希望孩子幸福是不可能的，但是家长现在只看成绩，用成绩掩盖孩子的其他方面，好像孩子成绩好一切都好，这难免一叶障目了。不关注孩子的身心健康，不发展孩子其他方面的天赋与爱好，是非常危险的，也把孩子推向应试教育的深渊。孩子成了家长陈旧观念的牺牲品，不觉得可悲吗？如果真的希望孩子一辈子幸福，我想不是要求孩子上重点中学、重点大学，而是像杨澜说的那三点。其实，在 21 世纪，我们的孩子基本上不必为了吃饭穿衣而忧愁，何苦一定要孩子长大了上重点大学，找份好工作呢？应该鼓励他们追求自己喜欢做的事情，就算孩子胸无大志，想做调酒师，想做小丑，想做一名专职母亲，只要孩子真的喜欢，我们就应该支持！成绩并不是唯一，学习基础知识是应该的，但我们不能忘记，应让孩子德智体美劳全面发展，让孩子有爱心、有好奇心、有创新思维、能够和其他人融洽相处、有自己自由发展的许多爱好等。如果大家能够跳出成绩这个圈子，让孩子快乐健康地成长，应该说是"善莫大焉"。

我们的家长十分关心孩子，而关心的重点主要在孩子的身体健康和学习成绩两个方面，其中学习成绩排在首位。有一项调查表明，"好好学习"是家长们嘴边最常说的话。另一项关于影响考试成绩因素的调查研究又表明：排在第1位的是考试当时的心理状况；第2位是考试前几天的心理状况；第3位是学习方法……记忆力仅仅排在第17位。可见，孩子心理健康的状况直接影响孩子的学习，我们在关注孩子身体健康和学习成绩的同时不能忽视对孩子心灵成长的关注。

我们常拿自己的孩子与别人的孩子比，殊不知孩子之间根本的差距在于家庭教育的差距。成绩只是孩子一段时期内的能力体现，并不代表孩子的发展空间和孩子的未来，家长应对孩子的成绩进步持坚信的态度，给孩子一种前进的力量。

在当前的学校教育中，总有一部分学生的考试成绩在班级中处于相对低的水平，也就是通常所指的分数差。孩子经常得到差的分数，是否就意味着孩子以后不可以转化为优等生，或长大后没有前途，没有希望呢？显然不是如此，因此父母有必要全面理性地看待孩子当前的分数。

作为家长，必须记住并帮助孩子了解：一个分数，不过是有关他们学习进步和质量的一种不十分精确的信息；一个分数，并不会告知很多有关他们真实知识的内容或他们怎样有效地运用他们正在学习的内容。由于我们关心孩子的学习，所以我们才关心分数。一般来说，孩子倾向于把家长对他们在学习质量上的期待，变成他们对自己的期待。如果父母对他们期待过高，超过他们能力所能达到的范围，那么他们就会感到受挫、失望和苦恼；如果父母对他们的期望过低，则会限制他们潜力的发挥。

因此，家长需要仔细琢磨一下对孩子学习质量的期待。通过向他们提供一个可以达到的学习目标，使孩子对自己所取得的成绩感到自豪满意，从而加强自信心。对于分数，要考虑的另一个主要方面，就是如何对它做出反应，当孩子达到或超过了父母认为能够达到的一个学习标准，并且从分数中反映出来时，父母应明智地指出导致这种分数的原因。父母可以总结出能力、努力、计划、钻研、创造性以及良好成绩反映出的其他因素。这就把分数摆到了一个正确的位置上，从而真正反映了学习的本质。

当孩子的分数没有反映出父母认为他们能够达到的学习标准时，父母就应把它当成一种诊断性信息。

低分数给出的信息是：孩子的学习出问题了。它是一次父母给予同情、鼓励和解决问题的机会。其中，父母最先的反应是对孩子表示同情，父母需要共同分担孩子可能产生的失望、挫折或气愤。如果孩子已做出了最大努力，那么，父母对于这种不懈努力的承认，"我知道你尽了最大努力，而这一点是最重要的"，就会维护孩子的尊严和自豪感。这种对待方式，不是一种空洞的老生常谈，它反映了父母具有帮助孩子解决问题以及具有鼓励孩子继续努力的信念。

父母需要设法从孩子的当前成绩中找出问题的所在。最好是孩子自己积极寻找并设计出解决的办法。这可给予孩子一种自我决定、负责和付出代价的意识，教会孩子学会怎样自助。如果有必要，可请一位教师来帮助解决这个问题。

2. 正确看待孩子的分数

每个小孩出生后都被赋予了很多的潜力，但由于人们太关注某些东西或者总受社会习俗的影响，把孩子的潜力限制了。在小学时应该让他自由发挥，多给他看点课外书什么的，因为大了再看就几乎影响不到他了，那时候的他差不多已经定型了。大了可以给他正常玩的时间，有时候玩也可以玩出他的某些潜力，包括和人的团结能力、和人的沟通能力。其实成绩好了并不一定都是好事，成绩好了孩子每次考试都会有压力，心理上会不健康。在考试前鼓励他，考试后安慰他，这样他就感受到你是爱他的。教育孩子要对事不对人，孩子做错了或考差了，不应该埋怨他，应该更加鼓励他，这样他就会更有动力学习。

现代的学生功课越来越繁重，考试压力越来越大。考试的可怕之处，是必须在规定时间正确做完老师指定的部分，才能得高分，这是被动的要素。更可怕是，家长和孩子完全被功课的分数所左右，成为分数的奴隶。功课越重，儿童的自发性越容易被剥夺，像个可怜而任人摆布的木偶，这一点很危险。

父母必须明白，分数的好坏不等于教育的成功或失败。

功课并不等同教育，不要以为努力督促子女学习便完成了家庭教育的责任，分数是死板的学习，假若父母不在孩子功课之余加上自己教育，对孩子的教育便不够全面。当然这并非说分数和功课是不重要的，相反，在一定情况下还必须看重分数。

父母要记住：读书是为了孩子的将来，而不是为了炫耀什么。一些接受过高等教育的父母顺理成章地以为子女必须也接受与自己相等的教育才有成就；有些父母以子女考进名校为荣；有些本身无机会受高等教育的父母，望子女成龙心切，希望子女都能青出于蓝胜于蓝，以为只有学习成绩好才能做个出色的人。

凡此种种，都是本末倒置的想法，把孩子的实际需要置于不顾，而勉强孩子达到并不符合他们的性格或程度的要求是错误的。

不管有没有功课，最重要的是让孩子养成主动自觉的学习方式，并在小学一、二年级的时候，要努力让他们养成短时间集中学习的习惯。

为了培养孩子这种习惯，不要一开始就督促他努力不懈，或只关心成绩。分数高也罢，分数低也罢，最重要的是找出克服困难的方法。

要考虑广泛的动手能力的培养学习。家庭里按理说不应该缺乏动手实践的机会，生活琐事、游戏、家务，都是培养孩子动手能力的大好方式。要活用这些素材，父母应给予各方面的援助。

父母与子女对成绩的感觉通常不一样。有些孩子的看法是"虽然不容易，但总算有60分"，父母却会认为"60分连好也算不上，只是及格而已"。子女对于不承认他们努力的双亲，只觉得彼此的距离越来越远。

其实大多数孩子对学习和成绩相当注意，也很努力，他们怕失败，更怕失败所带来的责骂与鄙视。因此，他们会拟定自己的学习计划，也具有竞争和不肯认输的心理，对学习能自我评价，也会考虑学习方法。总之，他们对自己的成绩，会付出努力与责任。

父母应该和孩子的学习态度加以协调，不要只看成绩的高低而强加压迫，不可只注重表面分数的高低，而应该注意孩子是否以安定的心情，不怕挫折地推进学习计划，这才是最重要的。

假如父母总以孩子的考试成绩来评定他是否用功，如果达不到标准，便会表现出一脸的不高兴，像法官对待犯人一样对待儿女，父母这种扼杀孩子上进心的态度不改变，又怎么令孩子努力读书呢？

聪明的父母都明白，考试只不过是孩子生活中的一种体验。无论成绩优劣，对孩子来说都不过只是一种经验罢了，实在不值得父母大发脾气。

聪明的父母要学会科学对待孩子的成绩：

（1）了解测试目的。

考试，实际是检验孩子这学期的学习效果和存在问题。弄清测试目的，才能看出测试反映的问题。比如，有的孩子在偏重于知识记忆的测试中分数高，而在偏重于知识运用的考试中分数可能不高。家长就不能简单地以两次分数高低来判断孩子学习退步或进步，忽略孩子能力发展方面的问题。

（2）认真分析分数的信度和效度。

分数的信度和效度可以简单地理解成分数的真实性，有许多因素会对分数的真实性产生影响。因此，家长在分析分数时，有必要与孩子一起认真分析此次考试孩子本人甚至全班、全校考试的分数真实性。只有对分数的真实性有了深刻的认识，才能依据"修正"以后的分数来分析问题，得出正确的结论。

（3）善于从分数的分析中发现孩子的进步，并及时给予恰当的表扬，以充分发挥分数的激励功能。

当孩子学习成绩进步时，家长的肯定与表扬能使孩子体会成功的喜悦，产生强烈的学习动机；当孩子学习成绩后退时，更需要家长的鼓励与帮助。从孩子的诸多不足中发现孩子的"闪光点"，最能体现家长的教育水平，比如：若总分下降，单科分有无上升的？从认知识结构看，有无掌握较好、丢分不多的部分？即使孩子某次考试一团糟，帮助他的最好办法仍然是以发展的眼光看他，鼓励他克服困难，相信他通过自己的努力，一定能迎头赶上，考出好的分数。那种否定孩子的可塑性，一棍子打死的做法，只会扑灭孩子的希望之火，使其自暴自弃。

（4）家长要平等地和孩子探讨成绩。

每当面对孩子成绩差或下降，许多家长沉不住气，"不争气""没出息""枉费了家长的一片苦心"，进而推论出孩子"太笨""没有希望"，甚至恶语相讥，拳脚相加，伤害孩子的自尊心与自信心。这样，不但无助于孩子成绩的提高，而且只能起到相反的作用。只有蹲下身来，平等地、平静地和孩子探讨、交流，孩子才能把自己真实的想法谈出来，这样才能找出孩子的问题所在。和孩子的谈话可以是口头的，也可以是书面的。书面谈话有时更为有效，书面语言比口头语言经过更深入的思考，表达更准确，学生对书面的意见能反复思考，影响更持久。如学生也书面回答家长，就形成了书面对话。书面对话是一种很好的交流形式，在学生和家长不习惯口头交流，或口头交流效果不甚理想的情况下，不妨试试书面交谈。若家长和孩子交流不畅，可能是孩子的问题，也可能是家长的方法问题，家长们必须从效果出发而改进自己的教育方法。

知脾性者莫如家长，了解孩子学习问题的莫如孩子的班主任或老师。所以和老师沟通显得尤为必要。在沟通时，家长既让老师知道孩子会的能力在哪里，也要让老师知道他的弱点在哪里，存在的问题以及对他的希望。这样老师在教育孩子时，可以因材施教，把握尺度。同样，现在家长对孩子的关注度虽然越来越高，但由于工作，他们直接接触孩子的时间并不多，孩子的问题常常很难发现，而老师就不同，因为与学生相处时间长，能够及时地发现孩子潜在的能力以及存在的问题。在了解孩子存在的问题后，家长和老师可共同商量对孩子下学期具体的教育目标与措施，以便共同有效地促进孩子的发展。

（5）家长科学地分析分数，并能对孩子学习分数的高低采取明智的态度，对孩子的学习有很大的帮助。

明智的家长在孩子考试成功时提醒他不要傲躁，不要浮躁，要脚踏实地，一步一个脚印去迎接更艰巨的挑战；而在孩子考试失利时，应先要对孩子予以他最渴望得到的安慰和鼓励，然后帮助他分析失利的原因，树立不怕困难、迎头赶上的勇气。这样，孩子才可能以更优异的成绩来回报关心他、爱护他的父母。

在中国，大多数父母一定都会对孩子的好成绩笑逐颜开，倍感欣慰，兴奋之余，也会叮嘱孩子"不要骄傲、再接再厉"之类的话；可如果孩子考得不理想，或者考得一塌糊涂，我们做父母的又该怎么做呢？这就不是每个家长都能做好的事了。

诚然，中国的教育机制还有它不完善的地方，考试成绩依然是老师和家长衡量一个学生先进与落后的唯一标准。其实这也难怪，对老师来说，作为学生，主要任务就是学习，学习成绩上不去，那怎么能算是一个好学生呢？而对家长来说，早晨，孩子背着书包挥手与你告别，傍晚又背着书包蹦蹦跳跳地回来，孩子到底在学校学了些什么？究竟学得怎么样呢？一张成绩单似乎便能说明所有的问题。所以，当面对一张考砸了的成绩单，家长的着急上火、气急败坏甚至责备打骂等行为便都可以理解了。但是这些行为不但都于事无补，还可能会对孩子造成负面的影响。所以面对孩子的各种考试成绩，我们做家长的应该平静面对才是，对孩子期望值不要过高。

现在的社会，不再是"万般皆下品，唯有读书高"的年代了，应该说是"天高任鸟飞，海阔凭鱼跃"的时代已经来临，知识虽然越来越重要，但能力同时也趋显重要了。许许多多有成就的名人，不一定都是学校教育的成功典范。孩子学习成绩不是太好，并不说明孩子就比别人差；孩子现在的成绩不理想，并不表明他的成绩就会一直不理想。孩子以后的成绩怎么样，有时完全取决于家长的一种心态。

家，应该成为孩子幸福安宁的港湾，而不是一个惩罚站。特别是孩子考试成绩不理想的时候，当懊悔、痛苦正折磨着他们的心灵时，是最需要家长抚慰的。但有的家长在恨铁不成钢之时，却往往失去了应有的理智，也失去了父母应有的慈爱。大发雷霆者有之，谩骂殴打者也有之。这其实只能使事情越来越糟，孩子受到的打击难以言述，从而造成学习热情越来越低。当孩子手捧成绩单向你汇报时，父母要给予孩子应有的鼓励，同时平静地面对孩子的每一张成绩单，与孩子一起分析每次考试成败的原因，进而帮助孩子树立起学习的信心。这样，考试成绩就不再是孩子追逐的唯一目标，让孩子形成一种健康的学习考试心态，从而促进孩子的全面发展。

三　鼓励孩子多问"为什么"——兴趣

1. 孩子不爱学习的原因

现在，有不少孩子厌学，没有从学习中找到乐趣，甚至优等生也不例外。求知是孩子认识世界的基本途径，而追求快乐是孩子的天性。如果孩子因为求知而被剥夺了快乐，在苦学的状态下学习，缺乏认知的需要，那么，他们便会产生厌学情绪。

（1）要改变孩子厌学的情绪，先要弄清孩子产生厌学情绪的原因，然后才能对症下药，让孩子快乐学习。

孩子产生厌学情绪的原因主要有以下几点：

①父母的期望值过高，为了孩子，家长可以放弃自己的事业，双休日可以不休息，为孩子辅导，陪孩子练琴、学画，孩子的心理、身体上的压力大大增加。

②父母陪读，造成孩子缺乏学习的自觉性，难以领悟学习的过程，难以独立

地解决遇到的新问题，他们体验不到独立解决问题后的成功的快乐。

③家长对孩子学习知识的目的定向有偏差，将学习知识的目的定在明天而不是今天。常对孩子说："你不好好学习，将来就得去修地球，去扫大街。"功利性过于强烈。这样，孩子体验不到获取知识本身的快乐，而只注重别人对自己学习成绩的评价。孩子对知识本身不感兴趣，自然将学习看作是苦差事。

④孩子不会学习。不会学习的孩子学得苦，学得累，学得烦。这些孩子往往学习时不集中注意力，不能把新旧知识联系起来进行学习；不能选择有关重要的内容而抛开不重要的内容；无法将学到的知识正确、合理地表达出来。由于孩子不会学习，面对日益繁重的课业内容，自然产生厌学情绪。

还有几种原因就是：

①不喜欢呆板课程和枯燥讲课方式，找不到学习的兴趣。

②在开始学的时候没入门，对于学习这门课觉得无从下手，摸不着头脑。

③因为不自信，"反正别人说我笨，学什么我都学不好"，于是对于学习有一种自然的反抗，学起来有一搭没一搭的。

④学习习惯的问题，比如上课注意力不集中、马虎、下课不完成作业等。

⑤也有的孩子在中间环节没跟上，或者是老师的批评，或者是周围同学的影响等。

（2）面对孩子的厌学，在弄清主要原因之后，家长们该如何让孩子快乐学习呢？

家长要学会细心地观察和了解孩子，善于发现孩子在生活中对哪些方面感兴趣，善于发现孩子的优点，然后有针对性地采取措施，比如鼓励他参加兴趣小组，参加一些有教育意义的集体活动，参加比赛或是星期天带他去博物馆看一些展览等等。每个孩子都不希望比别人差，他"哼哼唧唧，去是去啦，心思没在"是因为他没有动力，不想也不知道从哪儿入手，找不到学习的入口。

要让孩子体验到成功的快乐。孩子很在意别人对自己的评价，他是按照别人的评价去认识自己的。如果别人说他笨，他就会认为自己笨。一个总是失败的孩子体验不到成功的快乐，也就不去努力了。对于一个从未完成过作业的孩子，家长最好让他先做几道容易的习题，让他能轻而易举地完成，再调整作业的难度。

如果孩子的学习不好，不要将失败的原因归为孩子不聪明，家长可以从学习态度（是否认真）、意志力等方面去寻找原因，千万不要说他笨，让他自暴自弃。

鼓励孩子自我激励。如果孩子能够经常自我激励、自我鞭策，便有可能避免学业上的失败。先要帮助孩子树立自我激励的目标。再让孩子学会自我暗示，经常对自己说一句激励的话，如"我一定能成功"。最后让孩子在行动中摆脱消极情绪。如果孩子因为怕学习失败而产生恐惧，重要的是告诉孩子采取什么样的行动来消除这种情绪。

指导孩子学习方法。在辅导孩子时，不要代替孩子学习，养成孩子的依赖心理和遇事退缩的习惯。要教给孩子获得知识的方法，如教孩子如何去查工具书，如何获得自己想要的资料等。如果孩子在学习过程中不会选择重要的内容，家长可以有意识地在每周给孩子两篇长文章，让他把长文章缩写成短文章，缩写的过程既体现了孩子对知识的理解，又能体现孩子的创造性。

总之，要让孩子从苦学、厌学变为喜学、乐学，需要家长循循善诱，耐心指点。

我们若不希望孩子养成懒散的习惯，还要了解为什么孩子会表现出懒散、没干劲。孩子懒散有很大的原因是父母造成的，回想一下，在孩子成长过程中有没有过这种情况，当孩子想要去做一件事时，你总是以"你还小，这种事还做不了"阻止了他，或是当他努力去尝试完成一件事时，你会认为他做得不够好或是动作太慢，干脆自己代替他把事做完。无论是出于哪种原因，你的做法都使孩子做事的积极性受到了打击，剥夺了他体验成功的机会，甚至使他感到自己是没用的、差劲的，丧失了对自己的信心，今后再做任何事都不敢大胆地去尝试。而且如果你对孩子干涉过多，会使他逐渐产生依赖性，认为反正做不好或做不完都有爸爸、妈妈帮他完成，久而久之就形成了懒散的性格。

（3）要培养出有干劲的孩子，我们可以采取以下几种方法，使孩子的积极性被调动起来。

①使孩子有追求、渴望感。父母在对待孩子时，切记不要过分给予，让孩子有所追求和渴望，你要做的是鼓励和支持。

②使孩子具有持久力和忍耐力。要使孩子有持久力和忍耐力，父母要先有耐

心，让孩子自己去完成他的事，当他遇到困难想要放弃时，及时鼓励他，给予适当的帮助，但不能代替他。能力是在不断学习和锻炼中得来的，有点困难家长就帮他解决好或是看他遇到困难就逃避而不管，孩子肯定得不到良好的发展。

③使孩子更有活力。孩子的活力与他的健康和情绪有很大的关系，经常让孩子接触大自然，在阳光下、在绿色中，让思想自由翱翔，盎然的生机会给孩子带来活力和健康。在人为的环境中，父母也要注意让孩子充满活力，培养他的兴趣爱好，与他有亲密的交流……这些都会使孩子获得情绪上的愉悦体验。每个孩子的兴趣和特长都不同，父母要根据自己孩子的特点提出适当的要求和希望，总要求孩子做他做不到或不喜欢的事，孩子总是带着抵触情绪做事，自然会丧失活力。

④要与孩子一起分享他的快乐。干劲是从干中开始的，当孩子认真干了，父母就要承认他的干劲，及时给予肯定，分享他的成功和喜悦。当孩子为自己的成功感到骄傲，对自己的能力有了信心，必然乐于再次去做，并且为了再次得到这种情绪上的愉悦体验，即使在干的过程中遇到问题也能想方设法自己主动地解决，不会半途而废。

2. 孩子的好奇心和求知欲是培养学习兴趣的有利条件

孩子的好奇心和求知欲是培养学习兴趣的有利条件，抓住这两点，孩子的学习兴趣是不难培养的。

（1）家庭中要多开展丰富多样的学习活动。

比如：讨论会、学习比赛等。家长可以先同孩子一起阅读优秀的书籍和文章，阅读后和孩子共同讨论书中的人物、观点等。可以向孩子提问"如果是你，这种情况下你怎么做呢？"等这样的开放式问题，听孩子阐述他对书中人物和观点的理解，通过倾听孩子对这些问题的回答，家长可以了解孩子内心的想法和思维水平的特点，对明显偏离的想法家长也可以借此时机给予引导，这种阅读后的讨论比简单的说教孩子更能接受，因为孩子在这种情况下心理上不具有排斥性和反抗性。这种讨论会的方式激发了孩子阅读讨论的兴趣，可以延伸到孩子对课内知识的学习和课堂发言、讨论等环节中。

家长还可以和孩子进行各种学习比赛。家长可以和孩子进行优秀文学的朗诵比赛，看看谁朗诵得好；可以和孩子一起比写硬笔字、毛笔字，看看谁写得好。家长这时要扮演孩子的学习伙伴，因为现在的孩子普遍是独生子女，在家的学习活动基本上都是独自完成，如果有家长和孩子共同参与学习活动，孩子对自己的学习过程和效果就有了比较，知道自己哪里做得好，哪里做得不好。另外，孩子的自尊心较强，在比赛活动中不肯轻易认输，这更容易激发他的学习斗志，努力克服学习中的困难。所以家长可以和孩子在家庭中多开展类似的学习比赛。

（2）家长和孩子一起动手做小实验、小制作。

家长鼓励孩子动手做小试验、小制作，不仅可以满足孩子的好奇心，还能提高孩子的动手能力，激发他的求知欲和创造性，学习兴趣的火苗正是从中产生的。

家长也可以主动和孩子一起动手做一些简单的小制作。比如，动手制作指南针、自制万花筒、自制潜水艇模型等。这些小制作准备材料相对简单，制作起来也不复杂，家长和孩子在制作前要了解制作的原理，这就能促进孩子对课本物理知识的巩固。制作指南针，可以加深孩子对磁铁特性的理解；自制万花筒，可以加深孩子对光的折射原理的理解；制作潜水艇模型，可以加深孩子对水的压力与浮力知识的理解。所以，家长多鼓励孩子动手做一些小制作，不仅可以加深孩子对课本知识的理解，而且在制作的过程中需要孩子积极思考，思路正确、接合适当才能制作成功，这个制作思考的过程本身就能激发孩子的求知欲和探索心理。

（3）变苦学为乐学。

现在的孩子普遍反映学习枯燥无味、无乐趣，学习成了孩子一个痛苦的根源。要改变这种情况，就要让孩子在学习的过程中体验到快乐，把苦学变成乐学。著名物理学家杨振宁曾说过，他不赞成有人说他是"刻苦"学习的，因为他在学习中从没感到"苦"，相反，体会到的是无穷的"乐"。学习若能给孩子带来快乐，那么孩子一定会喜欢学习，学习起来也会相对轻松和容易。怎样让孩子的学习过程变得快乐又有趣呢？改变学习方式是让学习过程变得有趣的一个重要途径。

有一名初一的女生，就是对学习不感兴趣，母亲怎么说都没有用，孩子就是对课本看不进去。后来这位母亲购买了一个学习软件，对孩子进行训练。这个软件中储蓄了大量优秀的文章，大多数文章为孩子所喜欢，孩子在阅读文章后，软件还设计了精彩的阅读测试题，软件页面生动活泼，使用起来方便灵活，孩子一下子就喜欢上了这个学习软件，有了学习的热情和兴趣。孩子每天都主动要求使用软件学习，这个学习软件成了一把打开孩子学习兴趣大门的金钥匙。这个孩子在母亲的帮助和引导下，在语文、英语学科上进步很快。

所以，当孩子已经厌倦了传统的学习方式的时候，我们家长不要硬逼孩子学习，指责埋怨孩子，要积极帮助孩子变换学习方式，找到了适合孩子的学习方式也就打开了孩子学习兴趣的大门。

（4）家长要经常向孩子请教。

家长有时要故意地向孩子请教问题。比如对于看见的字、词不认识，家长拿出来问问孩子怎么读，是什么意思，让孩子给你讲讲。如果他也不知道，让孩子查字典然后再给你讲清楚。在英语方面，家长就更应该多请教孩子，比如随便想起来的日常用语都可以问问孩子用英语怎么表达，如果孩子不知道，你可以让孩子查字典或记下来第二天请教老师或同学后晚上回来再告诉你。家长一定在第二天晚上要想起来询问，以免孩子给忘记了。每天问孩子两三句英语句子就足够了，每天问点，时间长了，不仅家长自己长知识，也激发了孩子的学习热情和求知欲望。

（5）激发孩子自己寻找问题的答案。

有一对夫妻没有多少文化，整天忙着做生意，他们从来没有辅导过他们现在已经读初中的儿子的功课，但他们的儿子非常喜爱学习，每次考试成绩都是班级中最好的，大家都觉得很奇怪。后来在一次谈话中，大家向这对夫妻亲自询问了他们是如何让孩子对学习产生浓厚兴趣的。这对父母说："我们的工作忙，当孩子小的时候，问我们生字生词的时候，我们就给他买了一本汉语词典，让他自己去查找，于是孩子养成了遇到问题先自己查字典、上网查资料的习惯，学习上根本不用我们操心，给孩子从小准备一本字典很重要……"

从这个故事中，我们可见家长引导孩子自己思考寻找问题的答案对孩子的学习是多么的重要。

家长可以把日常生活中遇到的小问题尝试着让孩子帮助解决。

有一位家长就做得很好。孩子的父亲发现最近家里的房间里出现了很多的蚂蚁，于是这位父亲就把消除蚂蚁这个任务交给了他上初中的儿子解决。他的儿子很高兴接受这个任务，想了种种办法来消灭蚂蚁。比如，用瓶盖盛白糖水吸引蚂蚁聚集；在水中溶入洗衣粉进行水淹；用打火机火烧等等办法。孩子能想的方法都用过了，可是都不太见效，于是孩子就上网查找消灭蚂蚁的资料，向网友求教，最后他终于找到了有效消灭蚂蚁的办法，出色地完成了父亲交给他的"光荣又艰巨"的任务，而且这个孩子还要求以后家里再遇到这种事情都由他来负责解决。

（6）鼓励孩子将所学知识应用于实际生活中，用以解决实际问题。

孩子运用所学知识解决实际问题的过程，不仅加深了对课本知识的理解和记忆，同时也是体验知识价值的过程。

有一个中学生她的邻居是一位可怜的老太太，靠卖早餐谋生，这位善良的小姑娘很希望帮助老太太。她注意到这位老太太有时进的早餐不够卖，有时又卖不完，而卖不完的早餐又不能长时间存放，这样就会赔钱。她想到可以用学过的数学知识帮助老太太。她用了一个多月的时间，每天记录下老太太卖早餐的情况，一个多月以后，她对记录进行了统计分析，拿出了一个进货方案，让老太太按照这个方案进货。老太太不相信这个中学生会让她多赚钱，不肯使用这个方案。这个中学生便请她的母亲出面来说服老太太，并许诺若赔钱则由她的母亲承担，若赚钱则归老太太。这样老太太才将信将疑地使用了这个方案，不到一个月，这位老太太便登门道谢，连夸这位中学生聪明。这位中学生用所学的数学知识帮助了老太太，又体验到了数学带给她的成功和喜悦，从而更激发了她对学习数学的热情和信心。

（7）旅游外出也是激发孩子学习兴趣的好时机。

随着社会经济的快速发展和人们生活质量的提高，越来越多的家庭有了更多外出旅游的时间和机会。古语有"行万里路胜读万卷书"，所以家长不要忽视旅游外出也可以激发孩子的学习兴趣。由于是外出旅游，家长和孩子一般可以看到平时看不到的自然风貌，可以了解到中国甚至世界各国的文明和文化，了解到各地的风土民俗。在旅游的过程中，家长要鼓励孩子细心观察，亲身感受，把所看到、所体验到的事物与课本中所讲的地理、历史、生物等知识联系起来，让孩子从感性上去加强理解和记忆这些知识。在旅游回来后，家长也可以要求孩子写写此行的感受和感想，这同样可以锻炼孩子的写作能力。很多孩子总是写作文时不知道写什么，其实，这些写作的素材是源于我们的日常生活中，平时让孩子多想多写，积攒多了，孩子就不会为无事无人可写而发愁了。

（8）充分利用社会公共学习资源，比如去图书馆，参观博物馆、展览会等。

国家逐渐完善社会公共教育场所和设施，很多大中城市的公共教育场所和设施更加完善。但是很多家长还没有认识到这些公共的教育场所和设施对孩子的学习的价值，没有利用这些公共教育资源对孩子进行教育的意识。只有很少一部分家长认识到了公共教育场所对孩子学习的价值，他们经常带孩子去图书馆，参观各种博物馆、展览会等。家长不妨了解一下当地的博物馆、各种名人纪念馆、图书馆等信息，在空闲的时候带着孩子去参观，更重要的是要引导孩子多观察、多思考，多与孩子课本中已学到的知识相联系。比如，参观当地革命烈士纪念馆或历史名人遗居之前让孩子对课本中的相关历史知识、相关人物生平介绍进行复习和巩固，参观的时候让孩子给家长当个"小导游"。参观回来后，孩子还可以把参观时学到的新知识和课本相关知识相互补充，拓展孩子课本学习的范围。家长经常带孩子到这些社会教育场所，孩子通过观看实物、亲身体验，不仅巩固了课本的相关知识，而且对所获取的新知记忆得更牢固。

（9）多读书，读好书。

读书是学习兴趣的最主要的策源地，对书的爱好应当成为孩子的首要爱好。指导孩子多读书，读好书，对培养孩子的学习兴趣有着极为重要的作用，是每个家长都不应该忽视的。

家长要经常带着孩子到书店走走，挑选一些适合孩子看的优秀书籍，鼓励孩子多读书，多思考。有些家长很反对孩子读课外书，只许孩子读学校的课本，这种想法是错误的，也是非常可怕的。孩子只读学校的课本对孩子的成长来说是非常不够的和非常狭隘的。只会读课本知识的孩子越读书越木讷，因为他们没有知识的对比和延伸，感受不到知识海洋的浩瀚，容易自以为是，骄傲自大，最后成为考试分数的牺牲品。书是人类最好的朋友，孩子在读书中可以增长知识，开阔眼界，激发学习兴趣，促进思考，激昂斗志。另外，孩子正是价值观和人生观形成的时期，读好书可以促进孩子形成正确的世界观、价值观和人生观。所以，多读书、读好书的作用不可估量。人一辈子都需要书籍，而养成爱读书、读好书的习惯就应该从小培养。

（10）让孩子体验到学习的成就感。

一般认为，兴趣的产生有三个方面：模仿、遗传和正强化。其中，遗传是无法改变的，而它仅占一小部分。模仿与后天的生活环境、接触的人或事都有紧密关系。产生兴趣的正强化分为外部强化和内部强化。外部强化，是指一个行为发生之后，由于外界对行为的主体施行奖励，使其行为获得精神或物质的奖赏。如有的学生学习成绩好，获得奖品，领到奖学金，尝到认真学习的甜头，以后就更加努力地学习。内部强化来自其本身，就是人在发生一个行为之后，一定程度上满足了自身的某种心理需要。如果孩子在学习的过程中能感受到学习的成就感和自我满足感，他就会对学习产生更浓厚的兴趣。所以当孩子在学习上哪怕只有一点点的进步，家长都要抓住时机给予及时鼓励，让孩子看到自己每一个小小的进步都能得到家长的承认和肯定，这时他的学习成就感就会放大，能感受到父母对自己学习的关心和鼓励，更能激发他学习的热情和主动学习的精神。为了让孩子更多地体验到学习的成就感，家长可以把孩子日常的文章、诗词朗诵进行录音、录像制作成音像制品，把孩子的绘画作品制作成画册等作为礼物发放给家中的亲属、朋友或孩子的同学、伙伴。这样孩子可以得到来自更多人对他学习成果的肯定和赞赏，会激发孩子更加愿意努力地对待学习。

家长要以身作则，给孩子树立勤奋好学的榜样。家长是孩子的第一任老师，身教重于言教。若父母饭后经常看看报，看看书，孩子耳濡目染，也会经常看书、学习。有的家长要求孩子要努力学习，自己却从来不读书看报，没有一点求知的欲望，整日地打牌、闲聊，没有给孩子树立一个爱好学习的榜样。孩子对家长言行的模仿上更关注的是家长怎么做而不是家长怎么说。这样的家长要求孩子学习的时候，孩子心里就不服，在教育孩子的时候就遇到了强大的阻力，而这股阻力正是由于家长自己的厌学而造成的。所以，家长要想让你的孩子爱好学习，自己也要勤奋好学，多读书看报，对知识保持浓厚的兴趣，热心于了解探索新鲜事物，以身作则，为孩子树立一个勤奋好学的榜样。

对于因学习困难而对学习不感兴趣的孩子，家长要耐心地帮助孩子找到学习困难的原因，不要对孩子失去信心。

对于孩子在学习的过程中出现的暂时停滞不前，作为家长绝不能批评打击，把孩子刚刚燃起的学习热情给浇灭。有的孩子从小学刚升入初一，对初中的学习生活还不适应，出现了上课听不懂，作业不会做，学习成绩在班级中的排名远远不如小学等情况。有的家长不能理解孩子，往往缺乏耐心和信心，说孩子学习不用心，没有希望了，严重的还打骂孩子，这样就形成恶性循环，孩子越发对学习不感兴趣了。

这时家长最好能和孩子一起分析寻找学习停滞不前的原因并帮助孩子制订切实可行的学习计划，改进学习方法，和孩子一起去解决学习上的困难，而不是简单地责骂。家长只要能耐心、真心地一起和孩子分析和克服学习上的困难，孩子在心中是很感激家长的，这更能增强他们克服学习困难的勇气和决心。

对于孩子来说，对学习的浓厚兴趣比学习具体的学科知识更重要。若想提高您的孩子的学习成绩，那么请从培养和激发孩子的学习兴趣开始吧！

四 让书本生活化，让学习游戏化——方法

1. 儿童不爱学习的原因

儿童不爱学习也就是厌学，是由于学习动力缺乏所致，主要有以下原因：

（1）父母不切实际的要求。

①望子成龙，要求过高。要求过高的后果是容易使孩子产生害怕失败的心理，继而导致上进心丧失和学习动力缺乏。特别是当家长采用强硬专制的手段时，孩子便会以一种逆反的行为报复父母的不公正。

②要求过低或放纵。大多数孩子是以一种新鲜感走进校园的，如果此时父母对儿童的要求过低，整日忙于自己的事，而忽视了孩子入学后的心理变化，一旦孩子在学习过程中遇到困难，认为学习太苦而失去了兴趣和动力，随之而来的就是厌学。

一些父母很少考虑孩子的能力、年龄和原有基础等因素，盲目地对孩子提出一些过高的、不切实际的要求。例如硬性地规定孩子考试成绩一定要"双百"，

至少也要在班里位居前三名；一味地要求孩子多学知识，今天强迫孩子参加这个补习班，明天强迫孩子去上那个辅导课，琴棋书画样样都不能缺……

这些强人所难、拔苗助长式的做法会给孩子造成巨大的心理压力。久而久之，当孩子感到心力交瘁，再也无法承受这些压力时，他们就会奋起以言语或者行动来反抗。

（2）严重的家庭问题。

生活在一个经常发生纠纷的家庭，孩子会心事重重，而无力顾及功课。由于安全感丧失，家庭不断地激烈争吵和高度紧张气氛，使焦虑的孩子无法再对学校发生兴趣。

一些家长在教育孩子时依然信奉"不打不成材""棍棒底下出孝子"。孩子做错了事或者达不到自己的要求时，就开始大发雷霆，动辄打骂、罚跪、罚站甚至逐之门外……

这些做法是非常错误的。个性较温顺的孩子经常会屈服于父母的威严，但同时也遭受了巨大的心理伤害，因此而变得胆小、懦弱和自卑。而个性较刚强的孩子则会产生与父母对立的情绪，并不时地以反抗的形式来回应家长，最终逆反成性！

而一些父母从来都一切以孩子为中心，对孩子百依百顺，即使孩子犯了错误，仍然对孩子过分迁就。长此以往，孩子会想当然地认为，犯错误没有什么大不了的，反正爸爸妈妈也不会批评自己，由此会养成不允许别人批评、指正的习惯。不言而喻，当父母想对其进行管教时，被宠坏了的孩子自然不服管，只会对抗、逆反！

（3）儿童的自身问题。

儿童心理发育不成熟。儿童虽然智力水平属于正常，但社会适应能力差，幼稚，缺乏积极的进取精神。自信心缺乏。开始孩子对学习很感兴趣，信心十足。但孩子的创造力和与众不同的行为往往被思想保守、生活刻板、只注意分数的父母所压抑，所以孩子不仅不能为自己的独特性、创造性而骄傲，反而会感到自己无能而自暴自弃。

（4）学校中的问题。

学习负担过重；学校生活过于紧张；学校的纪律过严而刻板；孩子在学校中

常常受屈辱。

（5）恶劣的学习环境。

父母不爱学习；学习条件太差；学校和社会风气不好。

我们积极倡导"科学读书，科学考试"新理念，所谓科学读书就是提倡读书就像运动员一样，为保证效率高而随时调整好状态，不要在脑疲劳的状态下读书，否则会导致成绩差，更会让人对读书失去信心。考试时更要调整到最佳状态，才能发挥出自己的应有水平，甚至超常发挥，取得让自己满意的成绩。打破不良的学习状态造成的恶性循环，让所有孩子"提高学习能力，享受快乐学习"。

一般的家长都看中是否用功学习和学习的方法，当然不可否认这两方面都很重要，而在这些因素中学习的状态与考试的状态就占到了50%，但往往被忽视了其重要性。古语云"工欲善其事，必先利其器"。学习的主要工具就是大脑，我们首先要做的就是应该调整好大脑的状态。

北京师范大学心理系的孟庆茂教授做过权威的调查报告，指出：现代化的世界多姿多彩，信息繁多，游戏和网络充斥，这么多的刺激令学生难以把注意力集中在学习上，再加上家庭与学校引导不利，教育失误，造成很多学生精神涣散，注意力不能集中，甚至出现注意力障碍，出现多动，不能注意听课。即使学生自己想学习，也不能做到自我控制。这一现象不但令教师、家长和孩子焦虑，更是引起各方面专家，包括教育家、心理学家、神经学家、生理学家及医生的关注。他们纷纷开始研究如何能令孩子保持注意力集中，如何训练注意力有问题的儿童，使他们的注意力能够做到自我控制，从而提高学习成绩。

许多的研究报告指出：注意力难以集中的孩子，都不能在学习上取得好成绩，注意力集中水平对孩子成绩的影响比智商高低还重要，很多高智商的孩子不能在学习上取得好成绩，这是因为他们不能静下心来，集中注意力听课和学习。

注意力是一切能力之母。注意力是学习的窗口，没有它知识的阳光就照射不进来，哪里有注意力，哪里才有思考和记忆。

（1）凡是成绩好的孩子，注意力一定是非常集中的。

①减量不等于减负。减轻孩子的负担，减少孩子的在校学习时间，不准增加学生的课业负担，但是专家、学者、教师、家长都一致认为：每一个年级的孩子都有相应的学习任务。既然有任务，就必然有规定的学习量，这必然会给孩子的

学习生活带来一定的压力，但是孩子不可能通过减少学习量来使读书减负，而应通过提高学习效率来达到减负的目的。因为，要想成绩有所突破，必须付出辛苦的汗水，因此，读书要减负，不可能简单减少读书量，减量不等于减负，唯有提高学习效率，才是真正的读书减负。

②集中精神是学习优秀的前提。很多孩子都认为学习时间太少，其实对每个人来说，一天只有24个小时，要学的知识却很多，但时间是有限的，成绩不好，关键是能否集中精神珍惜每分每秒的学习时间。研究表明：只要适当地缓解疲劳和紧张状态，对学习有信心，肯定能提高学习成绩。关键是要找一个适合自己的学习方法，首先是让学习状态调整好，学习的时候能集中精神，保证效率。

（2）学习方法的差异就是成绩的差异：

①整天坐在书桌前看书，倒不如有效地提高学习效率。

②消除杂念，增强集中注意力。

③放学回家疲惫不堪，在这种情况下无法正常进入学习状态，消除大脑的疲劳是首要。

④有些孩子对考试有恐惧感、紧张感、焦虑感，所以不能正常发挥自己的实力，考试最重要的是要调整好状态。

巧妙的引导，让孩子爱上学习。

成功带来的欢乐是一种巨大的情绪力量，它可以促进孩子好好学习的欲望。无论如何不要使这种内在的力量消失，缺少这种力量，教育上的任何巧妙措施都是无济于事的。

2. 父母该如何帮助孩子

作为父母，我们一定都想知道，孩子在哪个阶段，应该具备哪些基本的知识和学习的能力。一般来讲，这些都是有一定规律可言的。下面以数学为例，分段列举孩子在各个年龄段所具有的能力。

1~3岁，孩子已经有了简单的数字概念，能够辨别方形、三角形、圆形等几何图形。

3~6岁，孩子能够识别数字和认识拼音字母。

6～7岁，孩子开始会做简单加减法，能够分清单数和双数，并能掌握其中的规律。

7～8岁，孩子能做两位数的加减法，能熟练运用乘法表；能使用常见的度量衡，并知道它们之间的相互关系。

8～9岁，能比较10万以内数字的大小，并会做三位数的加、减、乘、除法。

9～10岁，能借助工具，运算很大的数字，开始学习小数和分数。

10～11岁，能对分数进行加减乘除。

11～13岁，能对小数进行各种运算，并能理解各种几何图形及相互关系。

在孩子智力发展的最佳时期，除了让孩子识字、做算术题、学英语之外，家长还应让孩子掌握一些优秀的学习能力，如让孩子学会阅读、培养孩子出色的语言表达能力、激发孩子丰富的想象力、让孩子成为小小创造天才等等。

那么，家长应该通过何种方式培养孩子的这些能力呢？

让孩子把学习当作快乐的事。

学习是每个适龄孩子必做的事情。但有调查显示，只有6%的学生感觉学习是件快乐的事情；而94%的学生则认为学习是让人心烦和不快乐的事，他们所希望的就是放假休息，或者是上电脑课、上体育课。面对这种现象，确实值得人们深思，为什么大多数的孩子都认为学习是件不快乐的事呢？

一位儿童心理学家曾说："孩子厌恶学习，主要是觉得'学习是一种痛苦'。为什么学习被孩子视为痛苦？其原因在于父母把学习和考试扣上必然的关系，每天不停地催促孩子去学习。"

事实也确实如此，如果孩子能够全身心地投入到学习中，他就会觉得学习是无比快乐的事情。但是，家长总是逼着孩子学习，就容易让孩子觉得学习是件比较烦的事情，特别是学习时间一长，孩子就会感觉坐也不是、站也不是，总想出去玩，根本就不能静下心来学习。这时，孩子的人虽在家里，可是心思却早已脱离所学习的内容，不知飞向何方了。

陀螺是不快乐的，因为它是在外力的抽动下才运动。同理，过度强迫孩子学习只会让他们产生逆反心理。因此，家长在教育孩子的过程中，要采用正确的、适合自己孩子的教育方法。

让孩子爱上学习的 86 招：

（1）使孩子主动做功课。

你的孩子很听话，是一匹温顺的马儿，但人们常常这么说："能够把马带到河边去，却不能让马儿喝水。"的确，除非马儿很渴，不然，即使能够把它带到水边去，也不能让它主动喝水。

第 1 招，做作业的时间不宜过长。

第 2 招，放大孩子的优点。

第 3 招，学习不可操之过急。

第 4 招，让他把喜欢的同学带回家。

第 5 招，先让孩子玩个够。

第 6 招，刺激他，使他全力以赴。

第 7 招，正话反说。

第 8 招，经常改变学习环境。

第 9 招，列一个功课计划表。

第 10 招，先让孩子做擅长的功课。

第 11 招，让孩子自己抽签决定。

第 12 招，别在孩子面前评判老师。

（2）如何使孩子听话懂事。

在与孩子沟通时，一定要认真聆听他说话，让他感到父母对他的重视与尊重，这样孩子小小的自尊心就会被树立起来，他也会在与大人的谈话中，认真思考自己想的和做的，表达自己的意见，这对孩子的理性思维习惯也有良好的帮助。当然大人在和孩子交流的时候，也应该注意一些细节，这样才能比较迅速地和孩子进行良好的沟通。

第 1 招，借第三者之口赞美孩子。

第 2 招，用书信或日记与孩子交流情感。

第 3 招，用温和的语调交谈。

第 4 招，及时让孩子知道错在哪里。

第5招，巧妙转移孩子的注意力。

第6招，与孩子打成一片。

第7招，一次只交代一件事。

第8招，常常表达对孩子的信赖。

第9招，只提有建设性的意见。

第10招，不要指责遭到挫败的孩子。

第11招，及时纠正孩子不良的生活细节。

第12招，多用赞赏的话肯定孩子。

（3）如何引导孩子自动自觉。

有一种饱和原则，就是孩子们惯有的厌烦心情。虽然强烈地想拥有目的，也能够体会把事情做完的乐趣，但是因为课程繁多在内心产生阻力，无法持续主动地去做事，如果把要求的水准降低，课业的分量减少，继续培养孩子在低潮时的活力，那么他们在低潮过后，又会升起责任心，更主动地去做功课。

第1招，适当降低对孩子的要求。

第2招，先让孩子做不喜欢的科目。

第3招，用同一步调增强主动行动力。

第4招，让孩子先吃点苦。

第5招，兴趣是最好的老师。

第6招，母亲的激励最重要。

第7招，要改变孩子先改变你的态度。

第8招，偶尔用恳求的证据与孩子说话。

第9招，不在孩子挫败时痛骂他。

第10招，给孩子适当的报酬也是行之有效的。

第11招，多带孩子与大自然接近。

第12招，成功并不像你想象的那么难。

第13招，培养孩子主动自我的激励。

第14招，化愤怒为学习的动力。

（4）如何让孩子学会管理情绪。

青春期的孩子常对家长有所不满，因为伴随成长而来的自我要求，总和家长的规定互相冲突，家长必须要尽力克服这种过渡期困难，让孩子顺利地成熟长大。

第1招，引导孩子宣泄不满情绪。

第2招，让孩子有自选课题的权利。

第3招，认真倾听孩子的不满心声。

第4招，把顾客的角色换成孩子。

第5招，别让工作忙成为你的借口。

第6招，民主方式处理孩子不合理要求。

第7招，以退为进说服教育。

第8招，用实际利弊得失来处理任性态度。

第9招，注意引导孩子的从众心理。

第10招，给孩子一个发泄的空间。

（5）如何使孩子热爱学习。

在填鸭式的教育模式下，学习本身就是一种模式化的过程，甚至谈不上喜欢不喜欢，不管孩子对学习有兴趣还是没兴趣，都得坐在书桌前一遍又遍地看课本，这也是一个让孩子产生倦意的起因。

第1招，多给孩子讲一些励志故事。

第2招，用近期的学习目标来鼓舞孩子。

第3招，分散孩子的注意力也很重要。

第4招，改掉孩子三分钟热度的习惯。

第5招，通过增进食欲促进学习。

第6招，教孩子学会保存实力。

第7招，适量的运动可使孩子脑筋更灵活。

第8招，用激将法促进孩子学习。

第9招，利用危机意识促进学习效率。

第 10 招，保持新鲜的学习内容。

第 11 招，用不同的科目调节读书气氛。

第 12 招，刻意变换孩子的学习环境。

（6）如何消除孩子的学习紧张情绪。

身为家长必须深明其理，尽量给予孩子适当的辅导和安慰，让孩子能去除患得患失的不安心理，并时常以乐观幽默的口吻，解除孩子暗存心中的畏惧感，使他们有高度的自信心和勇气，去面对接踵而至的大小挑战。

第 1 招，陪伴孩子让他有安全感。

第 2 招，以乐观幽默的口吻淡化孩子的失败。

第 3 招，把一个月说成三十天。

第 4 招，多关注孩子心理建设的重要性。

第 5 招，呼吸能调节孩子情绪。

第 6 招，刻意在孩子面前说错话。

第 7 招，吉祥物稳定心情。

第 8 招，排解积虑消除紧张一吐为快。

（7）如何使孩子注意力集中。

家长应当适度地调整功课进度，而不该守着既定的计划，这样方能得到兼筹并顾的绩效。有些小孩甚至在一边看书，一边羡慕别人嬉戏玩乐，心中潜藏着不满的情绪，更会影响他往后的读书兴趣。

第 1 招，迂回的暗示技巧。

第 2 招，制订不规则分段时间表。

第 3 招，闹钟的妙用。

第 4 招，建一个弹性的功课计划表。

第 5 招，去除"随时都可以做"的松懈意识。

第 6 招，刻意而适度地分配孩子做家务。

第 7 招，让孩子猜题提升考试注意力。

第8招，热身必不可少。

第9招，用"量"来驱策前进。

（8）如何消除孩子学习的迷惑。

对于家长来说，其眼中无关紧要的小事，有时往往是孩子心中沉重的负担，所以家长应时时设身处地为孩子着想，以旁观者的姿态，帮助孩子解决生活上的问题。

第1招，引导孩子做最正确的选择。

第2招，抉择时的诱导询问法。

第3招，以一种选择为前提巧妙设问。

第4招，黑母牛的奶一样是白的。

第5招，拨开遇事慌乱的迷雾。

第6招，船到桥头自然直。

第7招，亲身体验才是最深刻的。

第8招，命运就藏匿在我们的思想里。

第9招，在孩子房间挂上他微笑的相片。

五　开采孩子大脑中的"金矿"——智力

1. 提高孩子记忆力

格林斯潘是美国著名的心理学和行为学方面的专家。在他出版的《智力发展》一书中，充分论述了父母的感情交流对儿童智力发展的影响。

他认为，卡片、形状、拼图这些没有感情色彩的教育方式并非没有作用，而只是远远不如语言交流和一起玩耍更为有效。他说，智力只有与感情、意志及自我意识结合在一起时才能使人产生思维。他指出，儿童思维的发展有6个关键阶段：保持平衡，集中注意力；与他人建立亲密的信任关系；非语言表达，如对父母笑、皱眉头（半岁～1岁）；简单的表达，如拉着父母指着冰箱中他们想吃的食物；创造性思想，如父母和孩子一块游戏；逻辑抽象思维。

格林斯潘教授说，卡片等方式虽有助于智力，却干扰了儿童正常的发育期。美国1/2以上儿童在家庭以外生长，而全美80%的托儿所没有在儿童智力发展之关键阶段与他们进行感情交流。他指出，现代教育的技术越来越多，但人的参与却越来越少。人们普遍采用大课堂教学而无双向交流，托儿所也往往忽视父母、社区及文化对孩子的作用。

格林斯潘希望父母能重视与孩子的感情交流，他甚至要求父母为孩子选择那些拥有善于感情交流的工作人员的托儿所。

哥斯达黎加儿童教育学和心理学家加夫列拉·马德里斯指出，玩耍是儿童学会观察、认识、理解、说话和活动的最佳"工具"，能促进儿童的大脑智力开发。马德里斯指出，科学实践证明：2至5岁的儿童中，玩耍孩子的大脑要比不玩耍儿童的大脑至少大30%。因为，在玩耍的过程中，儿童要完成几十种与大脑和思维活动有关联的动作，例如掌握平衡、协调心理活动、处理问题等。通过玩耍，孩子能增进识别物体的能力，提高语言表达能力和思维想象创造力，还能消除心理压力和恐惧感等。马德里斯认为，鉴于孩子的玩耍是身心发展过程中的一种"本能"，家长们应有意识地引导他们进行无意识的玩耍，多让孩子们听音乐、学习画画、听讲故事、模仿动物叫、学唱歌等。通过这些活动，增加孩子们的大脑活动量，提高思维想象力，有效开发大脑功能。同时，马德里斯还告诫家长，对儿童教育应和颜悦色、耐心开导，以表扬为主。在玩耍中，儿童必定会出现某些"不轨"行为，在这种情况下，家长们千万不要严厉训斥他们，更不要对他们动武、体罚。科学研究证实，严厉训斥和动武体罚将会扭曲孩子脆弱的心灵，使他们丧失对自己处事能力的信心，严重的还会在孩子心灵深处埋下固执、逆反和暴力的种子。

（1）有家长会问，在生活中怎样训练孩子的记忆力呢？对于3岁以下的孩子来说，他们的生活经验很少，训练记忆力，可从掌握周围的日常生活知识中培养。涉及的具体内容是：

①知道父母的工作单位名称、家庭住址和10个以上的亲戚或父母的朋友的名字。

②对吃过的饭菜大部分能叫出名字，能认出20种动物，并能模仿几种动物的形象。

③懂得上下前后，能正确说出一个物体和另一个物体的位置关系。

④对事物的外表有一个较完整的认识。例如能发现兔子少了一只耳朵，猫的眼睛不见了。

⑤会猜测一件事发生的原因。

⑥能问一些经过思考的问题，如："星星和月亮是谁放上去的，为什么不会掉下来？"

⑦掌握时间和空间的基本概念，如，今天、明天等。

⑧认识颜色，能说出身边物体的颜色，如树叶是绿的。

⑨有区分运动和静止的能力。

（2）对于3岁以上的孩子，父母则要在日常生活中有意识地训练孩子的记忆力，这里有一些方法供大家参考：

①带孩子去购物时，让孩子数商店橱窗中商品的个数。家长和孩子对比一下，看谁数得对，数得快。也可以增加一点难度，孩子记住橱窗里商品后走开，过一会再回忆，看一看记住了多少。

②让孩子在路边用3~4分钟数经过的自行车的数量，最好在交通高峰期。

③让孩子看家长做某种家务的全过程，如杀鱼、做菜，或者擦车等。做完之后让孩子复述做事的步骤或程序。

④让孩子数天上的星星，至少数30个。数星星是件很难的事情，要求孩子的注意力高度集中，才不会受其他星星的干扰。在数的过程中容易发生的事是忘了刚才数过的星星，结果数重了。此时家长要告诉孩子，数重了要重新数。

⑤让孩子说出以前见过的某两种或两种以上颜色的东西。以红色和黄色为例，家长可让孩子分类回忆，如，说出红色或黄色的花，说出黄色或红色的衣服等。

⑥制订计划。家长和孩子商量明天要做的事情，例如，早晨干什么，中午干什么，晚上干什么。第二天，家长不要提醒孩子，到睡觉前看孩子计划执行得怎么样。

⑦带孩子去做一次郊游，或到一个他从未去过的地方，给他讲一些新奇的东西。回家后让孩子转述给其他人。

⑧在围棋盘或象棋盘上摆上7、8个棋子，让孩子看1分钟左右，然后拿掉，再让孩子照原样摆上。

2. 促进孩子智力开发的因素

促进孩子智力开发的因素很多，比如：

（1）运动。

运动能使骨骼强健，肌肉发达，促进身体健康发育；运动能加速血液循环，促进新陈代谢，为大脑提供高质量的营养，使头脑更灵活，从而促进智力的发展。

①步行训练不可轻视。"走路"对孩子发育具有十分重要的意义，走路是典型的全身运动。走路的时候肌肉的运动总是一张一弛节奏感很强，能使头脑活动顺畅。

②孩子跳绳能健脑，跳绳是一项全身性的活动，孩子手脚协调配合，可促进孩子的协调性。同时，跳绳时呼吸加深，手握绳头不断地甩动又会刺激拇指的穴位，对脑下垂体产生作用，进而增加脑细胞的活动，提高思维能力。脚又是人体之根，六条经脉在这里交错汇集。跳绳可以促进血液循环，使人精神舒畅，行走有力，更主要的是可以起通经活络、健脑的作用。

③骑自行车可提高反应的灵敏度，经常骑自行车，可以发展孩子腿部和足部肌肉的力量，提高孩子运动的速度、反应的灵敏度和平衡能力等。可以给三岁的孩子准备三轮自行车，这种车的重心较低，不容易倒，孩子很快就会掌握骑车的要点。孩子发现自己能很快掌握一门新技术，会增加自信心。

④游泳、爬山也是幼儿很好的体育项目。游泳可以增加肺活量，提高身体对外界环境的适应能力，增进对疾病的抵抗力。爬山可以锻炼孩子的毅力，开阔孩子的视野，使孩子形成心胸开阔、乐观向上的性格。

体育活动对人是重要的，要让孩子从小热爱体育活动，必须让他掌握更多的体育技能。身体状况、体育特长的确与遗传因素有关，但如果不进行训练，这种遗传的潜能也是开发不出来的。相反不具备遗传优势的孩子，如果在幼儿期得到适当的训练，往往会展示超水准的技能。

（2）美育能够牵动理智感，激起对真理的追求。

列宁说："没有'人的情感'，就从来没有也不可能有人对于真理的追求。"这里讲的"激发对真理的追求"的情感，应视为理智感，而属于理智感的还有惊异感、怀疑感、自信感等等。恰是这类理智感直接激发起智力对真理的追求。例如，惊异感是人在认识中遇到某种新异的、陌生的事物时发生的，这种情感体验强烈的孩子常常产生探明究竟的动机和行为。人如果缺乏对新奇事物的敏感性，则不可能产生求知欲，常常是被动地学习，刻板地记忆和运用知识。而新奇敏感性强的人则能够在常人认为平淡无奇的现象中感到新奇，因而受到启发导致重要发现和发明，牛顿看到苹果落地发现万有引力定理，瓦特看到水沸时壶盖被顶起而发明蒸汽机。

（3）音乐对孩子具有强烈的感染力，最易引起儿童感情共鸣，儿童最早接受教育就是从感受音乐开始的。那么，怎样通过音乐教育开发孩子的智力呢？

①感知觉的发展是智力发展的基础。家长在对孩子进行音乐教育时要及早重视孩子的感官工作。如：让孩子闭上眼睛用耳朵听周围的声音，说出哪个声音高，哪个声音低，哪个声音长，哪个声音短。可让孩子模拟其熟悉的音乐节奏，如：小鸭叫，青蛙叫。并鼓励孩子用简单的动作把对节奏的感受和反映表达出来。让孩子拍拍手，跺跺脚，说一说，敲一敲，培养孩子的眼、口、耳、手、脚的协同配合。

②语言能力是智力发展的重要条件。家长可以借助歌曲，使孩子在听听唱唱中不知不觉地丰富词汇。孩子可以凭借自己对音乐的感觉和理解，结合自己生活实际，编出自己喜欢的、生动活泼的小故事讲给别人听，从中促进语言的发展。

③思维能力是智力的核心。孩子的思维是随着语言的掌握而发展起来的。家长在教孩子唱歌时，可以有意识地让孩子在熟练掌握歌曲旋律的基础上，鼓励孩子自己想，自己编，填上自己想唱的歌词，并配上与歌词相适应的动作，以达到促进孩子思维能力发展的目的。

另外，家长可通过让孩子欣赏多种形式的音乐来发展思维。如：选择快乐活泼的、抒情优美的、热烈欢快的、雄壮有力的各种不同的乐曲，启发孩子根据音乐的不同形式用动作表达自己的不同感受。

（4）怎样利用参观游览促进孩子身心健康和智力发展，以达到获得知识和开阔眼界的目的呢？

①参观和游览时，应该边走边与孩子谈话。看到什么，就给孩子讲什么，发现孩子对某些事物发生兴趣，就针对那些事物进行恰如其分的知识教育。讲解时要注意知识的准确性。

②如果是有目的性的参观和游览，则应针对要看的主要内容，事先准备一些资料，做好知识上的储存。如果无从查找，也应依据说明牌讲解给孩子听。

③家长应该明白，除了游玩之外，更重要的是让孩子学会观察，获得一些知识。因此，观看植物时，对不同的花和不同的树要提醒孩子区分。观看动物也同样如此，以培养他们比较与鉴别的能力。

另外，游览名胜古迹，参观古代建筑时，要让孩子注意建筑物的形体特征、比例和色彩等，并让其懂得，这些壮观的建筑和秀丽的风景，是人们用智慧和辛勤劳动创造出来的，以此培养他们爱国主义思想和对创造活动的向往。

当然，要做到这些，做父母的要多学点知识，才能正确地回答孩子提出的问题，满足其好奇心。正确鼓励他们观察、思考和发问，使其感到和父母一块出去参观、游览能增长知识，是一件愉快而高兴之事。

（5）猜谜。

猜谜就是通过谜面所提供的信息（包括物体的特征、习性、用途等）说出谜底。由于在猜谜活动中需要对谜面进行分析、判断，进行创造性的思维，因此，猜谜是一种较好的益智活动。那么怎样通过猜谜活动来开发孩子的智力呢？

①选择的谜语要贴近于孩子生活或者是孩子生活中常见的事物。要想通过猜谜活动来开发孩子的智力，选择好谜语是很重要的，因为有的谜语太深，孩子缺乏一定的生活经验和知识基础，不易猜着，这样就会使孩子失去猜谜的信心，这对孩子的智力发展是不利的。如谜语"上边毛，下边毛，中间一颗黑葡萄"，谜底是眼睛，由于眼睛是孩子很熟悉的器官，孩子通过分析谜面将会猜着。如谜语"夹生饭"，谜底"炊"，由于孩子尚未认字，孩子不易猜着，这样的谜语就不能选择。

②鼓励孩子在猜谜过程中积极思考，促进孩子思维发展。有的谜语孩子不能一下子说出谜底，这时父母不能把谜底直接告诉孩子，而要对孩子进行适当的启发，鼓励孩子思考，从而促进孩子思维发展。如谜语"紫色叶片紫色树，紫色树上开紫花，开了紫花结紫果，紫果个个盛芝麻"，谜底是茄子，如果孩子一时未猜中，父母可启发孩子动脑筋想一想，我们平时吃的蔬菜中有哪些是紫色的，如茄子、扁豆，待孩子说出后，再让孩子根据谜面提供的信息选择其中之一。

③鼓励孩子自编谜语，促进孩子的创造性思维的发展。孩子学会了猜谜语后，父母还要鼓励孩子根据物体的特征、用途等来编一些谜语，这样做有利于促进孩子创造性思维的发展。需要注意的是，孩子自编的谜语会不成句，或者没有节律，这时父母要耐心地和孩子一起分析，帮助孩子进行修改，从而增强孩子的自信心。

（6）书画。

好的图书既能给孩子们带来欢乐，又能激发他们丰富的想象，启迪思维，陶冶情操，增长知识，是孩子们生活中不可缺少的"精神食粮"。

许多家长都意识到这一点，不惜花费很多钱给孩子购买图书，却不注意指导孩子阅读，不注意保管，因而降低了图书的价值。因此，要注意充分发挥书画对激发孩子智力的独到作用，利用书画来开发孩子的智力。

①要精心挑选书画。有些家长不注意，凡是带图的书都认为是低幼儿读物，而不加选择地购买，结果花钱不少，孩子却根本看不懂。因此，家长要注意选择那些有教育意义，孩子能理解的，文字简练、词句优美的图书，让孩子阅读并复述。有条件的，还可让孩子自己选择，启发孩子独立思考书画中的内容，从而促进智力的开发。

②帮助孩子有效地阅读。由于孩子年龄小，不懂得怎样去看，有的看书的目的性不明确，无目的地乱翻，很快就将一本书翻完；有的把图书倒着看也不曾察觉；还有的只会讲书上有什么人，什么动物，而不懂得各张画面之间的内在联系，因而不能从阅读中受到更多的教育。针对这些情况，爸爸妈妈要注意：

教会孩子怎样看书，养成良好的看书习惯。要一页一页地按顺序看，看的时候要仔细，要注意看懂画面上有什么人物、事物，他们在做什么，从而理解画面上所表达的意思，逐步养成看完后能知道其完整的故事情节、内容。

在看书画的时候，家长可适当地进行提问，帮助他们更好地理解故事。提问的安排前后不一，可在看书或讲故事前提出问题，让孩子带着问题去看、去听，然后从故事中找出答案；也可在看书或讲故事中间造成悬念，提出问题，让孩子通过思考来解答；还可在听、看完故事以后，进行提问，帮助孩子理解故事的内容、主题，从而促进孩子的思维能力的发展。

对年龄稍大一些的孩子，还可让其在看完图书后，复述故事的内容。在复述的过程中，家长要认真地听，对个别问题还可以提醒或纠正，从而锻炼孩子的理解力、记忆力和口语表达能力。

在孩子看书的过程中，孩子不能理解的或比较难理解的字词，家长应耐心地解释，尽量使问题具体化，使他们易于理解，并有意识地让孩子用字组词，用词说一句话，从而培养孩子的口语表达能力。

给孩子提供一些故事、儿歌或浅显的古诗，在孩子熟悉理解的基础上，家长可以鼓励孩子画出来，培养孩子的想象力、创造力、分析判断力。对于孩子比较难理解的一些诗词，也可利用画面，帮助孩子理解，如古诗《望庐山瀑布》《锄禾》等。

（7）适当选择一些优美的文学作品让孩子欣赏，陶冶其情操，教育孩子养成良好的行为习惯和思想品德。

①孩子看过的一些旧图书，不可随便扔掉，要注意保存，引导孩子通过剪、粘贴、重新组成新的画面，从而创编成一个新的故事。

②尽早地给孩子提供阅读的机会。

六　让孩子与书"亲密接触"——阅读

1. 让孩子喜欢书

很多爸爸妈妈不知道为孩子选择什么样的书，尤其是刚出生不久的婴儿。我们的目标是让孩子感受到阅读的快乐，如果你真诚地喜爱着《红楼梦》，那么就大声地朗读它，把这种快乐和热爱展示给孩子。对于初生的婴儿，声音的韵律和魅力远远比语言的意义更重要。随着孩子渐渐长大，我们当然还需要为他选择合适的食粮：文学的、认知的、科普的、益智的、情感的等等。大人仍然可以遵循"我喜欢，我选择"的原则。英国著名儿童文学作家C.S.刘易斯有一句至理名言："仅仅让孩子们喜欢的故事还算不上是好的儿童文学。"所以，如果一本童书不能唤起你的喜爱和敬意，你大可将它放弃，它未必是一本好书。

第1招：为孩子大声读书。

为孩子大声读书，是公认的培养孩子阅读习惯的最为简易而有效的方法。这里所说的"大声"并不是发出很高分贝的意思，而是指"读出声音来"让孩子能够听清楚。

大声朗读与持续默读被美国教育部正式确认为最为行之有效的两种阅读教育

方法。大声读的益处非常多，能增加孩子的词汇量，提高孩子语言学习能力，并能直接引导孩子在阅读上取得更大进步。家长首先应告诉孩子阅读中最重要的是什么，然后再逐步培养孩子的阅读能力。

为孩子大声读书，本身并不困难，难在持之以恒。选择合适的时间段，每天坚持至少20分钟，和孩子一起快乐地享受这个过程，最好从孩子一出生就开始，如有可能，至少坚持到孩子小学毕业，直到他明确表示不再愿意继续。

第2招：边读边玩。

天下或许有不爱读书的孩子，却没有不爱玩的孩子。在观念上，不少大人把阅读或者学习活动看作是相当严肃的事情，其实，在早期教育中，孩子所学到的一切几乎都是从游戏中获得的。对于孩子来说，阅读本来就是一种游戏。孩子的阅读可以有许多种玩法。比如，有的书本身就是玩具，可以当作汽车在地上滚，可以当作积木搭房子，可以当作拼图变图案，有的可以在洗澡时放在浴盆里，可以铺在地上当作游戏用的地板。不过大多数低幼图书是一般的图画书，大人可以随机变出花样，和孩子边读边玩，如角色表演、画画、做手工等。

第3招：他翻页，你读书。

在为孩子读书的过程中如果能让孩子参与进来，将会是既好玩又有效的事情。1岁左右的孩子已经可以翻动书页，再大一些的孩子可以被请来主持翻页，由孩子来控制阅读的速度，你可以从侧面了解到孩子对故事的理解和喜爱程度。

第4招：阅图漫步。

阅图漫步，就是轻松自然地引导、陪伴孩子翻看图书里的图画或插图。这种活动适合图画书或有插图的书。优秀的图画书往往有很好的图画叙事能力，孩子甚至可以从图画中"读"出一个完整的故事来。在这个阶段进行的漫步类似一种预演活动。比如："不好，大灰狼来了！""这只小猪为什么叫懒懒？"经过这样的热身，孩子的注意力就被吸引过来，对书里的故事也充满好奇心。

第5招：一边读，一边演。

在为孩子大声读书时，如果更多地加入表演成分，会让整个过程变得很开心，而且能达到很好的效果。孩子天性喜动，好夸张，喜欢把什么事都当真。表演性的读书，正是要利用孩子这种可爱的天性，把他引到知识的殿堂中来。最简单的表演是富有感情色彩、节奏适当的朗读；最有趣的表演是吸引孩子来参与的分角表演。如果让孩子成为故事书中的一部分，他们会乐此不疲的。

第6招：引发问题，引导思考。

在亲子共读的活动中，孩子往往会提出许多的问题，这是非常重要的交流机会，大人可不要忽视。与孩子共同读书的目的就是要分享，分享快乐，分享困惑。如果大人善加引导，可以让孩子获得丰富的体验。

第7招：聊书。

与孩子一起读完书后，很多大人喜欢向孩子提问或要求孩子复述故事，这样做主要是想考查孩子是否理解、记住了故事。这的确是一种方法，但未必是最好的方法。不少孩子对这样的考查感到不耐烦，而他们的反应又令大人不满意，有的孩子甚至因此渐渐对共读活动感到厌烦。与孩子聊书通常也是从一些问题开始，但这些问题并不是要考查他是否理解正确，而是要引导他说出自己的想法来。因此这种聊书应当是无压力的、发散性的、结论开放的。我们真正的目的是帮助孩子理解，并从中获得快乐。与孩子聊书最好以"说来听听"这样轻松的用语开始，重要的不是让孩子"答对"，而是通过交流使双方获得认同。

第8招：读后行动，拓展阅读。

我们要关注孩子在共读之后的反应，因为阅读不是读完就完的事情，在整个阅读过程中，阅读反应也是相当重要的一部分，它是帮助孩子理解并引导孩子拓展阅读的重要环节。小孩如果喜欢上一本书，最常见的反应是"再来一遍"，他们喜欢大人反复读。有的孩子会把自己想象成书里的主人公，自编一些好玩的说法。还有的孩子会把玩具动物排成队，自己捧着书给它们"讲故事"，这都是值得鼓励的积极反应。

第9招：给自主阅读留出空间。

在亲子共读中，除了大人为孩子大声读外，也应当鼓励孩子自主阅读。大概从孩子手能抓住卡片时就可以让孩子自主阅读了。自主阅读的培养主要是注意力和习惯的培养。

第10招："书虫"长、长、长。

不少家长喜欢为孩子做成长记录，这是非常好的习惯。如果能将孩子的阅读成长经历记录下来，不但会非常有趣，而且会对引导孩子阅读很有帮助。最简单的记录是记下每个阶段孩子读过的书。不过，做这样的记录最好是能让孩子一起参与，而且以有趣直观的形式来记录。可以将孩子读过的书名写在一张张卡片上，摆成一条虫子的形状，孩子读的书越多，虫子就越长。更为细致的记录还可以包含阅读的方法和孩子的阅读反应，如对某些书的好恶，读某些书时提到的有趣问题，读后感等等。

第11招：延伸阅读。

如果要激发孩子持久的阅读兴趣，就需要特别关注延伸阅读。最常见有基于作者、基于主题或基于相关事件的延伸阅读，比如孩子在读到成语故事或历史故事时，会对历史上某个阶段的事件产生疑问，大人如果能适时提供相关的图书，一定能获得很好的效果。这就是基于主题或基于事件的延伸。

第12招：让孩子引导孩子。

让同龄的孩子进行阅读交流，是另一种既有效又有趣的引导方法。最直接的交流方式是相互借书，最好的交流方式是让孩子们一起看书、聊书。

第13招：走到哪儿，读到哪儿。

阅读是一种生活方式，它是爱书人日常生活中必不可少的一部分，对于小书迷来说，到处都可以是读书的好地方。在家里，可以在床上、书桌上看书，也可以在地板上、妈妈怀里看书；外出时，可以在旅途中看，在郊游的山顶上歇息时看，可以让那些需要打发的时间变得更充实。

第14招：充分利用公共资源。

最常用的图书公共资源是书店、图书馆和互联网。

第15招：书香满家园。

用书来装点日常家居环境，在家庭中营造阅读气氛是让孩子爱上书的最行之有效的方法。要想让孩子爱上书，关键是大人对书的态度。家庭的阅读活动不但可以在亲子间进行，还可以在整个家庭中进行。大家一起聊书，一同看书读报，遇上好玩的段落，爸爸为妈妈读一段，妈妈为爸爸读一段，那种从阅读中获得的快乐，会很自然地传导给孩子，何愁孩子不爱上书呢？

第16招：橱窗原理。

我们逛商场时，往往会对精心布置的橱窗特别留意，许多人会在橱窗前流连。多项调查显示，在橱窗中展示的货品往往是成交率最高的。如果我们想向孩子推荐一本好书，完全可以借鉴这种橱窗原理。

第17招：享受爸爸的声音。

让爸爸也来参与亲子阅读！在现代社会，阅读障碍几乎可以与学习障碍画等号，而在孩子出生的头几年里，几乎都是女人带着孩子阅读，其后果是在小学五、六年级，出现明显阅读障碍的学生绝大多数是男生。

读书是一种好习惯，时间长了会收到很好的效果，重要的是选好书读。强烈支持孩子们多读书，现在忽视阅读的人太多了，特别是小学生，养成良好的读书习惯，是一生的基础！

2. 父母应该怎么样培养孩子的读书习惯？

孩子爱读书，这是一件让所有父母都欣慰的事情。可是有很多父母都反映自己的孩子根本就坐不住，更别说让他们安静地看书了。其实这是一个系统工程，是需要父母和养育者共同配合的。

（1）从孩子多大才能开始培养爱读书的习惯呢？

最早可以从新生儿入手。当然，培养好习惯，任何时候都不晚！

下面我们提供了很多方法供父母和养育者选择：

①要让孩子爱读书，家长自己要做出表率，因为榜样的力量是无穷的。家长每天要做到读书或看报至少30分钟，一定要让孩子看见。

②对于已经迷上电视、动画片的孩子，一定要限制孩子看电视的时间，每天不应超过30分钟。

③0~3岁的孩子在看书的时候，家长应选择图画多文字少，并且图案简洁优美的书籍，比如：迪克·布鲁那的《米菲在海边》《米菲和梅儿》《我会做加法》系列，《嘟嘟熊》等。

④孩子刚开始看书时，父母应在身边陪同，一定要记住是孩子在看书，而不是家长。家长在讲解的同时不能只顾自己讲，一定要注意孩子的反应。如孩子对某个图案感兴趣，家长一定要做出回应，比如：重点讲解，向孩子就这个图案提

问，或直接说明这是什么。孩子一般会报以微笑，因为他知道你明白他的心思了。如果孩子出现不耐烦的表现，那么家长就可以停止了，不必强迫。

⑤晚上哄孩子睡觉时，可以给他们讲讲白天看过的图画书中的故事，这将使孩子回想起书中的画面，从而达到培养记忆力、想象力的目的，也能激发孩子再去看这本书的兴趣。

最后我们要做的就是坚持，不只是说孩子，最重要的是家长一定要坚持。相信通过全家人一段时间的共同努力，我们的孩子就会深深体会到读书的乐趣了！这是父母送给孩子最好的礼物！

(2) 如何让孩子养成爱书、喜欢书的习惯。

书，可以说是孩子的"智慧宝库"，如果从小让孩子养成爱书、喜欢书的习惯，让孩子有一颗愿意亲近书的心，那孩子就有了一把通向知识宝库的钥匙。

①从小就让孩子接触书、了解书、爱护书。在家中要给孩子准备一些书，如果孩子手边没有书，平时没有机会接触到书，怎么要求他爱看书？

②要孩子爱书家长自己要先爱书。

孩子的学习吸收能力是很强的，学龄前孩子的学习基本上就是模仿。家长本身就爱看书，而且有天天看书的习惯，在这样环境中的孩子，想让他不看书都很难。

③给孩子规定固定的看书时间。

给孩子规定好每天固定的看书时间，并提醒监督他每天实行，长此以往，孩子就会养成习惯。

④珍惜亲子读书时间。每天晚上睡觉前的亲子共读时间是雷打不动的。

当看书与一种亲切、温馨而愉快的感觉结合在一起的时候，书已经在孩子的心灵中留下了深刻而美好的印象。

(3) 孩子爱上书本的最佳时机。

只要孩子还在用奶瓶喝奶，都是让他们爱上书本的最佳时机。因为一天24小时里，这个时期的孩子除了睡觉和喝奶，其他时间通常都是处于非静止状态，所以只要遇到孩子愿意平躺下来，可以赶紧挨着他们旁边躺下，然后就这样一本接一本地念起故事书。而以下的时机，都非常适合用来念故事书：

①用奶瓶喝牛奶的时间。

②用奶瓶喝水的时间。
③睡觉之前（包括午睡）。
④累了躺在床上无所事事时。
⑤孩子早上刚醒来，还乖乖躺在床上时。

这些时机每天都会在生活中出现，所以非常适合，而且通常这时孩子都已经自动地乖乖躺在床上了。

培养孩子对书籍的爱好，希望他长大后养成喜欢读书的习惯，应该在他还没入学前就开始。经验证明，最好在6岁以前，也就是说，从出生到6岁是培育孩子爱书、购书习惯的最好年龄，而孩子在4岁时就可以学习阅读了。

家庭的精神文化生活气氛，对孩子的成长发展具有特别重要的意义。孩子的智能取决于父母的智力兴趣和知识素养，取决于书籍在家庭生活中所占的地位。所以，家庭要有自己的藏书，而父母应该是个喜欢图书的人。

在教育孩子的过程中，力争使他们在书海中找到自己的生活天地。因此，家里要有丰富的藏书，包括文学艺术、童话故事、科学幻想、历史、理工、教育、文化生活等方面的书。不管我们的经济状况如何，每月必定花一部分钱为孩子买书，因为这是一项意义深远的投资。

在孩子幼小的时候，每次带孩子上街首先进书店看看，而每次都为孩子买书——至少一本。这也是形成他们日后爱买书的一个主要因素。

帮助孩子选什么书，也是相当要紧的事。在学龄前选什么书给孩子读，对他以后喜欢书的程度及思维向什么类型发展都有极大的关系。给孩子选书，如同吃东西一样，不可偏食。如果偏重于理科一类的，想象力得不到启发；如果单单阅读文学艺术一类的，抽象思维能力又得不到发展。所以，在家里有各种藏书供孩子阅读，可以使孩子们的许多兴趣在家里得到满足，也可以从他所钟爱的书中得到许多许多……

在家里要形成一种热爱书、尊重书、崇拜书的气氛。

要给每一本书都包上书皮，不允许孩子在书上乱画，看完必须将书放回原处。

可见，童年岁月在人一生中具有十分重要的意义，而书又是孩子通往各种知识的门户。不培育孩子爱书、买书的习惯和阅读的兴趣，实在可惜。

七　孩子在学习中成长，在摸索中前行——探索

1. 怎样培养孩子的学习习惯

学习习惯，是在长时间里逐渐形成的、不易改变的。有好的学习习惯也有坏的学习习惯。惜时专注、注意观察、勤思善问、循序渐进、持之以恒、标新立异，这是好的学习习惯。"三天打鱼，两天晒网"，"做一天和尚撞一天钟"，这是坏的学习习惯。

培根说："习惯真是一种顽强而巨大的力量，它可以主宰人生。"

俄国著名教育家乌申斯基说："良好的习惯乃是人在其神经系统中存放的资本，这个资本不断地在增值，而人在其整个一生中享受着它的利息。"而坏习惯则是"道德上无法偿情的债务，这种债务能够用不断增长的利息去折磨人，去麻痹他的最好创举，并使他达到道德破产的地步"。可见，克服坏的学习习惯，养

成好的学习习惯，不仅会使你的学习更有意义和价值，而且会使你终身受益。那就好好地享用这种"资本"的"利息"吧！

（1）家长怎样帮助孩子养成好的学习习惯，克服坏的学习习惯呢？

①坚决。汽车在启动时，所要克服的阻力，比它开动后所要克服的阻力大得多。学习习惯的改变与养成也是这样。因而，家长在养成孩子一种好习惯或改变一种坏习惯时，必须一开始就施以坚决强烈的力量，越坚决越好，越强烈越好。

②坚持。心理学告诉我们：新的条件反射形成的暂时神经联系，在成长"定型"之前，总是不稳定的；而旧的条件反射形成的神经联系"定型"在彻底瓦解前，又总具有某些回归的本能。因而，学习习惯的养成与改变，在取得彻底胜利之前，不能有丝毫的懈怠。一直坚持到坏习惯土崩瓦解、好习惯根深蒂固的时候为止。

③坚定。家长帮助孩子制定目标，坚定不移地推进。朝向目标的行动，都得当机立断，短期目标达到以后，可以回顾孩子所取得的"成果"，再订下一步目标，以利再战。当然还要预防反复的发生。

④坚硬。家长应告诫孩子学习习惯的改变与养成，实际是用意志战胜惰性，战胜"旧我"实现"新我"的过程，说通俗点就是自己同自己作对。"理智的强者善于同自己作对"，做理智的强者，勇于战胜自己，用坚硬的态度和理智去终止原有的条件反射，建立新的条件反射。只有这样，才能养成良好的学习习惯。青年时代的毛泽东有意识地到城门上读书，便是一个自己同自己"过不去"、与自己作对、培养在嘈杂的环境下专心读书能力的典型范例。

总之，家长应教育孩子最重要的是有坚定的信心、持久的热心和坚韧的毅力。孩子养成了良好的学习习惯，他就能在学习中不断取得进步。

（2）只有养成了良好的学习习惯，才能让孩子自主地去学习。

自主学习，即孩子依靠自身的努力，自觉、主动、积极地获取知识。能自主学习的孩子寥寥无几，少之又少，究其原因，主要是以下几点所致：

①乐不思蜀。常言说：穷人的孩子早当家。条件差的孩子大部分都有这样一种信念，一定要把书读好，看将来能否有出息，抓住"铁饭碗"，脱离祖辈们"脸朝黄土背朝天"的生活。这就为他们能自觉主动地学习奠定了坚实的基础。而随着社会经济的不断发展，家家富裕了，人人生活改善了，至少再也不必为一日三餐而担忧，许多孩子因此而"乐不思蜀"，迷失了自身奋斗的目标。

②娇生惯养。现在的家庭，儿女少，多数为独生子女，家长视子女为掌上明珠，对孩子的要求百依百顺，几乎过着"饭来张口，衣来伸手"的极乐生活，有几个这样的孩子会对他们将来长大以后的事情而担忧呢？因此，多数的孩子也就没有了奋斗的目标。

③读书无用论的影响。不少人这样说：读书已经没有用处。他们的依据是：现在社会上许许多多的人大学毕业了也找不到工作，孩子如果大学毕业了还不是找不到工作，而且孩子考上大学，还要付几万元的学费，倒不如孩子不读书更省心，不是有好多书读不好的人也同样赚大钱吗？你听听，孩子如果听了这样的话，能不受到影响吗？势必使孩子失去奋斗的信心，没有了信心，就谈不上自觉主动了。

④有一部分孩子自以为聪明，认为只要课堂上听一听就什么都学到了，殊不知科学知识是无止境的，老师在课堂上是不可能面面俱到的。

⑤破罐子破摔。有一些孩子从低年级开始就不认真学习，没有为以后的学习打下坚实的基础，到了中高年级，往往想学也学不进去，力不从心，自身又不主动补缺补漏，从而使学习更加一蹶不振。抱着无所谓的态度对待学习，自暴自弃，这样的孩子能自主学习吗？

孩子的自觉性表现在生活和学习的各个方面：按时完成作业、自觉复习功课、自己准备学习用具、收拾屋子、自己洗衣服甚至做饭等等。但是，许多孩子都不能做到这些，他们总也玩不够，既不喜欢学习，也不喜欢干活，让家长感到非常头疼。

孩子的自觉性并不是天生就有的，是需要后天逐步培养的，首先要有兴趣和动机。有些家长过早地让孩子认字、计算、背诗、阅读，过分地强迫孩子学习，占用了孩子的娱乐时间，使得孩子对学习产生厌烦情绪，总想玩。有些家长让孩子除了学习就是练琴，没有其他娱乐活动，使孩子生活在枯燥乏味之中，对一切都不感兴趣，不知道学习是为了什么。还有些家长只要求孩子学习，其他一切都不要孩子去做，在物质上给孩子创造了特别优裕的环境，尽量满足孩子的物质需求，结果孩子生活在富裕满足之中，缺乏吃苦精神和毅力，对学习目标没有什么追求。这些问题都使得孩子对学习没有兴趣和动力。

除了兴趣之外，还要培养孩子的学习能力。现在的大多数家庭都只有一个孩子，家长对孩子的关注、照顾、保护过多，孩子没有机会自己处理自己的事情。

有的孩子已经10多岁了，却从来没有洗过衣服，更没有做过饭，对学习以外的东西一窍不通，殊不知儿童的运动能力、动手能力、协调性都与学习能力有很大的关系。如果孩子很懒很笨，在学习上也会遇到很多挫折，其结果只会使他们对学习失去兴趣，当然更不可能自觉去学习了。

有的孩子也知道学习的重要性，也有学习能力，但就是自制力差，不能约束自己。造成这个问题的原因很多：

①由于感觉综合失调，使得身体各部位不能听从大脑的指挥协调，这就需要进行专门的训练。

②家长对孩子管得太多，孩子生活在"他制"的环境中，当然无法形成自觉能力。所以，家长要给孩子自我管理的机会，自己的事情自己做，比如写作业可以用闹钟自我监督，要多鼓励，少批评。

③对孩子管理不要过分绝对化，例如：一开始家长鼓励孩子学电脑，但当孩子已经喜欢上玩电脑了，家长却突然意识到会影响学习，就严禁孩子上机，孩子当然会想方设法地偷偷玩了。所以，与其让孩子偷偷玩儿，还不如要求孩子自己合理安排好学习和玩的时间，久而久之孩子自然会逐渐形成自觉性的。

2. 让孩子自主地学习

让孩子自主地学习，其实很简单，只要您少干涉就够了。因为，每个孩子天生都是好学的，只要您没有用不得当的办法去打断他们，他们会很专注地自主学习的。

比如：孩子在专心玩一个玩具的时候，千万别拿着水果去要他吃等等。孩子有疑问时，自然会找家长去解决，这个时候，你和孩子一起查书，翻资料，找到答案。这样时间长了，他遇到困难时，就会自己主动地去找书，寻求结果，而不是依赖于你的帮助了。慢慢地，也就学会了自主学习。

（1）学习，从心理学的角度上来说，本来就应该是自主的。尤其从心理学研究的发展历程上来看，早期的行为主义研究发现，动物和人类早期的学习心理，就是一种被动地强化；而后起的人本主义心理研究发现，人之所以区别于动物，其本质上就是学习是人的自觉主动性的学习行为。小学生中优秀学生和差学生的最大区别也就在于学习的主动性上。也就是说，只有主动学习，才是真正有效的学习。

自主学习，是人本主义的基本思想。所以，要提倡和引导孩子自主学习。

①家长必须相信：孩子的本性是诚实、善良的，任何一个孩子都具有一种与生俱来的优秀素质与天赋。

②孩子在本质上是自立的、能动的，其行为受自己的意见和价值观的驱动和维持，不受外来因素的支配。

③孩子的自我发展、自我实现是孩子成长发展最基本的需要，人天生就有发展自我、表现自我的本能欲望，并且每人都有能力权衡利益，做出个人的决定。可以说，每个孩子都是自发的自我指导者和自我实现者。

④孩子具有先天的学习潜能，家长应充分利用孩子这种学习内驱力，激发孩子自我实现的欲望。这样，顺理成章，家庭教育的本质和根本任务应放在促进孩子的自我实现和发展的潜能上。

（2）为了能够让孩子自主学习，促进孩子的自主学习，家长在家庭教育中的主要职责表现为五个方面：

①帮助孩子弄清自己到底想要学习什么。当然，也不是随着孩子自己的意愿想学什么就是什么，我们可以运用追问法，引导孩子反复追问自己，弄清到底为什么要学，学了会有什么好处，引导孩子弄清真正的学习意图。

②帮助孩子发现所学东西的个人意义。这不仅是在孩子学习之前的事情，更多是在孩子的学习过程中和学习一个阶段后的总结和体验，学习给他自己带来了什么样的好处。

③帮助孩子安排适宜的学习活动材料。这不仅是孩子的课本，可能更多的是家庭生活的内容。

④维持着某种滋育孩子学习过程的心理气氛。比如，孩子书房的装饰、家庭共同的学习时间、家庭成员相互讨论的习惯等等。

⑤家长自身也应作为可以为学生利用的资源，家长应当将本人的经历、本人的学习实际经验以及工作成就等等，当作资源给孩子加以利用。

（3）家长必须做到：

①充分信任孩子能够发展自己的潜能并以真诚的态度对待孩子。

②自身表现表里如一。

③尊重孩子的个人经验。
④重视他的情感和意见。
⑤深入理解孩子的内心世界。
⑥设身处地为孩子着想。

家长只有以这些态度品质处理好家庭中的亲子关系，才能免除孩子种种精神上的威胁和挫折，才可能使孩子的自我实现的学习动机得以自然地表现。

（4）家长的主要作用在于建立一个积极、接纳、无威胁的学习环境，作为孩子学习活动的咨询者和合作者，孩子情感的反映者，促使孩子自我指导，激发孩子自我实现的内驱力。

具体的做法可以从以下几个方来来考虑：

①自主学习。首先可以说，生活即学习。这是陶行知老师生前所提倡的。孩子在上小学以前，其实已经就在学习了，而且都是在生活中的学习。我们发现孩子的长大，不仅是在个子和年龄上的长大，更多的还是在知识与能力上的长大，只不过没有考试罢了。这也是为将来进入学校学习打下了学习习惯、学习态度、学习方法基础。孩子上了小学后，只不过是增加了学校的一部分学习内容，但更多还是生活中的学习。所以，家长一定不要以为，只有在学校里才是学习，在家里的生活就不是学习。同时也要意识到，生活中形成的习惯和态度都会直接影响到学校的学习。

家长现在可能更多的是关注孩子在完成老师布置的家庭作业上的表现，而忽视了孩子在其他方面的学习表现。

②遵循孩子的成长规律及学习心理特点。孩子能够学什么，应该学什么，应该如何学，应该学到什么样的程度，都是需要依据其成长的心理特征和认知的基本能力，而不是家长的期望和要求。如果我们发现孩子哪些地方不如意，就横加阻拦和指责，不仅会挫伤孩子自主管理的积极性，而且会直接压抑孩子自我管理能力的成长。

③注重孩子的自我管理。从学什么，怎么学，到学到什么程度，都需要孩子自己能够安排和控制。当然，这里需要更多的还是自我管理的能力。比如，个人的活动安排、要做的事情、要实现的目标、需要的时间安排等等。这可能是家长可以和孩子进行反复交流和探讨的内容，并不是完全靠孩子自己随意而为。

④以学习能力为核心。没有学习能力，就谈不上自主学习，当然，对小学生来说，学习能力也是局限在他的学习内容和范围中的。学习能力主要指的是：观察、注意、阅读、理解、记忆、模仿、想象、判断、书写、计算等等。这些内容在家庭生活的学习中也可以处处体现出来，比如，让孩子自己生一盆黄豆芽，并让孩子做好生豆芽的观察记录和体验。家长不仅可以和孩子一同享受其中的快乐，也可以指导孩子提高相关的学习能力。

⑤需要孕育新型亲子关系和家庭气氛。孩子不仅需要在学习上能够自我计划、自我执行、自我检测、自我反馈，而且在生活上，在很多的事情上都需要有一定的自由空间。当然，这个自由的空间并不是意味着就让孩子自己说了算，而是指导给孩子如何合理安排自己的生活、游戏、学习以及和家长一起活动的内容、时间和方式。这就需要在家庭中建立新型的亲子关系。如果你能够认真倾听孩子的述说，就是一个很好的亲子关系的开头。

（5）新型的亲子关系必须具备三个要素：

①父母和孩子交流要真实、真诚或表里一致。不装腔作势，尽情表露瞬间的情感和态度。

②尊重，也称接受或认可。家长善于倾听孩子意见，重视孩子感情，欣赏孩子的优点，宽容其缺点，维护孩子的尊严与爱好，相信孩子的选择和决定。

③理解，设身处地的理解。这种亲子关系带有明显的情感化倾向。

这样可能是不会适合于学校教育的，目前我国的学校教育还不是民主式的，这就需要我们家长多费心，研究一下如何把家庭中的民主体制与社会上的体制接轨，这样，也有利于孩子将来参加社会工作。

自主学习，体现更多的还是个性的培养。自主学习的主要目的不是为了家长管理省事，而是为了适合于孩子自身能力和个性的发展，更重要的还是为了培养一个有独立个性的人才。这同民主体制一样，也是不适合于学校的培养教育模式的。一个老师教一个班级的一个学科，老师本身也没有多大的独立性和个性，对学生的要求，可能也就只能会一刀切，这也需要家长能够在家庭教育中做好个性与全面、独立与合群相结合。

八　不做孩子的"监工"——思考

1. 给孩子空间

　　常听不少家长反映最令人头疼的问题就是孩子不自觉。"我的孩子从来就没有自觉地看过书，自觉地复习过功课"，"我的孩子从来不独立思考，遇到问题不是在学校问老师就是回到家里问家长"。为什么会出现这样的情况，就是因为这些孩子没能养成一个独立思考、自觉看书的好习惯。

　　数学是锻炼人思维的体操，学习数学不仅仅要掌握它的公式、定理、法则及概念等，最重要的是理解知识发生、发展过程，要在参加数学活动的过程中进行观察、实验、猜测、验证、推理与交流，而这一系列的活动都离不开思维，离不开人的独立思考。只有勤于动脑，善于独立思考，才能深入理解与掌握数学知识本质的意义，掌握数学知识内在的联系和规律，形成各种数学思维和数学能力。

怎样培养学生独立思考的习惯呢？家长要为孩子们创设一个独立思考的空间，家长的话不能太多、太直白，要给孩子留出充分思考的时间，给孩子们充分感悟的过程。家长要引导孩子从大量感性材料中自觉地提取信息进行分析综合、对照比较、抽象概括，逐步形成独立思考的习惯和能力。特别要鼓励孩子们独立思考，不人云亦云，敢于坚持发表自己的意见。另外，还应创设让孩子互相交流的机会，让他们把自己独立思考的成果与伙伴交流，在交流中去感受思考带来的乐趣，去学习欣赏同伴们思考的成果，以促进进一步的思考、交流。只有独立思考才能产生见解，有见解才有交流的愿望，有了交流又可以激起新的思考，在交流中思维的深刻性得到发展，产生了思考的兴趣，就会逐步形成独立思考的习惯。

给孩子独立思考的时间和空间。如果一个妈妈看到自己的孩子一个人坐在房间里，什么都没做，只是看着窗外的天空发呆，她应该怎么做呢？是给他一个玩具，还是说别浪费时间了？有不少中国的妈妈是这样做的，殊不知，她的无意识的反应可能毁灭了孩子自我开拓的空间，进而破坏了孩子本来可能拥有的无限量的前景，很可能孩子在她的这些无意义的干扰和催促中，忙碌着、奔波着，最终变得缺乏灵气，毫无主见，甚至是平庸后进。

任何一位疼爱自己孩子的有心的母亲，应该是对孩子的发呆很在意，也很好奇孩子到底在想些什么。但是，奉劝您千万不要打扰孩子，让他自己来思考，让他彻底地、无拘束地沉浸在自我的空间里，相信孩子吧！他有属于自己的思想王国，在完全属于自己的世界里他才是自己的思想之王，他完全可以自己思考人生，完全可以自己开拓创造，进而自信、自立、自强。有不少母亲天天就知道催促孩子看书吧，学习吧，收拾房间吧！没完没了，孩子完全沦为大人的附庸，在这样密不透风的环境下成长，充其量不过是大人的小翻版而已，更谈不上能力的培养了。孩子自己的本真被抹杀了，孩子自己的成长轨道被扭曲了，没有思考的时间，没有开拓的空间，他自己的创造潜力也就消失了，进而失去了自我，或许在现有的教育体制下他会成长为一个学业的成功者，但一定是缺乏思想和才气的，在能力上他是匮乏的，尤其是缺乏创造力。

问题严重的是太多的家长没有意识到，还自以为是在帮助孩子，其实他的愚昧他的无知他的习惯恰恰害了孩子！

孩子还小的时候，许多父母都倾注了不少精力，但是奉劝家长们只要密切地关注孩子，而千万不要擅自打扰他们！

妈妈们总是津津乐道于那些学习起来废寝忘食的孩子，对这样的孩子总是赞不绝口。真的有这样的孩子吗？大概学习好、听话的孩子会这样。但是将所有时间都花费在课本上的孩子，就失去了自由时间发现自我的机会。

在小时候，在自己自由支配的时间里，没有任何压力，可以按照自己的想法尽情地展示自己，做自己喜欢的事情。只有那时，才能体现自己真正的个性。

妈妈无法忍受孩子有空闲的时候，孩子失去了仰望蓝天、享受阳光的快乐，有些妈妈根本不知道在教育孩子的时候，给他们自己思考的时间是多么重要。

相信在给孩子的自由时间里，孩子们会选择自己奋斗的方向。自由时间越多，孩子越能明白自己应该做什么。

孩子需要自己进行思考，塑造自己，只有给了孩子适当自由的时间，孩子才能拥有更大的创造性。如果真的为孩子的人生担心，就要给他们属于自己的时间。给他们一个没有任何人干涉，可以自己思考、享受、塑造自己的世界。

作为家长，很多人都认为自己非常爱孩子，为了孩子什么都愿意做，而且坚信自己所做的一切，都是为了孩子。可我们的爱，孩子并不接受，还会用各种手段来回避。于是，家长就着急了，骂孩子白眼狼、忘恩负义，还要打孩子，希望棍棒底下出孝子。而这种种都说明了一个问题：我们都不成熟，都没有学会尊重孩子。

每个人的内心深处，都渴望得到别人的尊重，孩子也是如此。新版《中华人民共和国未成年人保护法》明确规定辱骂孩子就是违法。它也从法律的角度提醒我们，要学会尊重孩子。

尊重孩子的妈妈才能培养出懂得自尊并尊重他人的孩子。

一位中学生说，一种带锁的日记本在他们班里几乎人手一册，目的是为了防范父母翻看日记。孩子向最亲的父母锁住自己，这一颇为残酷的现象令人深思。孩子之所以给日记上锁，是因为父母不能尊重他们的隐私，而父母则自有一番道理，实在不了解应当怎样教育自己的孩子。这其中的问题就出在如何互相了解上。父母与孩子虽然有着与生俱来的亲情，但毕竟相差几十岁，彼此之间有天然的"代沟"，跟孩子做朋友，靠真诚赢得孩子的信任是唯一的途径。

许多孩子常常向"知心姐姐""状告"父母："妈妈爸爸老偷看我的日记或私拆同学给我的信，我十分气愤，可又不知道怎么办。"

那么就告诉他们，在你的日记本第一页写上："偷看别人的日记是不道德的行为。"然后把这一页打开，放在桌上。这样一来，爸爸妈妈以后就不会再看了。

为什么这么说呢？做父母的心其实很容易了解。他们一天忙到晚，哪里有工夫去看孩子的东西。只是因为孩子一味地藏着、躲着、锁着，才使他们产生了好奇心，甚至犯了疑心，以为孩子有什么事在瞒着大人，于是，就采取了许多"侦破"手段，不自觉地触犯了孩子的"隐私权"。

在大人们看来，这都是些小事。"连孩子的生命都是我给的，何况一本日记、一封信？"可对孩子来说，大人的这些行为，都是对他们的不信任、不尊重，伤害了他们的自尊心。

其实，在大多数孩子的日记里，很少有什么"不可告人"的事，更多的是孩子的一些思考和一些心里话。当父母的，要允许孩子有自己的秘密。

儿童期的孩子有秘密，说明这孩子有丰富的内心世界、智商高、主意多。这样的孩子往往是"孩子头"，常常会编造出一些"小秘密"，以吸引同龄的伙伴。

少年期的孩子有秘密，说明他正从幼稚走向成熟，善思考，有独立见解，自尊心也在增强。

进入青春期，孩子对成人的封闭性、对伙伴的开放性更显得突出。这些"小大人"似的孩子尤其需要得到尊重。

因为孩子是个人，不是物。他是人，他就有感情，就有他自己的行为方式，就有自己的独立人格，也有他的隐私权。现在很多家庭把孩子当成宠物，想玩就玩，想逗就逗，就是不懂得尊重孩子。

孩子是未成年人。正是因为没有长大，他们就坐不住。一年级的孩子能够集中精力的时间也不过10分钟到20分钟，过一会儿他就要动一动，这是年龄特点决定的。

孩子有时爱说大话，大人却以为他在说谎。其实，这是孩子为了让别人注意自己，故意夸大事实罢了。他还没有成年，思想尚未定型，这时候你不分青红皂白说他在说谎就是冤枉他了。

孩子是一个独立的人，不论年龄大小，大人们不能把他的一切都代替了。孩子要独立思考，要独立参与，他要有自己的秘密，也要有自己的隐私权。法律都在保护他们的各项权益，你侵犯了他们的权益，你便触犯了法律。

如果孩子从小就受到尊重，他便能懂得自尊，也会懂得怎样去尊重别人。那些对人彬彬有礼的孩子，肯定是在家里很受尊重的孩子；那些蛮不讲理、行为粗野的孩子，在家里，一定得不到他人的尊重，甚至常常受到伤害。

如果你想把自己的孩子培养成为高素质的人，成为有教养的人，那么，你首先要做这样的人。要让孩子尊重你，你便应当先尊重孩子。

有的妈妈希望孩子进入大人卧室时，要先敲敲门。那么，你进孩子的房间（如果孩子有单独的卧室）时，有没有敲门？

有的妈妈总怪孩子乱翻自己的东西，你想过没有，你自己是否也常常翻动孩子的东西？

有的妈妈总责怪孩子不愿意听大人讲话，可你是否自省过，你认真倾听过孩子说话吗？

如果你想让孩子长大后具备一定的法制观念，你自己也一定要懂法、守法，还要学会利用法律保护孩子，更要尊重孩子应有的权利。

人类最不能伤害的就是自尊。在家庭中建立亲情乐园，要从尊重孩子、尊重孩子的隐私开始。

教育孩子首先要尊重孩子，以平等的态度对待他们。从现状来看，受传统的影响，我们对于孩子的教育，一般都习惯于采取"自上而下"的灌输和强迫方式，缺乏对孩子应有的尊重，忽视了受教育者的感受。我命令你干什么，我要求你干什么，你应当言听计从，否则，你就不是一个好孩子。当然，也有个别的家长，因为只有一个独生子女，只要是孩子的要求，都要满足；还有的家长信奉棍棒下出好人，采取简单粗暴的方法来对待小孩，其结果是适得其反，事与愿违。

家长必须加强自身的修养，多深入孩子们生活和学习的圈子之中，知道他们想些什么，愿意做些什么。与他们建立一种相互尊重、平等互信的关系，使他们在一种理解、信任、宽松、和谐、积极奋进的环境中学习和生活。作为家长，要能帮助孩子解除忧虑，排解困惑，让他相信你，佩服你，愿意与你交朋友。若能如此，那你一定是位非常成功的或特别优秀的家长。

2. 尊重孩子要处理好的关系

尊重孩子，让孩子自由发展。但是在家庭教育实践中，尊重孩子却有一个"度"的问题：只有讲究好分寸，把握好尺度，才能使家长的有意引导和孩子的自主发展达到和谐的统一。而要解决这个问题，就要注意处理好以下几种关系：

（1）平等地位与主导作用，平等地对待孩子是尊重孩子的首要条件。

家长努力营造一种民主、和谐，在日常生活中，我们要允许孩子根据自己的意愿进行选择，鼓励孩子自己做一些决策。比如问问孩子："你想吃苹果还是香蕉？"和孩子一起协商："星期天你想怎么安排？"等等。并且，要学会做孩子的朋友，多参与孩子的活动，多和孩子一起嬉戏玩耍，成为孩子开心的伙伴。另外，还要注意自己的言谈举止给孩子的感受，经常与孩子保持同一视平线谈话，从一个简单的动作表情到教育方式的运用上都要体现与孩子的平等。

但强调平等，并不意味着可以忽视家长的主导作用。孩子年龄小，是非辨别能力差，时时处处都需要家长的悉心引导才能进一步获得有价值的经验和知识，才能养成良好的行为习惯。但家长的这种主导作用不是通过强制性的手段来体现的。家长应针对孩子的特点，采用游戏的方式，往往更能体现平等与主导的结合。比如，如果想让孩子听故事，可以不是直接提出这一要求，而是说："你看布娃娃太孤单了，他想听故事，你陪他好吗？"想让孩子玩橡皮泥，可以说："小熊肚子饿了，你做一些面条给它吃吧！"孩子不肯洗手，可以一边念儿歌一边和孩子做洗手的游戏。在轻松愉快的游戏气氛中，孩子不知不觉地接受了家长的要求，养成了良好的习惯。

（2）自由发展与遵守规范每一个孩子，只有尊重这一规律，给孩子充分的自由发展空间，才能调动孩子内在的发展积极性，发挥其主动性，更好地促进孩子的身心健康发展。

在家庭中，只要无碍孩子的健康、安全和他人利益的活动，都可以让孩子尽情探索、自主选择、自由创造。比如，我们规定星期六晚上是孩子自由活动的时间，只要孩子不干出格的事情，我们从不干预。我们家的电器设备，除了电源总开关及插座规定不允许孩子动外，其他都鼓励孩子动手操作。这既增加了孩子探索的乐趣，又使孩子学到了必要的生活知识，可谓一举两得。

当然，尊重孩子的自由需求并不等于放任孩子。俗话说："没有规矩，不成方圆。"只有自由与规范相结合的教育才真正有利于孩子的身心健康发展。因此，在给孩子自由时一定要有相应的规则约束。比如，在家里，要让孩子知道各种用品、玩具都有固定的位置，使用后应物归原处；每日饮食起居也要有一定的规律，按时就寝，按时起床。在外面，要告诉孩子有关公共秩序和文明规范，并在家长的带领和示范下自觉遵守。家庭规范的内容涉及家庭生活的各个方面，有一些是需要家庭成员共同遵守的，而有一些规范在家庭生活中却要因人而异。有位家长，曾为看电视闹过一场"纠纷"，孩子每天要跟着父母看完电视才肯睡觉，后来父母没有办法，只好每天晚上不看电视。如果孩子也向家长提出这样的要求，可以对他说："你年纪小，正是长身体的时候，要比大人更多时间的睡眠，才能长得更快。"孩子听后口服心服。在规范孩子行为时，要给孩子说清道理，使孩子自觉自愿地接受规范。

（3）孩子的兴趣与家长的要求，兴趣是孩子认识事物的内驱力。

孩子一旦对某个事物产生了兴趣，就会倾向它、注意它，并且积极主动地去探求它。因此，家长只有尊重孩子的兴趣，善于启发引导，才能最大限度地发挥孩子的潜能，才能得到更好的教育效果。

有一个小朋友在五岁时，按照家长的意愿开始学习书法，在家长的督促下，他每天都要进行一小时的书法练习。有一天，孩子竟哀求说："妈妈，我实在不喜欢写毛笔字了，一点意思也没有。每天你们都逼着我写，其实我是为你们写的。别人夸我，你们就高兴。"这一番话，使这位家长震惊，也使她伤心，于是问他："那你喜欢什么？"孩子说："我喜欢钢琴，想学钢琴。"思考再三，当家长的觉得还是应该尊重孩子的意愿，满足他的要求。由于有了兴趣，孩子学习钢琴非常自觉，在完成作业之后，他把丰富的想象融汇在对乐曲的理解和弹奏过程中，充实了心灵，陶冶了情操，取得了事半功倍的效果。他把付出的努力作为一种满足和享受。

尊重孩子的兴趣，并不是说家长不能对孩子提出要求。特别是处于学龄前期的孩子，他们的兴趣往往带有很大的情境性，受偶然因素影响较大，稳定性较差，兴趣来得快，去得也快。为此，家长在尊重孩子选择的同时，要帮助孩子形成较为稳定的兴趣。另外，由于孩子判断能力差，有时也会产生一些不利他们身心健康发展的兴趣，这时就需要家长及时提出要求，及时引导。为此，家长应及时发现孩子的消极兴趣，并在说理的基础上进行严格的教育，从而使孩子防患于未然，走上健康成长的道路。

尊重孩子是家庭教育的首要原则，而爱而不娇、严而有格、宽松而不放任、自由而不放纵，则是家教的成功之道。

中小学生减负，牵动了学校、家庭、社区。减负以后，孩子们最应该获得的是什么呢？是玩！

这里说的"玩"，指的是一种真正意义上的、完全属于孩子的玩，而不是大人们的那种"有意义的""有组织的""寓教于乐的"玩法。去河边钓鱼、去野外捉虫、去爬树、去钻洞、打陀螺、放风筝、骑自行车，要不约上几个伙伴，胡吹海侃，或是制订一些永远也无法实施的冒险计划，诸如此类。每个人的孩提时代，都应该有完全属于自己的"玩"的时间。

怎么玩？大人们别替他们操心。

在一天里应当有一定时间（比方说一两个小时）由孩子支配。在这段时间里，孩子不接受任何带限制的安排，不要大人"给一个空间、给一个问题、给一个冲突"。父母可以从外部对危险性、道德性等方面的问题进行规避，在场所上给以调整，但不能强制。

这一点完全应当看作儿童的基本权利，以法律的形式予以确认。这就可以从根本上杜绝超时的补课、背离教育规律的家教等掠夺孩子时间的恶习。孩子在充分享受"玩"这一权利的同时，就是一种自主、自立、自决意识的最初尝试，这种精神对于孩子的一生何其重要！谁能说这不是一种素质教育呢？

许多家长认为孩子并没有秘密可言，更没有什么不能让父母知道的。教育专家指出，拥有秘密对于孩子的成长具有极其重要的作用。对个人来说，秘密往往与责任紧密相连，并且要独立承担责任。从这个意义上讲，没有秘密的"水晶人"是永远长不大的，有远见的父母与教师应当允许孩子有自己的秘密。

有些家长理直气壮地认为：我是孩子的父母，孩子的一切情况我都应该了解，他（她）不该对我们有所隐瞒。因此，偷看孩子日记、私拆信件、监听电话、查上网记录、盘问孩子与同伴（特别是异性同伴）的交往情况等等，此类现象每天都在发生。据一项调查表明：有30％的中小学生的日记被父母偷看过，而且有些家长获得第一手资料后更不放心，丰富的联想和猜测便会成为问长问短的素材，使本来就承受过重学习压力的孩子，还要想办法应对家长的盘问，因而又要承受更重的精神压力，有些孩子因为一时想不开而走上不归路。

虽然家长希望了解孩子的初衷是好的，但应该注意方法，而且要尊重孩子希望保守的秘密。当然，尊重孩子的秘密，并不是完全不管他们的秘密，对秘密的适当"洞察"也具有重要的教育意义。父母平时应当多与孩子聊天、交流、沟通，让孩子主动说出自己的心事，主动和父母分享其快乐与痛苦，使孩子在自己的教育影响下，能够独立面对秘密并从容、恰当地处置，让秘密成为孩子长大的营养品，这才是教育孩子的最高境界。

让每个孩子都能生长出一对翅膀，一只是自由的翅膀，另一只是快乐的翅膀。

自由往往来自束缚，快乐往往来自痛苦。今天，有太多太多的孩子在束缚与痛苦中挣扎，甚至成为应试教育的牺牲品。九年义务教育本是国民素质教育，是合格教育，是成功教育，应试教育却被异化为选拔教育、淘汰教育，让大多数学生成为失败者。这是20世纪中国教育的最大悲剧。在新的世界里，让每一个家庭都是爱的港湾，每个孩子都是自尊自信的主人，两代人相互学习共同成长。

给孩子一个空间吧！有这样十项教子策略说得非常好：

给孩子一个空间，让他自己往前走；
给孩子一个条件，让他自己去锻炼；
给孩子一点时间，让他自己去安排；
给孩子一个问题，让他自己去解决；
给孩子一个机会，让他自己去抓住；
给孩子一个冲突，让他自己去讨论；
给孩子一个对手，让他自己去竞争；
给孩子一点权利，让他自己去选择；
给孩子一个题目，让他自己去创造。

人的一切都是从童年开始的。童年的快乐是一生快乐的源头，童年的不幸是一生不幸的开端。如果以明天的幸福为诱饵，来剥夺孩子今天的快乐，这不是骗子的行为就是无知的行为。孩子每分每秒都在生长，一刻也不能等待。因此，每一个真正有爱心的父母，都应当以捍卫童年为己任。捍卫童年是人类在新世纪最重要的理念之一，我们应该多给孩子一些空间。

九 多让孩子"自己来"——自觉

1. 影响孩子自主的因素

自主性是个性的一个方面，主要指独立性、主动性和创造性，即不依赖他人，自己主动负责的个性特征。包括自我情感、自我确定、独立需要。孩子自主性具体指孩子按自己的意愿带着自己的问题，在自己的探索中解决问题，在自己的尝试中逐渐完成结果。

如何培养孩子的自主性，这是家长普遍关注的问题。要使我们的后代能站在世界的前沿，成为时代的强者，我们的家长必须从小注重孩子自主性的培养。

（1）不同的教养方式对孩子自主性发展的影响。

①包办溺爱型：主要表现在家长对孩子保护过多、照顾过分、满足过头。由于在各个方面家长过于包办，过分宠爱，容易导致孩子不当的行为和不良性格的形成。如：什么都依赖父母，缺少独立性，懒惰、自私、任性、撒娇、为所欲

为。这种孩子性格倔强，藐视权威，自主性比较差。

②粗暴专制型：主要表现在家长对孩子要求过严、强行压服、唠叨数落、责骂体罚等。由于家长在教育孩子的过程中，采用简单粗暴的方式，孩子不能较好地表现自己，缺乏自信性、主动性和创造性，而且难于和别人相处。经常处于恐惧和不安的状态之中，对孩子的身心发展极为不利，阻碍了孩子人格的健全发展。

③放任自流型：主要表现在家长对孩子的成长漠不关心、互相推诿、无暇顾及、懒于操心、听之任之等。由于家长对孩子采用不闻不问的态度，导致孩子在各个方面发展的严重落后和严重的行为问题，无法无天。比如一些低智商、反社会行为、少年犯罪等。虽然这些孩子胆大，独立性、自主性、创造性比较强，但由于他们胆大妄为，因此很可能会通过一些不正当的渠道来达到自己的目的。

④科学民主型：主要表现在家长对孩子的教育宽严并济、放管结合、尊重爱护、地位平等、友好相处等。这类家长对孩子的教育既科学又民主。实践证明，采用科学民主型教养方式培养出来的孩子天真活泼、情绪稳定、乐观向上、积极主动、自信性强、独立性强、善与人相处，懂得宽容、忍让、体谅别人，事事讲道理，人格方面得到较好的发展，能有效促进孩子的健康成长，是现代教育所倡导的正确的家庭教养方式。

这是一件真实的事情：

国内某著名高校的一位大学生，在考取出国留学的奖学金后，却因焦虑过度而精神失常。原来，他是家中独子，从小备受宠爱，衣来伸手，饭来张口，甚至上了大学，父母还要每周到学校去为他料理生活。一想到自己将要独自一人出国求学，无人照顾，他不知自己将如何生活，以致过于焦虑而失常。后来，这个大学生的父母对记者说了一句令人深思的话："我们一心一意地爱他，凡事为他着想，谁知却害了他。"

这个由"爱"而酿成的悲剧，在今天有多少孩子像这位大学生一样，生活在父母无微不至的"爱"中？又有多少孩子，在不久的将来，是否也会重演类似的悲剧？

（2）爱孩子是人的天性。

那位大学生的父母爱孩子没有丝毫的错，错的是他们爱孩子的方式过于盲目和无理性，只是一心一意地去爱，却忽略了孩子未来发展与独立生活，没有为孩子提供自主发展的空间，从而使孩子在习惯了消极的依赖之后，一旦需要独自面临新的挑战时，便无所适从。因此，每一位深爱孩子的家长，一定要立足于孩子的未来发展，在爱孩子的同时，要保持理智。每一位家长要充分认识到，今天的孩子，是未来社会的公民，他们最终总是要离开父母无微不至的爱与呵护，走向独立生活道路的。他们未来生活的好坏，关键在于是否具备未来社会和未来生活所要求的基本素质。因此，家长在爱孩子的同时，一定要为孩子保留一块自主发展的空间，使孩子具备适应今后社会和生活的基本素质，这样的爱才是真正的爱、理性的爱。

要实现个体全面、健康发展的最终目标，关键在于充分发挥孩子的主观能动性，从小培养孩子主动适应与发展的能力。这一认识，对于每一位不遗余力地"爱"孩子和为孩子创造"幸福"的家长而言，尤为重要。

因此，每一位家长在爱孩子和为孩子创造"幸福童年"时，一定要注意充分认识并发挥孩子的主体性和自主性，培养孩子主动发展和适应的能力，这要求家长做到：

①要充分尊重孩子，把孩子当作一个具有自主性、有自身内在要求和发展潜力的个体，而不仅仅是家长的附属物或单纯的接受者。

②有意识地为孩子提供创造机会，让孩子独立做一些力所能及的事，而不事事包办代替。这能在一定程度上促进孩子的自由发展。

③要有意识地引导和教育孩子，在日常生活中培养孩子主动适应和发展的能力。如，对孩子进行适当的挫折教育，让孩子独立解决一些有一定难度的问题，利用实际生活教给孩子一些必要的解决问题的知识、方法和技巧等等。

④为孩子奠定要持续发展的基础。孩子日后发展结果的好坏，在很大程度上与孩子是否具有可持续发展的潜力有关，而要达到持续发展的目的，必须从小注意挖掘和培养孩子进一步发展的潜力与品质。因此，家长要从小培养孩子的各种发展能力和进一步发展所必需的心理品质，让孩子发展一些终身受用的素质，而不仅仅是学会一些知识。

总之，每一位家长在爱孩子时，一定要立足于未来，要为孩子今后的发展和一生的幸福着想，要留给孩子一块自主发展的空间，使孩子逐步具有主动适应未来社会和未来生活。当然，允许孩子自主发展并不是说父母可以对孩子放任不管，恰恰相反，只有适宜的教育与孩子充分的主体性相结合，孩子才会获得最大限度的健康发展。

2. 父母该怎样做

目前，社会上普遍存在着追求孩子成绩，不惜重金为孩子创造各种各样学习条件，注重满足孩子物质要求，硬性灌输各类知识，片面提出希望，忽视满足孩子心理需求、培养孩子自主学习的现象。作为父母，在家庭生活狭小的舞台上，一定要扮演多重角色，尤其要注重孩子自主学习能力的培养。自主学习简言之就是孩子依靠自己的努力，自觉、主动地获取知识。自主学习能力则是孩子在学习活动中表现出来的一种综合能力，具有这种能力的孩子会有强烈的求知欲，善于运用科学的学习方法，合理安排自己的学习活动，善于积极思考，敢于质疑问难，在学习过程中往往会表现出强烈的探索和进取精神。孩子的自主学习能力不是与生俱来的，而是在以孩子为主体的前提下，孩子积极参与学习的过程中逐渐形成的。父母是孩子不可替代的启蒙者，是孩子的第一任老师。父母的一言一行，一举一动，都会对孩子的发展产生重大影响，孩子自主学习能力的提高也同样离不开父母的培养。

（1）父母既要做好启蒙老师，又要敢于当好孩子自主学习的"导航者"。

孩子从最简单、最原始的模仿言行举止开始，如跟着父母牙牙学语，在父母的悉心呵护下蹒跚学步，这种模仿一直持续到小学毕业。在这个时期每个父母都会乐当"护花使者"，不知疲惫地带着孩子学这学那，试图培养孩子对各类知识的学习兴趣，但这一时期有的父母却会忽视对孩子学习习惯的培养，从而对孩子今后的学习造成影响。随着孩子的一天天长大，一到初中，孩子学习的科目增多了，作业数量也增加了，孩子往往会为应付一天的作业而忙碌，并以完成作业已任。尽管父母还能解答孩子提出的书本上的问题，但父母往往只会更多地关心孩子完成作业的情况，而忽视对其自主学习的培养。部分父母已开始感到管理孩子会是那样吃力，这时才发现孩子学习习惯的缺失，不得已，只能"按着牛头吃草"。尤其是孩子进入高中阶段后，父母确实已感到孩子的学科知识难度已很大，孩子弄不懂的知识点，父母自己也是一知半解，很难应对孩子提出的问题了。而且，孩子在学校的人际关系开始复杂了，校内、校外生活也丰富了，开始变得不太听话了。这一时期，父母也只会用"认真读书""好好读书""不懂问老师"来关心孩子了，对孩子的学习已显得"无计可施""百般无奈"了。事实上，这个时期我们的孩子才开始懂得学习父母的思维方式，直至开始形成自己的人生观、价值观，这个时期才是培养孩子形成和提高自主学习能力的关键时期。如果孩子在这个时期没有一定的自主学习的能力，不会善于运用科学的学习方法，不会合理安排自己的学习活动，可想而知，这对孩子的学习和成长会带来多大"灾难"。父母对孩子的"导航"在这个时期显得比任何时候都重要，父母除了要对孩子在小学和初中阶段遗留下来的学习习惯和自主学习方法不足进行"亡羊补牢"外，还必须精心设计科学培养孩子自主学习能力的路径，并加以"导航"。这样，才能使孩子逐步养成自主学习的习惯，形成自主学习的能力。要知道，这不可能一蹴而就，而是需要一个漫长的过程和需要锲而不舍的精神。

（2）父母既要做好自主学习的模范，又要敢于创设孩子自主学习的家庭环境。

根据心理学家的追踪研究，孩子的个性发展与父母的教育态度和教育方法密切相关，孩子的心理素质是在外界环境影响下建立起来的。卡尔·马克思也曾经说过："教育别人的人首先要受教育。"父母要想使孩子具有自主学习的习惯和能力，一方面要以身作则，自己要加强学习，多看书、多读报，多思考问题，时时处处做孩子的表率。另一方面，父母还要为孩子创造自主学习的家庭环境。和谐的家庭环境对孩子的学习来说，是很重要的。千万不要扼制孩子的好奇心，孩子自从降生人世起就对这个五彩缤纷的世界产生了强烈的好奇心，这种好奇心将伴其一生。这是每个人认知世界、了解世界和最终征服世界、改造世界的原动力。父母的正确引导，将会使孩子对自然、社会、人文科学产生浓厚兴趣，继而产生强烈的求知欲望。当然，很多时候，好奇心也会驱使孩子做一些不该做的事，每当这种时候，父母不要一味地说教"可以做什么"或"不可以做什么"，而是要耐心地讲解，让孩子明白不能做的原因和道理。有时还要有意地让孩子去尝试,让他吃一点亏、吃一点苦,这样孩子才会学会自己辨别是非,做出正确的判断和选择。从某种意义上说,好奇心就是孩子自主学习的开始。

孩子的自主学习是"夸"出来的。处于高中阶段的孩子虚荣心很强,他们最容易互相攀比,争强好胜,他们最需要的是鼓励和夸奖,而不是无端的打击。有时候很小的一点挫折就会使孩子灰心丧气,丧失斗志,心情变得很压抑,对学习失去信心。父母的夸奖是对孩子最好的激励,这种激励将帮助孩子树立起良好的自信心和责任感,将会促使孩子更加刻苦、更加努力地学习,以积极的心态去面对现实、面对困难。当然,夸奖也需把握适当的度,要使孩子骄傲而不自满。再次,父母与孩子要互相尊重、互为榜样。孩子也爱面子,孩子也有自尊,孩子也需要父母去尊重他。对于孩子,父母要求他做任何事情,都应该以商量的态度和语气,而不是强迫命令。很多事在开始的时候你应该带着孩子做,他就会很乐意地去做了,这对孩子来说是一种引导、一种榜样,也是孩子的一个学习过程。特别是处在高中阶段的孩子,正是最富有想象力和创造力的时期,孩子对父母的依赖,在潜意识里实际是一种敬仰、崇拜心理,这种心理使他们无条件地把父母当成榜样,榜样的力量是无穷的,只有通过父母与孩子的互动,父母的思想观念、行为方式才会迁移到孩子身上,从而影响孩子未来的发展方向。

事实上,只要你善于发现,孩子也有值得我们学习的很多优点,换句话说,在很多时候,孩子也是父母的榜样。所以,对于孩子来说,父母要做的是尽量多和孩子在一起,加强情感交流,经常过问而不过多干预、认真倾听而不过分要求,对孩子的学习要多鼓励,对回答孩子的问题不要简单地否定或肯定,并让孩子说说"你是怎么想的?""为什么会想起这个问题?"或"为什么会想到这个答案?",要鼓励孩子不懂就问,并多问几个"为什么",对孩子的提问要及时进行引导,必要时要与孩子一起查找资料,探求解答思路,然后让孩子通过思考,自己寻求答案,使其从中感受到成功的喜悦。父母只有通过有意识地创设这样的环境,并孜孜不倦地加以追求,孩子的自主学习能力才会得到潜移默化的培养。

(3)父母既要积极规范孩子的自主学习,又要努力把握孩子自主学习的效果。

　　在培养孩子自主学习能力的过程中，父母会在让孩子"放手"学习，还是"老老实实"学习上产生心理矛盾，甚至冲突，当然，孩子自主学习应该是父母的必然选择。一定要意识到父母是孩子自主学习的外因，只有通过孩子的内因才能起作用，要想方设法让孩子自己主动地学，才能收到良好的效果。高中阶段的孩子，父母一定要把学习的自主权交给孩子，让孩子能够把学习当成乐事，在学习中寻找并获得乐趣，使孩子在学习活动过程中，意识到学习是自己的事，自己应该怎样听课、复习和作业，怎样思考、发言和讨论，使孩子对知识的占有欲和征服欲望得以淋漓尽致地发挥。

　　父母可以用各种不同的方式让孩子不断明白"自己还要做什么"，还有"什么也是自己应该做的"，父母还要从"学什么、为什么要学、怎样学"的角度来引导孩子的自主学习，不断增强孩子自主学习的意识。当然，提高孩子自主学习的能力总要经过一定的途径，掌握一定的方法，才能实现的。在加强孩子自主学习能力培养时，还要十分注意规范孩子自主学习的行为并及时"纠偏"，要循序渐进地反复指导、反复训练，让孩子科学掌握自主学习的方法，从而不断提高自主学习的效率。这对孩子今后的课程学习、课外自学和自然社会科学知识的广泛涉猎，会发挥不可估量的作用。

　　教育孩子是做父母的天职，孩子在学业上的成功是每个做父母的最大愿望，培养孩子自主学习的能力父母更是责无旁贷，我们一定要积极创造条件，激发孩子的求知欲，让孩子经历探索，从而发现问题和解决问题，让其真正成为学习的主人。

　　一定要孩子自主。如果让家长在偏执和毫无主见二者之中选择，不知家长是否宁愿孩子偏执。偏执虽然很多时候都很讨厌，而且有一意孤行的危险，但是，当孩子的想法是正确的时候，就能够成功。现实中，很多时候只有睿智的少数人，能够顶住各方面的压力，坚持自己的见解，才能够不吃盲目从众的亏。英特尔总裁格鲁夫写了一本书《只有偏执狂才能成功》，许多人说这本书比英特尔集团更能提升的他的身价，这本书确实充分说出了强大的自主意志对于成功的决定性意义。

　　假如孩子没有主见，他就永远不能成功，只能跟着别人的想法走，只能任凭环境的摆布，无论人家的想法是对是错，无论环境是否适合他。一个人假如没有主见，那么，他自己和他的人生都不属于他，而属于外在的各种影响，这实在是一件很可悲的事情。

但是，孩子的自主性很容易被破坏，父母都喜欢孩子按照自己的设想去发展，都害怕"管不住"孩子。固然，所有的父母都是出于对孩子的一片好心，而且父母的引导对孩子是必要的，但是，除了这些必要的东西之外，有没有多余的东西呢？当自己因为孩子忤逆而发火的时候，是否有一点"控制欲"在内心作崇呢？当孩子的做法我们十分看不惯但并无大碍的时候，我们是否能够允许孩子去做而不干涉呢？

身为父母不应该因为孩子不听话而暴跳如雷，相反要为孩子毫无想法、只会听从而忧心忡忡。

要则一：孩子天生会说"我自己来"，家长如果不想孩子将来处处依赖，只需现在珍惜孩子要求独立的每一个机会，切莫过度保护。

要则二：多给孩子自主选择的机会，并教孩子学会为自己的选择负责任。如周末出游时，让孩子自己安排出游的地点、要带的东西；孩子上幼儿园前，让他自己检查物品是否带齐；孩子丢三落四时，试着不要提醒他，让他承受一两次对自己不利的后果。

要则三：当孩子反抗你，样样都要自己来的时候，记住，孩子是缺乏自控能力的，而你却有足够的自控力，千万别和孩子对着干，试着理解他、尊重他并巧妙地引导他。

要则四：当孩子已被你过度保护，不会再说"我自己来"的时候，那么，你需要挂在嘴边的一句话就是："试试看，你肯定行。"协助孩子做成一两件事，并将功劳归于孩子。

要则五：在孩子身心发育尚未成熟的时候，你的爱与支持是孩子独立探索世界的保障。只有当孩子相信，他遇到困难时父母会关爱他、帮助他，他才有可能放心大胆地去探索外界和尝试新的活动。

十　谁动了孩子的童年——快乐

1. 允许孩子玩

爱玩是孩子的天性，可是望子成龙、望女成凤的父母们往往忽视了这一点，总是拿大人的学习标准来要求孩子学英语、学电脑、学钢琴、学书法……恨不得样样都让孩子学，而留给孩子玩的时间却少之又少。

不少家长都坦言"孩子不快乐"，其实教给孩子"快乐的本领"是做父母能给予孩子最好的礼物。

（1）有心的家长不妨在孩子身上尝试一下快乐秘方。

①享受"不受限制"的快乐。为了让孩子们能应付挑战，家长常常用各种各样的活动控制他们自己的时间表。但孩子需要带着想象力尽情地玩耍，需要时间去抓昆虫、打雪仗、看蚂蚁搬家等，按照孩子自己的步伐去探索世界的活动，更能给他们带来真正的快乐。

②具体地表扬孩子。当孩子做好一件事或掌握了一种技能的时候，家长不要总是简单地说"做得不错"，而要具体地指出他们的成功，比如："今天你给奶奶捶了背，真让妈妈高兴。"具体的表扬会让孩子产生更大的满足。

③和孩子一起运动。和孩子一起骑车、一起打球……这些活动不但能增进孩子的健康，更能让孩子笑口常开，好的身体状况有利于让儿童树立正确的自我形象观。

④高兴就大声笑出来。笑出来，对家长和孩子的健康都有好处，这丝毫不会让家长丧失威信，让家中充满笑声，并经常给孩子一个拥抱，这些都是最好的爱的表达。

⑤关心他人。孩子需要认同自己是家庭和社会的有价值的成员，家长应尽量给孩子提供接触社会、关心和帮助他人的机会。如让他把家里的旧玩具收集起来，送给需要的小朋友；帮妈妈做力所能及的家务等。

⑥不苛求完美。孩子是在家长的不满和批评中丧失自尊和自信的。所以，当家长要抱怨时，先想一下，这个过错是不是跟他们的年龄有关？10年后他们还会这样做吗？如果答案是否定的，就别再唠叨个没完。

⑦给孩子展示的机会。每一个孩子都有自己独特的天才和技能，展示这些能给他们带来极大的喜悦。"爸爸，我给你讲一个故事好不好？"这时即使父母再忙也应满足孩子的愿望，并适时地给予肯定。孩子的热情，能通过父母的分享和肯定，转化成良好的自尊、自信，而这些品质对他们一生的快乐都是最宝贵的。

儿童如果长期处于某种消极的情绪状态，如紧张、焦虑、悲伤，体内的正常生理活动就会被打乱，生长发育也会受到一定的影响。此外，孩子是否快乐也影响到他（她）的人际交往方式，快乐的儿童总是喜欢和小朋友一起玩耍，也比较容易忍让；而忧郁、愤怒的儿童则经常独自待着或攻击别人。所以，保持愉快的情绪是儿童健康成长的必要条件之一。

（2）怎样才能让孩子经常快乐呢？

①父母要注意培养孩子对快乐的体验。在每一件小事上，父母都可以询问孩子的感觉：高兴不高兴？为什么？比如出去游玩的时候可以问孩子："你喜欢出

来玩吗？高兴吗？"还可以问："你跟妈妈在一起高兴吗？"父母也要经常把自己的体验告诉孩子，如："你能自己穿衣服，我很高兴。"

②快乐需要有所限制。中年以上的朋友们都有这样的体验，以前的小孩子没有多少物质享受，但是过得很快乐，现在的孩子要什么有什么，为什么总是不开心？原因就在于，盼望了很久才得到的东西总会令人欣喜异常，而轻易得到的东西就不觉得珍贵。当我们竭力满足孩子的每一个要求时，应意识到这实际上剥夺了孩子享受快乐的权利。孩子通过自己的努力做完一件事后的快乐与满足是父母包办完成所不能给予的。

③任何快乐都不能损害他人的利益。有的父母只要孩子高兴，自己做什么都可以，有的孩子以捶打父母或毁坏东西为乐。这样做的结果，导致孩子长大后不懂得尊重他人。孩子如果出现这种行为，应该坚决制止，不能妥协，同时告诉他（她），父母对此很生气，大家都不会喜欢他（她）。

④要尊重孩子的意愿。有些事情大人觉得没意思，孩子却很喜欢，大人认为孩子会喜欢的东西，小孩得到了却并不高兴。有的父母给孩子买很贵的玩具，孩子却宁愿玩水、玩泥巴、捉迷藏、过家家。所以，我们不要总把自己的好恶强加给孩子，要让孩子做他们喜欢做的事情。

2. 给孩子快乐的童年

也许你从来没想到过，自己随便说出来的一句话，会对孩子小小的心灵产生多么重大的影响。

就算是要表达同样的意思，你选择什么样的表达方式和什么样的词语都将对孩子有很大影响——即便你认为他们有时候根本没有听到你在说什么。在与孩子交往的过程中，无论你是提出要求，给出答案，或者与他谈谈条件，达成妥协，你所使用的语句可能让孩子更加乐于合作，更加自信，但也可能令他们感到挫败和失去信心。

那么，哪些话会带来解决问题并让孩子快乐的魔力，而哪些话应该是永远从我们的大脑里抹去的呢？

最好的五句话：

（1）"你自己来做决定吧。"

如果你想让孩子做某件事，或者是停止做某件事，你可以这样说。这么说是为了让孩子了解，他要为自己的行为负责任。

举个例子吧，你可以对你的女儿和她的小伙伴说："你们来做决定，是想留在这里安静地玩，还是到外面去？"五分钟后，孩子们依旧大声喧哗，你就可以再告诉他们："我知道了，看来你们是决定到外面去了。"

很简单的两句话，你不仅让孩子们明白了前因和后果的关系，你也不会被女儿看作是个"坏警察"——她能很清楚地了解，是她自己做的决定，自己选择了这样一个结果。

（2）"妈妈爱你，但妈妈不喜欢你这样做。"

身为父母，总免不了有时候会责备孩子。这个时候，最重要的是要将事情本身与做事情的人分开——这样，你的孩子会知道自己做了一件不好的事，但这并不意味着自己是个不好的人。

在批评孩子的同时告诉他"妈妈爱你"，这样做也能提醒你自己，批评孩子的目的是帮助他分清对错，而不是处罚他。如果能这样想，你也就更容易在孩子的错误面前保持冷静了。

（3）"你其实是想说什么？"

有的时候，小孩子会因为生气或者激动而变得情绪失控，他无法说清自己的感受，只是不停大喊："我不要你！""我讨厌你！"在那个瞬间，可怜的小家伙唯一能够想到的就是这些词了。这个时候，就需要你来帮助孩子更好地了解和表达自己的情绪。

除了温和地询问："你其实是想说什么？"你还可以给他一些参考答案："你生气是不是因为小明哥哥泄露了你的秘密？"等你的孩子逐渐学会了解自己的内心感受，那么，即使你不在旁边，他也可以清楚地向周围的人表达自己的感觉了。

（4）"你来试试帮我解决这个问题。"

如果你的孩子做什么让你生气的事，例如吃饭的时候不停地哼唱幼儿园学的新歌谣，或者试图用手里的青菜画一幅画，你可以这样说，说得就好像问题出在你自己身上，然后请你的孩子帮你想一个解决的办法。比如：这个办法就是等吃完饭，你开始洗碗的时候，他再唱歌给你听。

这是个有魔力的句子，它可以让孩子感觉到自己的行为是受欢迎和受尊重的，让他可以不把你看作是他的对立面。如果令你满意的唯一的解决办法是让孩子完全停止自己正在做的事情，那么，你们可以一起想办法让孩子能记得什么事情在什么时间不能做。

（5）"不同的人有不同的需要。"

"西西有洋娃娃，所以我也要一个。""小明爸爸让他吃冰淇淋，那我也可以吃。"这些是小孩子们最常用来跟你讨价还价的简单逻辑。在这样的情况下，你一定要清楚地告诉他："不同的人有不同的需要。"你要让孩子了解："每个人只有在他真正需要的时候才能得到。"比如，隔壁的小姐姐配了眼镜，并不意味着楼里所有的小孩都可以得到眼镜；表哥的鞋子小了，并不意味着所有的兄弟姐妹都需要买双新鞋。

让孩子做感兴趣的事。兴趣，是一切行为的先导！对于孩子感兴趣的事情，在确认合理、合法、安全的前提下，家长应放心、放手让孩子去做。其一，这是孩子自发自主要做的事，有利于培养孩子的兴趣和个性；其二，对有兴趣的事，孩子必然会主动学习，也愿意花费心力，这个过程也当然轻松快乐，即使是碰上困难，也比较愿意再尝试下去，将有助于培养孩子的信心和毅力。

现在的家长都希望自己的孩子是个全才，希望自己没有实现的梦想都在孩子身上实现，孩子每天除了学校的沉重的学习任务之外，还要在课外补习奥数、写作、英语等文化课程，另加所谓的艺术类素质教育，沉重的压力使孩子们小小年纪就架起一副眼镜，童年本应非常快乐，但是孩子们苦于应付这些学习，失去了很多属于他们的时间和空间。其实培养一个身心健康，具有良好的道德品质和学习习惯的孩子最为重要，要教育孩子长大做个快乐的人。

在每一个人的记忆中，童年都是难忘的，因为童年有无忧无虑的自由，以及与大自然亲密接触的纯真。在我们父辈的记忆中，童年是"池塘边的榕树上，知了在声声地叫着夏天"，"操场边的秋千上，只有蝴蝶停在上面"，童年有打陀螺、玩弹弓、纸糊的风筝等等。很多人理想中的童年是在自由与自然中享受纯真和美好。但是看看今天的孩子，肩上沉重的书包和过早架在鼻子上的眼镜，不禁想问，他们快乐吗？如何给他们一个快乐的童年呢？

（1）给孩子一个快乐的童年，要让孩子从传统的教育体制束缚中解放出来。

前不久，河南一个县城中学的学生给省委书记写了一封信，他在信中提出了一个小要求："一年就一次儿童节，您能否让我们放一天没有作业的假呢？"孩子的话确实让人深思。在现行的教育体制和评价制度下，学校和老师丝毫不敢松懈，长期以来"填鸭式"的教育方式，使学生忙于背诵各种概念和习题，在"升学率"的压力下，大量的作业已经成为孩子身上沉重的负担，学习成为一种纯粹的任务而少了乐趣。其实，正如孔子所说的，不教诲不也是一种教诲之妙吗？给孩子多一点启发，多一点时间去思考，不也更好吗？所以，要让孩子们能够快乐地学习，就需要落实"实践育人"的要求，改变传统的教育体制和教育方式，变"知识型"的教育目标为"智慧型"的教育目标，以充分激发孩子的兴趣，使孩子的创造力得到充分的发挥和发展。

（2）要减轻家长对孩子的"过分培养"。

"望子成龙"是普天下父母亲共同的心愿，这在受传统文化影响很深的中国就更普遍，这种急切的心理给每一个父母带来压力，同时也被转嫁到孩子身上。有的家长恨不得把自己的孩子培养成"琴、棋、书、画"样样精通的童星，导致本该是无忧无虑的童年时代被各种商业性质的培训、考级、竞赛填充得满满当当，结果非但没有使孩子的学习兴趣提高，反而对学习产生恐惧感。当然，培养孩子的爱好是陶冶情操的方式，但是如果不看对象，不掌握好火候，只是盲目跟风，恐怕就适得其反，其结果，过高的期望值和拔苗助长的教育不但不能培养优秀的人才，反而使孩子少了很多童趣，有的甚至是因此而忧郁或出现逆反心理。其实，只有有张有弛，才可以让学习事半功倍，而且让孩子在自由地感知社会中发现和培养自己的兴趣。

（3）给孩子快乐的童年，还需要帮助孩子正确地理解快乐。

现在人们的物质生活提高了，且大多是独生子女，对孩子宠爱有加，有的甚至发展成溺爱。不少父母对孩子几乎有求必应，导致相互攀比，穿名牌、玩手机、上学要车接送、课余有空甚至泡酒吧等现象在有些孩子身上似乎成为一种习惯。家长的这种宠爱很容易使孩子对快乐的理解产生误导，应对生活挫折的承受能力脆弱，稍微遇到不顺心的事情就怨天尤人，有的甚至从此一蹶不振。其实，童年是人生的初始阶段，不仅要关心孩子的物质生活，更重要的是关心孩子的心灵成长，引导和帮助孩子正确地理解快乐，培养孩子自信、自强、自立的人格，这才是一生的快乐之本。

让我们观察一下最近的新闻，少年结伴自杀、离家出走、因沉重的负担而郁郁寡欢等现象，少了很多自由的孩子越来越叛逆，这不仅给家长、学校，也给社会带来了压力。给孩子一个快乐的童年，不仅是要教育和引导，更要还孩子一个"天高任鸟飞，海阔凭鱼跃"的自由发展空间。

孩子要成为一个快乐的人，最重要的是他们要有快乐的感觉，要懂得什么是快乐。快乐应该是内心自然产生的，绝不是外界可以强加的。给孩子一些自主发展的空间让他们自由呼吸，他们才会保持快乐。试想，孩子的空间整日里被他们并不感兴趣的英语、钢琴……塞得满满的，还会有快乐吗？

家长给孩子压力的普遍理由是，想给孩子一个美好的未来。但是，兴趣与成功是相辅相成的，可以说是人走向成功的原动力。著名海洋原生物学家、中国科学院女院士郑守仪一直致力于有孔虫的研究，一种只有通过仪器才能看到的原生物，半个世纪对着显微镜的凝视必得靠兴趣的支撑方能完成。郑院士对此的解释是她爱有孔虫，为此，她有时会出现在科普展览的展位前，亲自向人们宣传有孔虫，足见其痴迷的程度。像郑院士这样凭着兴趣取得成功的人士可谓不胜枚举。

除了懂得快乐，还要有足够能力才能最终获得快乐。立足未来社会，除了丰富的知识，与人协作的能力也是重要的，这点对独生子女尤为重要。

童年，对一个人的一生有着非常重要的影响。所以，给孩子的成长营造一个健康、快乐的空间是非常必要的。无论家庭、学校以及社会，都要承担起一种责任。因为，孩子们的未来就是我们整个社会的未来，是我们这个民族的未来。

十一　别让分数成为孩子的枷锁——放松

1. 知道孩子紧张的原因

人类的智慧和能量是惊人的,但是人们的自我束缚、自我困扰、自我矛盾太多了,所以大多数人不仅无为无能而且烦恼无尽。

在妨碍人类潜能发挥的诸多因素中,紧张应该是比较突出的一个。人在放松的状态中,思维是开放而且活跃的,而在紧张中是封闭而僵化的,就好比在台上演讲,放松让人侃侃而谈,而紧张让人结结巴巴。

很多时候,我们还是太容易紧张了,这是因为我们从很早就养成了紧张的习惯,每当面对挑战、危险和不确定因素的时候,面对那些在我们心中高高在上的人的时候,面对那些重大的场合的时候,我们总是紧张不已。小时候见到老师的紧张和如今见到领导的紧张是一样的,小学时走进考场的紧张和后来面试时的紧张没有什么不同。

这些紧张妨碍了我们自我的发挥。其实有什么值得紧张的呢？只要我们能关注当前的事情而不是外界的环境和事情结果所能带来的影响，我们就不会感到紧张，我们只想着发挥自己，事情就简单了，往往我们在这个时候更出色。

所以我不希望孩子紧张。我认为暴力的强迫是导致孩子紧张的重要根源之一。粗暴让孩子感到不可抗拒的威胁是我们应该格外注意避免的。

2. 缓解紧张，提高学习效率

孩子和成年人一样，也会有紧张、困惑等心理压力，但他们往往无法找到正确的自我调节方法，一个人要想提高学习效率，最大限度地发挥自己的潜能，必须学会放松自己。当一个人能够最大限度地放松自己，他才能最大限度地聚集生命的能量，从而最大限度地紧张起来，才能从事最艰难的工作和学习。

这些都需要家长的帮助。家长应如何帮助孩子减轻心理压力呢？具体措施是：

（1）让孩子拥有自己的时间。

许多家长让孩子学乐器、学电脑等，占据了孩子大量的课余时间，使孩子感到精神紧张，家长应合理安排孩子的课余生活，让他们有充足的时间独处，做自己喜欢的事情。

（2）鼓励孩子表达自己的愤怒。

没有化解的愤怒是压力潜在的根源，家长要鼓励孩子诉说生气的原因，并让他感觉到父母时刻都在关心他。

（3）督促孩子参加体育锻炼。

孩子通过踢球、骑车、游泳等活动，不仅消除了紧张情绪，还能锻炼遇到突发事件时保持镇静的能力。

（4）给予孩子音乐熏陶。

搜集一些舒缓的古典音乐，最好是每分钟六十拍的音乐，像巴赫、贝多芬、肖邦等人的钢琴曲。在家中播放轻松、舒缓、优美的音乐，可缓解孩子的紧张情绪，并能得到美的熏陶，在椅子上坐好，或躺在床上，一边听古典音乐，一边让自己放松下来。

（5）教给孩子一些放松技巧。

在头脑中想象一幅优美的风景画。想象自己曾经去过的风景区，将自己置身于其中，也可以让孩子想象他到了一个轻松快乐的地方，在阳光明媚的室外与小狗戏耍，在美丽的海边漫步，在游乐场游戏……想象越仔细，放松效果越好。此外，慢跑、打球、睡觉、洗热水澡等也能促使精神松弛。

（6）创造欢乐和谐的家庭气氛。

父母的关心和爱护，能使孩子顺利渡过困境。发现孩子情绪紧张时，找个轻松的地方和孩子坐下来谈一谈。此外，爱抚以及拥抱也是必要的，因为父母与孩子的身体接触有助于孩子放松情绪，建立自信。在孩子处于完全放松状态时，可以用录音机播放事先录好的外语单词或其他学习材料。

当孩子学会了放松自己的方法时，他就学会了如何使用自己的身体。这样就是从事再艰苦的工作，他也不会失衡。

3. 让孩子能好好地放松，迎接高考

在高考来临之际，家长们更要好好地帮助孩子缓解大考的压力，让孩子能好好地放松，以便迎接考试。压力太大使很多孩子出现头疼的症状，特别是一学习头就疼得厉害，这主要是因心理紧张引起的。

第一，当孩子觉得学习有压力，想放弃学习或是感到自己达不到家长的要求时，就会表现出身体的不适，这样就为不学习找到了充分的理由，家长也会因此原谅孩子。当孩子处在这种状态时，家长就要给孩子减压，不要和孩子谈论考试的话题，降低对孩子报考学校的期望，让孩子做到心里有底，反而会让孩子发挥得更好。

第二，饮食方面不要改变太大，这没有多大必要，以居民的营养水平来说，现在人们的饮食结构是完全符合营养要求的，因此，没有必要再增加了。而且如果家里的饭菜口味突然变了，会让孩子感到家长是因为自己要考试而改变饮食的，父母为自己省吃俭用，自己要是考不好，多对不起家长呀，无形中增加了孩子的压力。孩子想吃什么，家长尽量满足就是了，可多吃一些蛋白质丰富的食品，做到营养均衡，让孩子有充沛的体力学习。

第三，对孩子不要管束太严，在近两个月的时间内，即使发现孩子学习上有松懈，也尽量不要管孩子。孩子在心理上不可能一点压力也没有，有一段学习的低迷期也是很正常的现象。如果你在这时说孩子怎么样不对，更容易使孩子产生

逆反心理。家长可以做到表面正常，但从内心上关心，让孩子自己调解到正常的学习状态中来。另外，有些孩子喜欢看电视，家长也不要说，让孩子高高兴兴地看一会儿，然后再去学习，省得孩子学也学不好，电视也看不好。

第四，不要将疾病对号入座。很多家长都打来热线反映，孩子现在情绪不是很稳定，经常从其他地方找来一些介绍疾病的书籍、报纸看，然后对号入座，自认为得了忧虑症、自闭症、烦躁症等，家长说什么孩子也听不进去。其实疾病的判定标准是十分严格的，是要经过专业医生在一系列的检查后才可能判定的，单纯靠个人判断就断定自己患病是不正确的。

第五，要让孩子学会放松。最常用的放松方式就是深深地吸一口气，然后憋着，直到憋不住时再呼出，反复几次，就会减轻紧张的情绪。如果仍然缓解不了情绪，就要到医院做专门的心理指导。另外，让孩子放松对自己的要求，不要总是要求自己不犯错误，或一定要考得最好，这都是不现实的，只要做到正常发挥就可以了。平时也要让孩子学会放松，但是要掌握好尺度，过松、过紧都不好。

在成长中的中学生，学习压力比较大，难免产生紧张烦躁的情绪。如果长期下去，会使人生理和心理都失去平衡，很多人整天生活在紧张烦躁的情绪之中，很难让他能够放松下来，而当有艰巨的工作要做，需要他紧张起来时，他又集中不起精神来，表现为拖拉、疲惫，效率极低。

十二　把孩子打磨成钻石，每个切面都闪光——全能

1. 早期发展应做到理想发展

在早期发展中要强调四个字：理想发展。理想发展是指群体普通儿童理想发展，主要包括五个方面：全面、和谐、高质量、可持续、多选择。程跃博士对这五个方面做了阐释。

"全面是在早期教育中要注意多方面发展，今天中小学生那种明显的两极分化，很大程度上是家长在婴幼儿时期教育上强调特长而忽略全面造成的。和谐是一种均衡，高质量是每个面都要发展，如果每个面都发展得不好，就不是高质量。早期教育的可持续问题就和经济发展一样，今天的这种教育是否能为他（她）未来的发展打好一个基础，非常关键。"在给婴幼儿选择运动项目时选择轮滑，就可以解释"可持续"三个字。因为轮滑不仅对孩子平衡能力、手脑反

应等有明显的锻炼作用，而且可以为他们将来进行滑冰、滑雪甚至冰球等运动打下一个好基础。"多选择，对于儿童来讲，就是不能一下子把他（她）局限化，应把他（她）塑造成像钻石一样，有不同的切面，闪烁不同的光芒，要给孩子未来发展以更多的'接口'。"

早期发展是全面发展对偏好发展的关键期，一旦偏好发展形成以后就成为优势发展。相比较而言，全面的脑的发展是未来特长或特色的发展的基础。特长或特色发展是不可避免的，因为任何两个家庭的环境差异是必然存在的。我们希望尽可能平衡它，使之和谐发展，和谐不代表均等，而是结构上的和谐。

没有人反对学钢琴、学外语以及学习任何被定义为特长的东西，但是，如果能放在全面发展的这样一个大环境中去安排所学种种的权重，才可能使结构趋于合理，而这个孩子才可能得到理想的发展。

颈椎病、情绪障碍、睡眠障碍……这些原来成年人身上常见的疾病，如今却频繁出现在中学生甚至小学生的身上。

据南京东南大学附属中大医院门诊部统计，他们接受的患有类似疾病的中小学生在5年内增长了3~5倍。专家指出，目前中小学生所面临的学业负担和竞争压力，让越来越多孩子出现各种躯体和精神上的疾病，成为"玻璃少年"，很多疾病发病年龄都大幅提前。

教育部体育卫生与艺术教育司负责人透露，近20多年来，我国青少年的体质持续下降。2011年的一次调查表明，学生肥胖率在过去5年迅速增加，1/4的城市男生是"胖墩"。眼睛近视的比例，初中生接近60%，高中生为76%，大学生高达83%。面对调查结果，中国青少年研究中心研究员孙云晓不无忧虑地说："成绩高分、身心'软骨'的孩子，难以担当民族脊梁的重任。"

杭州某中学为全校同学体检，发现体能不佳的同学比比皆是，验血时竟有不少同学头晕昏倒。校长感触地说："现在的孩子弱不禁风，外出远足，没走几步就喊累，想找地方休息；稍微爬一下楼梯便上气不接下气；夏天到户外没几分钟，就热得受不了，要回空调房间。由于缺乏运动，一些孩子体内废物不能通过新陈代谢排出，他们学习时也更容易出现焦躁、倦怠状态。"

体育锻炼，除了能增强身体防御机能，对孩子的大脑、神经、骨骼、智力、人际、情绪，以及人格发展，都有显著的影响。父母为孩子制订学习计划时，别忘了在成长一栏里，添上运动计划，让孩子在充满健康的环境中起跑。

而现在体能是孩子全面发展的重要素质。健康是1，学业、前程、财富……都是0，当孩子拥有健康时，他可能拥有10，100，1000甚至更多，如果失去1，拥有的0再多，仍然一无所有。

什么是体能？

（1）简单来讲，体能是人类从事活动所需要的身体能力。

（2）美国白宫体能委员会将体能清楚地定义为：人在工作时表现积极、愉快而不感疲乏，同时还有余力去从事个人所好的休闲活动，以及能应付突发事件的能力。

（3）德国学者拉逊认为，体能应由下列因素组成：对疾病的抵抗能力、肌力及肌耐力、心脏循环性耐力、动力和速度、柔软性和敏捷性、协调性、平衡性和正确性。

上列因素都可作为衡量孩子体能状况的依据。假如您的孩子经常生病，或没走几步就喊脚酸，学习状态不佳（易焦躁、倦怠，注意力不容易集中），做事懒洋洋没精神，那么您孩子的体能状况就属不佳。

运动会引起身体机能的深刻变化，过少的运动量对身体机能无刺激作用，超负荷运动又会对身体造成损害。家长既要警惕超负荷运动，伤害孩子身体或使孩子失去锻炼的信心，又要提供合适的运动负荷，帮助孩子对自己承受负荷的能力建立信心。因此，要教育孩子明确锻炼的目的和意义，讲究锻炼的科学性和趣味性，以便在锻炼中调节好自己的情绪。告诉孩子要注重身体的全面锻炼，不但注意身体各部位的协调发展，也要同时提高力量、速度、耐力、柔韧、灵敏、平衡等各项身体素质；既获得跑、跳、投掷、攀登和游泳等实用技能，也培养果断、机敏、勤奋、吃苦耐劳、大胆沉着的意志品质。家长还应帮孩子懂得音乐，棋类也能提高锻炼效果。优美乐曲的伴奏，能消除运动带来的疲劳；棋类活动是一项比智力、比体力、比技巧、比意志、比作风的全面竞技体育运动项目，列宁曾形象地把它比喻为"智慧的体操"，它同样具有增强体能的作用。

世界卫生组织将健康定义为：健康，是身体上、精神上和社会上的良好状态的总称。运动不仅能增强孩子的体能，更给予孩子生命的关怀。春天是万物生长最旺盛的季节，儿童时期是人生的春天，家长关注孩子的体能发展，培养孩子的运动能力，便能为他们的健康助一臂之力。

2. 怎样培养孩子

在孩子的家庭教育中，不同的教育方式会带给孩子不同的影响。而目前最民主的教养方式当属权威型教养。作为父母，应该对孩子理解和尊重，经常与孩子交流并给予帮助，以积极肯定的态度对待孩子，及时热情地对孩子的需要、行为做出反应，尊重并鼓励孩子表达自己的意见和观点。这样可以培养孩子的独立性，增强孩子自我控制和解决问题的能力等等。

（1）该如何培养孩子呢？

①给孩子树立恰当的目标，使他有获得成功的机会，能够体验到成功后的喜悦。心理学研究证明：成功的行动，容易使人产生积极上进的情绪，而失败的行动容易使人产生消极退缩的情绪。作为父母千万不能急于求成，对孩子要求过高，而要为他制定恰当的学习目标，让他通过一段时间的努力能够实现目标，获得成功的快乐。学习上成功的喜悦之情是孩子渴望学习、战胜困难的动力源泉。

②家长要做到心态平和，不要把分数看成是评价孩子学习成绩的唯一标准。作为家长应看到，学习、分数只是孩子生活的一部分，有的孩子虽然在学习成绩方面比较差，但是，在其他方面却不一定差。当他们在文体活动、实践活动、集体活动以及小制作和小实验中做出成绩时，他们会感到"我在这方面比别人强"，同样会产生成功感。家长不能因为孩子学习成绩落后，而把孩子看成一无是处，整天训斥，或仅以分数这把尺子衡量孩子的优劣。家长应该善于发现孩子的闪光之处，及时鼓励，看重孩子的全面发展、综合素质的提高。

③努力改变孩子单一的学习动机，尽量减少单一学习动机给学生带来的烦恼与痛苦。现实生活中，由于片面追求分数、片面追求升学率的现象较为普遍，甚至渗透到每个家庭、每个学校、每个孩子身上，好像孩子的生活目的仅仅是为了重点中学和考上大学。这种单一的学习动机使孩子每天担惊受怕，提心吊胆，怕

自己的成绩降下来，怕自己的名次排到后面，怕考不上大学，怕家长抱怨……因而造成孩子沉重的精神负担。

④提高孩子的学习成绩固然重要，但我们更应该为孩子一生的幸福着想，我们更应该注意培养孩子健全的人格，在孩子的生活理想、志向水平、未来责任、学习态度、学习兴趣和学习习惯上下功夫。这样不仅可以使孩子在眼前的学习上获得成功，而且是在为将来获得人生的更大成功做准备。这样孩子就会从"为了分数、为了升学"的单一学习动机中解脱出来，不再为一次考不好而受到精神上的折磨，他们就会站得高一些，看得远一些，不会因为暂时的失败而沮丧。

⑤注重孩子的全面成长。孩子的成人成才是一项长远的工程，作为家长应该不能只把目光停滞在学习成绩或者小功近利上，应该从孩子健康成长、全面发展的角度实施教育。孩子是父母的希望，同样也是建设未来的栋梁。因此，我们在鼓励孩子全面学习知识的同时，更要重视孩子健康的道德情操、良好品质和高尚人格的塑造与培养，这样才能使孩子将来走向社会时更有作为。让孩子全面成长是我们每一个家长必须要承担的责任，是我们每一个家庭必须要完成好的事业。

（2）良好的家庭教育促进孩子全面成长。

①营造良好的家庭氛围。一个和谐的家庭，对孩子的健康成长很有帮助。尤其是幼儿父母能够互敬互爱、生活协调，不仅有利于个性的陶冶，而且由于父母能够相互支持配合，对幼儿教育会事半功倍。反之，紧张的家庭关系，不仅直接影响孩子的心理健康，心理不健康，更会对子女教育造成不良后果。

②理解和尊重孩子。理解和尊重，是沟通家长与子女情感的桥梁，也是实施家庭教育的前提和基础，家长应以平等的态度去理解孩子，把孩子看成是一个有着独立思想和自己平等的人。在家庭生活中，遇事要多商量，要和孩子一起讨论，鼓励幼儿发表自己的看法，并尽可能吸收他们的意见。这样对孩子的健康成长是非常重要的。值得注意的是，尊重孩子不是放任孩子，孩子毕竟是孩子，需要引导，需要教育。

③帮助孩子树立信心。幼儿期的孩子还没有形成一种内在的力量来推动他们坚持一些需要克服困难的活动。这时的家庭教育应为孩子设立一些外在的因素，如鼓励和表扬，得到鼓励的孩子往往在做事的时候会提高工作效率或增强战胜困难的勇气。幼儿期的孩子本来就是自信心不足，当他的行为得到父母的表扬时，

自信心就会得到增强，而当得到父母批评时，自信心就会下降。

④因材施教促进孩子健康成长。人们常说：人和人是不一样的。可是，在教育孩子上，却很少考虑到人和人真的是不一样的。当家长一味地强调自己的孩子跟上别的孩子的脚步，并且向最好的孩子看齐时，并没有考虑到自己的孩子和别人的孩子肯定是不一样的。为了取得教育的最佳效果，要对孩子进行因材施教。家长在了解孩子的性格特点、情绪特点、兴趣爱好等的基础上，结合孩子自身优势在教育方法上要有特色。孩子在哪方面有兴趣爱好与特长，就让孩子在哪方面好好发展。

⑤父母应成为孩子的好楷模。孩子喜欢模仿别人的动作行为，孩子很多行为习惯的养成、性格的发展几乎都来源于模仿学习。大教育家孔子曾经说过："其身正，不令而行；其身不正，虽令不从。"作为孩子的第一任教师——父母，不仅是孩子的偶像，也是孩子模仿和学习的榜样。从一定意义上讲，父母是孩子的镜子，孩子是父母的影子。所以希望孩子好，自己先要起到模范作用。父母的日常言行，对孩子的人格有很强的说服力。如果家长思想修养高，作风民主，孩子就容易养成独立、直爽、开朗、协作、善于交际等良好的性格特征。如果家长专制严厉，思想陈旧，趣味低级，孩子就容易养成顺从、消极、依赖、固执、冷酷、残忍等不良性格特征。

现在越来越多的家长开始重视早期教育，但是对于早期教育到底是什么内容，或者该怎么做许多人并不清晰。家长往往是让孩子去学某一样或几样技能，比如学钢琴、学舞蹈、学英语等等，这也成为现在社会上一些特长幼儿园受到追捧的原因之一。但这种对早期特长发展的重视超越基础发展教育的做法是否适合孩子们的发展要求呢？

不少家长在孩子早期教育方面，往往更善于推动发展孩子已经感兴趣的东西，而忽视孩子不感兴趣的东西，但这样做对孩子未来的成长并不利。

注意到孩子全面发展的家长一般都是这样做：在一天的时间分配上，比如弹钢琴、做会儿游戏、洗个小手绢、搭个积木，多种活动都做了，并且对每种活动都有一定的目标要求，对孩子的手脑功能等多方面都进行了锻炼，这样的做法会促进孩子全面发展；而特长发展，则是每天只对弹钢琴或学外语这一两项规定具体的学习时间，这样会带来这方面的优势发展但同时会导致忽略其他方面而带来的劣势发展。

引导篇

一　为孩子制定"跳一跳，够得着"的目标——目标

1. 给孩子制定恰当的目标

给孩子制定恰当的目标，这样可以使孩子感觉到能够做到，孩子有自信心，从而有利于孩子发挥出潜能。

不少家长都给子女制定了学习的奋斗目标。制定目标是好事，但如果目标定得不恰当就可能事与愿违。

（1）目标应可行。

有的父母，其子女成绩基础较差，却一心想子女上名牌大学，因而，给子女定的目标过高，孩子一次又一次失望，最后丧失信心，自暴自弃。孩子的成绩不仅不会好起来，可能还会退步。所以，给孩子制定的目标应该是可行的，是孩子通过努力可以达到的。

（2）制定目标应参考孩子的意见。

有的父母制定目标完全由自己想，不参考子女意见。如父母想孩子读医科大学，要求孩子高中读理科。而孩子自己则文科成绩很好，想读法律。这时我们就应该参考孩子的意见。当然，孩子社会阅历浅，意见不一定完全正确。因此，孩子的意见只能作参考，不能一切由孩子说了算，必要时可找几位内行的人商定。

（3）目标最好是阶梯式的。

如子女目前成绩处于下等，可要求孩子努力争取中下等。等孩子的成绩达到了中下等，给予表扬和鼓励，再要求孩子向中等奋斗。达到了中等再争取中上等。这样孩子既有成功的快感，又有进一步奋斗的希望和压力。持续下去，就可形成良性循环，孩子就会越读越有信心。

给孩子制定目标是一个值得研究的课题，哈佛大学研究人员曾于1979～1989年间对毕业生做过一个长达10年的追踪调查。1979年，哈佛大学MBA专业的毕业生被问及这样的问题："你是否有明确的生活目标并把它写下来了？你是否已经制订好了计划去实现它？"调查对象的智力、学历、环境等条件都差不多。调查结果发现，只有3%的毕业生有清晰的目标并把它写了下来，13%的毕业生有目标却没有写下来；其余84%的人除了打算离开学校后好好过个暑假以外，什么目标也没有。

目标决定方向，10年以后，也就是1989年，研究人员又找到了当年那些被调查的学生。他们惊奇地发现：当初那13%制定了目标但没有写下来的毕业生挣的钱，是那些没有目标的84%毕业生的两倍。而最令人惊奇的是，当初那些目标明确，而且把目标写下来的3%的毕业生，他们挣的钱平均是其余97%的毕业生的10倍。10年来，他们始终朝着同一个方向不懈地努力，10年后，他们几乎都成了社会各界顶尖成功人士，其中不乏白手创业者、行业领袖、社会精英。

这就是目标的力量！父母都希望孩子有一个成功的人生，有一个美好的前途，过上幸福的生活。什么是成功呢？可以说，成功就是实现既定的目标。

但是，在现实生活中，目标不清楚的人有很多。在很多时候，孩子的生活就像《爱丽丝漫游记》里所描述的那样："你能告诉我，我应该怎样从这里走出去吗？"爱丽丝问。"这要看你想到哪儿去。"猫回答说。"对我来说去哪儿都无所谓。"爱丽丝说。"那你怎样走也无关紧要。"猫说。是的，如果不知道我们要去往哪里，那么怎么过都无关紧要，随便到哪儿都行，那就哪儿都到不了。没有目标，就没有梦想，就没有期待。因此，想让孩子有一个快乐的、成功的人生，父母就必须帮助孩子成为一个目标清晰的人，帮助孩子养成目标管理的习惯。这样，孩子才不会在生命的航程中徘徊不前，才不致迷失方向和自我。

俗话说："榜样的力量是无穷的。"对于孩子来说这一点更为重要，孩子的年龄越小，榜样的感染力就越大。父母和孩子可以通过阅读名人传记等渠道来搜集目标管理的榜样。而从榜样的实际效果来看，与名人榜样相比，孩子身边的、看得见、摸得着的榜样对孩子的教育效果更为理想。苏联著名教育家马卡连柯曾经讲过："父母对自己的要求，父母对自己家庭的尊重，父母对自己每一行为举止的注重，就是对子女最首要的也是最重要的教育方法。"父母与子女朝夕相处，与孩子之间具有最亲密的情感关系，孩子对父母在心理上具有认同性，在行为上也会去模仿父母。

父母不应该像蜡烛，为了教育好孩子而牺牲自己，而应该在教育孩子的过程中，自身也得到发展，达到共同成长的"双赢"。如果父母以身作则，每天、每周、每一个月、每一年……都有自己明确的目标，那么父母就会成为子女的表率，这不仅可以提高父母在子女心目中的威信，而且可以使家长掌握好管理子女的主动权。

孩子，你能明确目标吗？正如父母无法代替孩子成长一样，父母不能用自己的目标代替孩子的目标，父母的期望只是孩子前进的动力，而不应成为孩子前进的既定方向。孩子自己确定的目标最有动力、最有鞭策力，因为是自己制定的，就不会有任何不去为之奋斗的借口。父母不能剥夺孩子参与决策的权力，更不应该拥有替代孩子制定目标的权力。父母要做的是帮助孩子自己确定自己的目标，列出目标清单，分析实现目标的收益和代价。

同时，人们在行动中不仅需要知道明确的目标，还要有一个个通往目标的里程碑，这样人们能够不断地把自己的行动与目标加以对照，进而清楚地知道自己的行进速度与目标之间的距离，人们行动的动机就会得到维持和加强，并继续努力达到目标。

父母可以指导孩子在通往目标的路上设置一些近距离的里程标志，使目标更进一步具体化，这样能够激励孩子的行动。比如目标分解法和图形分解等，尽量使目标既清楚，又有层次感。

孩子，你做得很好！心理学的规律告诉我们，行为的形成需要及时地强化。父母要根据孩子的行为表现，给孩子及时的反馈。

如果孩子的目标完成情况较好，父母就可以给孩子一些奖励，比如去看一场电影，给孩子购买他喜爱看的漫画书，或者带孩子一起去看一场他感兴趣的球赛，这些都是很好的奖励方式。在选择奖励时，父母要注意以下几点：

奖励一定要及时。否则，孩子可能会觉得受到忽视而降低习惯养成的积极性。父母既可以选择一些物质性的奖励，比如孩子喜欢的物品，也可以选择一些精神性的奖励，比如给孩子一个热烈的拥抱，一句真诚的赞美，效果可能更好。

如果孩子的目标完成状况不是很理想，父母不要一味地批评，而要根据孩子的具体情况给出建设性的意见。父母可以跟孩子一起分析目标完成的情况，哪些目标完成了，哪些目标没有完成。对于没有完成的目标，要具体分析原因，然后再根据分析的情况给出建设性的意见，让孩子知道下一周、下一个月该怎么办。

2. 对孩子的期望要适度

作为父母，对自己的孩子寄予厚望是无可非议的。你希望孩子成为怎样的人？你的希望是否也是孩子的希望呢？孩子能够接受并为此而努力吗？制定孩子的培养目标与制定工作计划不一样，它需要父母更多地从孩子的自身特点与综合素质来考量。

自打孩子出世，你就有了做老师的机会，这是权利，也是你身为父母的责任。

父母对孩子的期望总是出于爱与善意的。父母们望子成龙，望女成凤，希望孩子们长大以后都能成为了不起的人。

孩子是家庭的希望，是社会的未来。父母们都在为自己子女的成长付出心血，但由于很多父母对教育的知识了解得不够或是太少，使得教育总是事倍功半。

培养孩子要有前瞻性的眼光，关爱孩子，一定要考虑到孩子的将来。所以确定教育目标也要具有前瞻性，用发展的眼光来看待孩子的成长。孩子长大后要和那些综合素质更强、更会思考并且懂得团结合作的同龄人去竞争。如果孩子从小就贪恋安逸舒适的生活，而不去发展和提高自己的竞争能力，是不可能在未来的社会中获得成功的。相反，他们只会带给父母失望和沮丧。

其实，给孩子最好的礼物，莫过于培养孩子正确的思维方式和乐观开朗的人生态度；拥有善于学习和把握知识的本领；拥有与人相处和领导团队的才能。这样，无论他们在什么样的环境中，都会获得成功，得到幸福。具备以上能力的人，会比那些聪明但缺乏自控能力的人更善于与人共事，并保持乐观、昂扬的精神状态，工作得更出色，更有成效。

在给孩子树立目标之前，你先问问自己，是不是真的很了解你的孩子。事实上，很多父母往往会犯这样一个错误：自认为太了解孩子了，于是不知不觉地过早给孩子做了定位。

回想一下，你是否跟朋友这样说过："我的孩子脾气有点糟，怎么一点也不像我跟他爸爸呢？"换个角度来想："其实孩子心地善良，很有正义感，只是看到小朋友被欺负的时候，他说话的方式和声音听起来像是在吵架。"

每个孩子都有自己的长处，又何必一定要往不好的方面想呢？换个方式想，父母与孩子之间就会少一些压力与冲突，也不会有太多不必要的期望了。

尤其面对学龄前儿童时，父母的态度更要客观、开放。面对这么小的孩子，你将如何去定位他的性格，或是了解他得天独厚的特性呢？真的有一些蛛丝马迹，也应该用平常心去看，而不是就此抓着这项"技能"，对孩子做出过度的要求，这反而容易扼杀了孩子的兴趣，让他失去了发展的机会。

一位母亲曾在儿子上大学时，请教过国内某知名大学的一位教授：儿子应该报考哪所大学？

这位老教授没有直接回答她的问题，而讲了一个故事给这位母亲听。

偏远地区有一个女孩子，学习特别好，物理、数学、化学都能考满分。高考时，父母让她考全国重点大学，她不想考，可父母逼她报考，说是让她为祖宗增光；老师也劝她报考，说是为学校增光。她违心地上了我们学校，情绪一直不稳定，妈妈在校园里陪了她很久。妈妈回去后，学校进行了三次考试，她的成绩都名列中下。过去，她一直是当地的"状元"，这样的结果给她带来了巨大的精神压力，入学仅三个月，她便跳楼自杀了。她的母亲到学校来"接"她，欲哭无泪，一声接一声地喊："是我害了我的女儿！是我害了我的孩子！我当初为什么要逼她？"

教授最后情绪很激动，说："为了进军清华、北大，牺牲了多少孩子？你难道也想自己的孩子成为其中一员吗？"

期望值不要太高，太高了就会失望。一些在"重压"下长大的孩子，虽然上了大学，但内心世界仍然被自卑感笼罩着，不能自拔。在漫长的人生道路上，每个人都会有许多事不能如愿以偿。心理素质好的沉着应对，于是成功了；心理素质差的在烦恼中难以自拔，于是倒下了。其实很多父母往往只重视了对孩子所要达到的目标的培养，却忘记了给孩子在成才的路上应有的素质教育。从高考状元到成绩平平，从备受关注到默默无闻，心理落差之大，是一般人难以承受的。

千万不要以"爸爸妈妈都是为你好"为理由去逼子成龙。正像法国诗人海涅所言："即使种下的是龙种，收获的也可能是跳蚤。"

我们仔细想一下，我们到底想要的是一个怎样的孩子？怎样才算是一个优秀的孩子呢？是要一个空有好成绩却有着阴霾个性的孩子，还是要一个人格健全、健康成长的孩子。让孩子成才的代价不能牺牲快乐的童年，以至于那种无形的伤害深深地影响着孩子的健康成长。

当代作家钱钟书先生出生于江苏的一个书香门第之家。他出生时，因其伯父还没有孩子，就由祖父做主，把他交由伯父抱养。

伯父领养了钱钟书之后，视其为掌上明珠。伯父不想让他早读书受苦，于是整天带着他四处游玩，进茶馆、听说书、看小说等等。即使他小有错误，伯父也不管他，更不用说训斥了。正是由于这些原因，钱钟书从小养成了自高自大、目中无人的脾气和狂妄无忌的性格，他对什么人什么事都不在意，敢任意地批评、嘲弄。放荡不羁的性格也使他毫无顾忌地全身心地去追求自己的兴趣，而对兴趣的追求，恰恰打开了他的天才之门。

钱钟书小时候很喜欢看小说，在看完了家里收藏的古典名著之后，就去书摊上看，常常流连忘返。伯父不得不给他租小说看。伯父任其发展的做法，也使得他养成了不爱学习、晚睡晚起、贪吃贪玩的坏习惯。但后来都得到了其生父的纠正。

后来伯父在他少年时就去世了，父亲又远在北京教书，没有人可以约束钱钟书了。他一到假期就痛痛快快地看着各种杂志，临到开学，才想到课本还没翻过。

有一次暑假，父亲让他跟弟弟各写一篇文章，结果弟弟顺利过关，他却因为文章不文不白、词义怪诞、用字庸俗、字迹潦草而被父亲痛打了一顿，这使得钱钟书羞愧不已，痛哭一场。但之后，钱钟书就开始发奋读书了。

钱钟书对外国文学，特别是外文原著很感兴趣。早在十一二岁时，他便开始阅读外文译著。后来他在一所教会学校上中学，得到了良好的外语训练，不仅开阔了眼界，还使他对外文的兴趣更加浓厚。

后来，钱钟书数学只考了14分，却凭着优异的语文、英文成绩被清华大学破格录取，并成为中华文化界一位独具魅力的大师。

从钱钟书先生的成长过程中，可以发现这样一个道理：先要给孩子一个宽松的环境，使孩子养成一种自由开放的个性，使他们在一定空间内自由发展。然后是注意培养和发展孩子的兴趣，兴趣是开启人内在动力的钥匙，培养孩子自由的个性，发展他们的兴趣。

父母在为孩子定下目标之前，可以参考孩子的兴趣慢慢培养。孩子的兴趣、爱好经常会在生活、玩乐中显露出来。作为父母应该尊重孩子的兴趣、爱好，并为之感到高兴，尽力为他提供帮助。当孩子的兴趣并不符合你的想法，甚至与之相差甚远的时候，也不要打击孩子。为人父母的你一定要记住：只有孩子感兴趣的东西，他才会用心去做，才会取得好的成果。

当今的孩子是非常早熟的。受电视和社会的影响，他们都比较有自己的想法，希望按自己的愿望来生活，不再希望自己成为别人的影子或按照别人的方式去生活。现在的孩子个性都比较强，如果父母强行要求孩子按照自己的意愿去生活的话，孩子必会感到压抑、愤怒甚至反叛，或者以拒绝长大和自我封闭的方式来发泄他们对父母的不满。虽然你是孩子的父母亲，但是要知道，孩子是没有义务去替你完成你未能达成的目标的。

如果有一天孩子没能使你如愿以偿，那也没有什么大不了的。想想看，孩子还给你带来了哪些意外的惊喜呢？

孩子虽然没有实现你的愿望，但他生活得很满足。他很努力，他能融洽地与他人相处，为社会服务并且充满自豪感。对这样的孩子，你还担心什么呢？

孩子快乐，就是身为父母的快乐。虽然你为孩子设计的梦想并没有如愿以偿，但是孩子独立了，他过着他觉得幸福的生活，并且生活得快乐而满足。

有了这样的结果，你就不必担心你的想法正确与否了。对孩子的未来充满希望和幻想本身并没有什么错误，关键是你要使自己接受这样的事实：孩子长大后成为一个独立的个体，成为一个有公德心，有责任感，善良而诚实，尊重他人，彬彬有礼的人。他懂得爱这个社会、爱生活、爱父母、爱每一个人，怀着一颗感恩的心为他所生存的社会奉献力量。这才是"真正的希望"，也是我们要送给孩子的最宝贵的礼物。

二　给孩子的问题挖个"引水渠"——提问

1. 意识到提问的重要性

自从素质教育观念深入人心以后，广大父母已经开始认识到，现代好孩子的标准不应该是只会学习书本知识的听话的孩子，而是敢于质疑、善于提问、具有创新意识的孩子。可是不少父母反映，自己的孩子在家里不爱提问，在课堂上更是"金口难开"，真是急煞一颗父母心。爱不爱提问表现在嘴巴愿意不愿意说出来，可内在的功夫体现出孩子是否有一个勤于思考、敢于表达的头脑。鼓励孩子提问固然与学校教育体制以及教师的观念和素质有关，同时家庭教育也是可以有所作为的。

当孩子离开妈妈的怀抱，开始迈出他人生第一步的时候，往往也开始学说话了。有意思的是，在孩子最先使用的"语言"中，就已有了代表探索和表示新奇的词，比如，他会指着任何对他来说是新奇有趣的东西，急切地发出嗯嗯啊啊的声音，这声音就好比是不久后他将使用的，并且使用频率颇高的"这是什么"。是啊，在孩子的眼中，世界真是太奇妙了，随时随地都会有"新大陆"被发现，他们的小脑袋中当然要充满一个又一个问号了。随着孩子的成长，他们的提问将会更细，常常要刨根问底，不搞清楚誓不罢休。身边有一个几岁的孩子，当父母的不知要被"逼迫"着学多少东西。

所以年轻的父母要善于引导孩子提问。

愿意思考、喜欢探索是孩子的一种天性。每个健康的宝宝都会这么做的。但是，有些孩子渐渐地对事物探索的兴趣减少了，到了上学的年龄，他们不爱学习，马马虎虎，这又是为什么呢？究其原因，恐怕同父母对孩子早期的提问采用错误的应答方式有关。

（1）有些父母由于工作、家务太忙，感到精力疲乏，当孩子不停地问这问那时，就常用不耐烦的口吻对孩子说："别烦妈妈（爸爸）了，自己玩一会儿。我忙着呐！"孩子的积极性受挫，久而久之，就不再喜欢提问了。

（2）有些父母认为，孩子小，没必要告诉他那么多、那么细，告诉他也不懂，往往三言两语打发了孩子，或用糊弄的态度支吾过去。孩子虽然尚不懂事，但他们也能从父母的态度上感觉到妈妈和爸爸对他的做法是否赞同。父母总是敷衍，孩子的热情自会日益减少。

（3）也有些父母认为，孩子的提问不好回答或自己也不知道答案，便编一个谎话欺骗孩子。但孩子对于父母的话总是很信服的，他会将答案当成真理。父母要认识到，孩子的大脑好比一张白纸，正确的事物会在上面留下痕迹，错误的事物也会在上面染上印迹。所以，当孩子提问时，我们应持鼓励的态度，回答时要尽可能地简明、准确、浅显易懂。3岁前的宝宝，对事物往往是从具体的、自身的、直观的角度来认识和理解的。因此，要想给宝宝讲清一个问题，回答时就要从这些范围进行。

比如，宝宝看到一块冰，放在屋里，一会儿没有了，便会产生疑问，我们不妨给他做一个小试验：从冰盒中取出一块冰，在炉上加温，一会儿，冰化成了水，告诉他，从冷到热，冰就化了。随着水温继续升高，一会儿水开了，让孩子看水蒸气，再过一会儿，水蒸发干了，告诉孩子水变成了蒸气飞跑了，孩子就会明白为什么了。

孩子常常会提问的还有钟表没有腿，它怎么会走呀？于是，有些孩子为了看个究竟，便将钟表弄坏了。此时，当父母的切不可认为孩子是在破坏而打骂斥责他，在让孩子知道钟表的基本工作原理的同时还应告诉孩子，搞坏东西是不对的。

在孩子打破砂锅问到底时，如果父母真的很忙，可以告诉孩子，妈妈（爸爸）现在很忙，等会儿告诉你。如果父母被"考"倒了，最好是翻翻书，寻找答案，对于一时解释不清的问题，也不要羞于告诉孩子不知道，可以就这个问题和孩子一起去问别人或查阅书籍，孩子大一些以后，自然就会养成查书的好习惯。

提问是孩子求知欲的表现形式。在生活中，父母不仅要认真地回答孩子的提问，还要适当地启发孩子提问，也可对孩子的问题进行深一步的发问，以引导孩子思考，使其掌握学习方法。当孩子在你的诱导下自己得出答案后，他会高兴得又叫又蹦，在欢快兴奋的同时，他也有了自信心，有了成就感。这自信心将伴他长大成人，伴他一生。

所以平时父母要利用一切机会和孩子交谈，通过交谈来激发孩子的思考。在和孩子交谈时，要尽量谈一些有利于孩子独立思考的问题，而不是代替孩子去思考。当孩子碰到问题时，父母可为他提一些具体建议，启发孩子动脑筋想办法。

另外，孩子喜欢做游戏，父母可以引导孩子进行各种创造性的智力游戏，例如用积木搭出各种形状的东西，让孩子猜是什么。和孩子一起编谜语，比如有一位妈妈要她的孩子编"手"的谜语，经过讨论后，结果编出了许多有关手的谜语，如手会画画、手会为客人倒茶、手会拍球、手会洗手绢等等，孩子觉得很有趣，思维一下子活跃了起来。

应该承认，每个孩子都有创造的潜能。那么，为什么有的长大成人后有创造力，有的却没有创造力呢？这主要和父母及老师的教育有关。你培养了孩子的创造力，他的潜力就会被激活；你不培养他的创造力，孩子的创造性思维就会萎缩。其实，每个孩子都能成为天才的，所以做父母的要加油啊。

2. 怎样引导孩子提问

敢于提出问题，可以说是与生俱来的天然禀赋，是人生下来能够适应各种环境的本能体现。它与人的智力水平相关不大，而更多与文化习惯、与教育影响相联系。比如苏霍姆林斯基所说："人的内心有一种根深蒂固的需要——总感到自己是一个发现者、研究者、探索者，在儿童的精神世界中这种需要特别强烈。"鲁迅先生也这样认为："孩子是可以敬服的，他常常想到星月以上的境界，想到地面下面的情形、想到花卉的用处、想到昆虫的语言；他想飞向天空；他想踏入蚁穴。"可见，想象和提出问题是孩子的天性，但经我们的培养，这方面能力非但没提高，反而日渐萎缩。

相信大家都知道，孩子从学会说话起，就经常提出问题："这是什么？""那是什么？"当得到这个问题答案后，又会产生新问题："为什么？"当这些孩子上学后，随着年龄的增长，愿意提出问题或能提出问题的人数越来越少，出现了年级越高，知识量越多，越不愿提出问题的现象。下面两个事例就反映了这种现象：

用"在黑板上画一个圆，请想象一下这个圆可能是什么？"的问题，分别问幼儿园的小朋友及在校的大学生，两分钟内小朋友答出了 22 个答案，而大学生却无一人回答。无奈之下请出了班长，班长慢吞吞地站起，迟疑地回答："这大概是个零吧？"国内的高才生在美国读研，按国内的学习方式认真记笔记、对笔记、背笔记，考试能准确无误地答出老师讲过的所有问题却得不了 A 等，于是，他便理直气壮地问老师为什么不给 A 等。老师回答："你答出了我讲过的所有问题不错，可这些我都已经讲过啦，我讲过了，你还说它干什么呢？我讲过的几点，那是我思考的，是已有的几种可能性或解决问题的几种方法。我讲课的目的，在于启发大家通过我讲的几点，形成你们自己的思考，得到你们自己的答案。"

这些事实不能不引起我们的思考：同样是中国人，为什么在没有接受教育之前愿意提出问题，而受了多年教育的高才生却无问题可问可答呢，或只会答其所学，不会再发挥，更不用说提出问题。从有关资料获悉：只有 2% 的成人真正具有创造力，10% 的 7 岁儿童具有创造力，90% 的 5 岁儿童具有创造力。所有这些事实无不证明：愿意提出问题与生俱来，但能否保持这种愿望，敢不敢、能不能提出问题，与教育影响有直接关系。

孩子喜欢提问，这是渴求知识，是思维活跃的表现。孩子接二连三地向成人提出"为什么"的问题，这就是说孩子智力需要发展，大人是精心哺育，还是堵住他的口，不要他多嘴呢？

对孩子提出的每一个"为什么"，成人都要认真对待，切不可嫌烦而不予理睬，相反还要引导他们多问几个"为什么"和"怎么办"的问题。可是，由于自然现象和社会现象的范围很广，有些知识很深，不是孩子所能够理解的。这样，往往就出现"孩子提问，大人回答不了"的情况。这时，大人应该怎么办？

我们应当明确，热心地启发和回答孩子的提问，目的是为了开发孩子的智力，激励孩子的好奇心和求知欲。成人不必全部包办代替地回答孩子提出的所有问题，应尽可能地引导孩子通过自己的观察和思考找出答案，让孩子经过分析、比较，了解事物间的联系，通过对多种现象进行综合推理，做出判断，这就不是仅仅"喂给"知识，而是培养和发展孩子的思维能力。对于成人自己确实不了解的知识，切忌胡乱搪塞，或简单回绝"等你长大就知道了"，而应利用这些疑问，指引寻求答案的门径，把孩子引导到学习的渴望上来。例如"火箭为什么能上天？""信鸽为什么能飞行万里不迷方向？"等问题，就可指点孩子学好物理、生物各种功课，把疑问转变为学习的动力。

为了满足孩子的好奇心和求知欲，父母应该根据孩子的年龄和心理特点，由易到难，由近及远，有步骤地引导孩子提问题，如开始阶段应选取孩子周围的、简单的、具体的事物让他们认识，然后再扩大认识，由简单到复杂，逐步深化。

（1）对于幼儿，最初可引导他们了解以下10个方面的知识。

①季节变化。利用每个季节最显著、最主要的特征，使孩子认识四季变化的自然现象。

②认识常见的动植物，如经常看到的花草树木，常吃的蔬菜、瓜果和粮食，以及常见家禽、家畜、鸟鱼虫兽等，使孩子不仅知道它们的名称、外形特征，而且知道它们的习性以及与人们的关系。

③了解有关天文、气象和地理方面的粗浅知识，这往往是孩子们最感兴趣的

知识。

④介绍有关声、光、电的粗浅知识以及科技方面的一些新成就。例如，什么东西会发光？声音是怎样发生的？电有什么用途？电视、电话是怎么回事？等等。

⑤让孩子懂得一些卫生常识，使他们从小养成讲卫生的习惯。

⑥让孩子认识家庭、亲属成员之间的辈分关系；认识周围邻居，懂得与小伙伴们和睦相处，对长辈有礼貌等。

⑦通过游览名胜古迹，看图书、画片来认识祖国大好河山，结合故事激发孩子的爱国情感。

⑧通过日常生活，认识各种生活用品。

⑨认识各种交通工具，包括通过电视、画报等认识火箭、卫星、飞船等。

⑩利用重大节日介绍各种节日的来历，讲有关故事，对孩子进行理想和爱国主义教育。

（2）早在孩子学说话的同时，父母就应当有目的地在日常生活中引导孩子提问。下面是关于引导提问、解答提问的一些方法和步骤。

①引导孩子留意日常生活中接触到的事情，必须是好玩、有趣。随着孩子年龄的增长，逐渐扩大留意事物的范围，让孩子做到眼中有物、心中有想。在现实生活中我们经常看到，有些孩子喜欢注意身边发生的事情，学会观察，学会思考，而后学会提问。而有些孩子却视而不见，觉得和自己没有多大关系。对身边的事情表现得比较漠然。这些，并不是孩子的过错，而是在他们3岁之前，父母没有培养起他们喜欢观察、喜欢提问、喜欢思考的这种行为习惯。那么想让孩子求知欲旺盛，思维活跃，先从留意身边的事物开始吧。其实事物有这样一个发展顺序：留意转化为注意，注意发展了观察，观察引导思考，思考成就为好奇，好奇进展为提问，提问表现出旺盛的求知欲、思维的活跃。

②生活中父母应引导孩子就地取材，抓住特定的情景随机教学。如果在1到3岁之间，父母有意识地经常和孩子讨论、分析，观察身边发生的事情，引发孩子思考、总结、提问，那么孩子就会养成这种行为习惯。这是一种水到渠成的结果。

③对于两三岁孩子的提问，您的答案不能超过三句话，能一句话说清楚最好，要简练、鲜明。

④要用孩子的语言，避免抽象的科学术语，只要方向正确。

⑤把保护和激发孩子的兴趣永远放在第一位。把解答的规范性放在最后，只要大的方向正确。

⑥随着孩子年龄的增长，逐步搭入一点生活中的科普赏识，但也必须在你听得懂的范围内，或者是你能随时提问的范围。

⑦有了上面的基础，才能逐步走进科普的"十万个为什么"。

好问是孩子们力求认识新事物的一种积极表现。由于他们的视觉、听觉和触觉等器官逐步发育，与周围环境的接触越来越复杂，渴求认识新事物的欲望也随之增长。他们通过"问"来得到成年人的帮助，来充实自己的想象和思维，满足自己的兴趣和愿望。产生疑问，能促使儿童去解决提出的问题，这就是在学习。国外有些专家认为，儿童智力发展的水平，就是他提问题的水平。因此，作为父母和老师，要珍惜孩子的这种积极性和主动精神，耐心回答孩子们的提问，千万不要用责备的口气、粗暴的态度制止他们，否则，会伤害孩子渴求知识的心灵。

回答孩子的提问，最好多用具体事例，从孩子的直接观察和与他的经验相联系的事物出发，由浅入深地讲解，使孩子易于接受。回答提问时，不仅要告诉孩子是什么，还要告诉他们为什么，以启发他们的思维，集中他们的注意力，通过理解能更好地使儿童感受并记住必要的知识。对一些难以理解的抽象问题，可以告诉孩子"你现在还小，等长大后，好好学习，这些问题自然会明白"。孩子学习的欲望和积极性，可以由此得到鼓舞。如果孩子提出的问题家长和老师一时回答不了，则应如实地告诉孩子："这个问题我现在还不懂，等我看看书，明白以后再回答你好吗?"这样，可以使孩子看到大人对待知识的严肃态度，也能使孩子从小知道学无止境的道理。切忌对不懂的问题随口瞎说，给孩子留下错误的概念。

鼓励提"为什么?"是智力教育的一种重要方法，年轻的父母，请允许你们的孩子多多提问吧!

三　帮助孩子给情绪贴上序号——自控

1. 让孩子学习控制情绪

由于孩子对自己情绪的控制能力比较差，他们时不时地发"小脾气"是常见的事情，有时不见得是什么异常现象，也不需要特别加以"控制"，大人采取视而不见的冷处理办法，孩子的脾气可能很快就烟消云散，正所谓来得快、去得也快。这时若加以"控制"反而不一定对孩子有什么好处，只要孩子的脾气不是太过火，对别人不造成损害，可以随便由他，这样，孩子就会发现，发脾气并没有什么好玩之处，其脾气可能就会越来越小，最后也许就很少发脾气了。

父母对孩子比较粗暴，动不动就训斥孩子，孩子对各种事情没有任何解释和发言权，这样会使孩子减少或缺乏学习用语言正确表达情感的机会，也就有可能最终学会粗暴待人等不良习惯，这会对孩子的未来造成消极影响，不利于孩子以后的生活和事业。

给孩子一点破坏的空间，孩子爱搞"破坏"属天性使然，是创造力萌芽的一种体现。他们睁着一双无知的大眼睛，对社会中的各类陌生事物充满新鲜感，合理利用孩子的这种天性，多方引导、鼓励，有利于孩子大脑发展及日后处事能力的提高，更重要的是从小培养了孩子浓厚的求知欲望，为今后的发展道路奠定了基础。给孩子一点"破坏"空间吧，小孩爱"破坏"，失去的只是可估量的价值，而得到的却是孩子一生受用不尽的财富——思考、创造和智慧。

如何教育独生子女无疑有性格遗传因素，但是更重要的还是孩子出生后性格形成的环境与接触的人的影响。什么年龄段是人的性格形成和塑造的最佳时期？心理学界认为：0至5岁是人的性格形成的关键阶段。到了5岁左右，人格塑造已经基本完成80%，其余部分要在以后的生活经历中进一步补充和塑造。

幼儿期的孩子处处以自我为中心，还不懂是与他人共处一个世界，会常常说"我要、我要"，这时父母应因势利导地进行教育，以下几种方法供你参考：

（1）父母的示范。

以身作则地教会孩子如何友好、礼貌地与其他小朋友相处。从小养成协调与他人关系的能力，孩子一生都受益无穷。

（2）少指责，多鼓励。

过多的批评会使孩子无所适从，产生自卑心理。要恰到好处地赞扬和激发孩子的热情和对美好事物的追求。父母很清楚自己孩子性格的特点和缺陷，要对好的表现大加赞扬，不良行为及不好的倾向不能姑息迁就，要进行适当的教育与批评，要针对性地帮助孩子，让他们性格上扬长避短，让孩子明白是非、好恶。

（3）逐渐放宽限制。

给孩子爱，以此培养他们的自尊心，这种爱也包括对不良行为的约束和限制。当孩子越轨时，母亲要对这种行为本身而不是对孩子表示你的失望。随着孩子的成长，限制也要渐渐地放宽。

如何教育好独生子女。教育好独生子女，是每一位父母的殷切希望。孩子的生理和心理能够健康成长，会给家庭带来无限的幸福，同时也会使国家和社会拥有一个美好的未来。那么，如何教育好独生子女呢？

（1）了解儿童的心理变化。

父母亲只有正确地了解儿童的心理变化，才能有针对性地按儿童心理变化的特点去教育，收到较好的教育效果。因此，父母一定要学习点心理知识，要在科学理论的指导下，细心观察孩子的心理发展。有的父母为了教育好孩子，从孩子出生的第一天，就密切配合记录观察日记，把孩子的身体和心理变化记录下来，有时还照相、录音、录像。这种做法可以学习。

（2）让孩子多自由活动，培养独立性。

当孩子会走时，就要开始让孩子多自由活动，引导与训练孩子做自己能做的事情。这是从小培养孩子独立性的开端。在开始训练孩子自由活动时，父母可以与孩子共同做某件事，给孩子必要的帮助，逐渐使孩子能够自己去做。有些父母总是对孩子不放心，孩子能做的事情也不让孩子做，渐渐养成孩子的畏惧心理和依赖习惯。因此，父母不应当过多地限制孩子的活动，有碍孩子独立性的发展。心理学研究证明：儿童只有凭借自己的活动去亲自进行尝试，独立思考，通过直接地接触世界，才能真正地了解世界，才有益于发展儿童的创造性与独立性。

（3）加强训练，防止任性。

不少家长说自己的独生子女有任性、固执的缺点。孩子这些不良的品质主要是由于在家庭中的特殊地位与父母经常满足孩子的不合理的要求所造成的。有的独生子女因某种不合理的需要得不到满足，就大哭大闹。家长为此心软，于是就迁就孩子，满足孩子的不合理要求，这样就会使孩子逐渐养成任性、好发脾气等不良心理品质。所以，只要家长教育得当，不断加强训练，就能避免和克服孩子任性等不良品质。

有一位母亲谈她对独生子女的教育体会时说，有一次，她的孩子拿了粉笔要在镜子上画画，她对孩子说镜子上不能画画，话还没有完，孩子就哭起来。对此她早有心理准备，于是就对孩子说，在镜上画画会弄脏镜子的，好孩子要爱惜镜子，不能画，再哭也没用。说完就去做别的事情，不去理会他。以前孩子从未听见妈妈说过"不可以"，也从未见过妈妈不理他，于是便大哭大闹，跑到妈妈面前，又打又踢，甚至躺倒在地打滚。妈妈见到这种情景，有些心软，想顺从他，但一想溺爱孩子可能产生的可怕后果，就说你不讲道理就哭个够吧，爸爸妈妈都不喜欢你。孩子继续哭闹，妈妈仍不理睬。孩子的哭声逐渐小了，一会就停止了。他第一次体会到妈妈不理他的痛苦，第一次体会到无理哭闹得不到同情，达不到不合理要求的满足，于是他自己站起来，去找妈妈。妈妈看孩子不再闹了，于是就让孩子和她一起做事，孩子很高兴地干起来。晚上，妈妈又给孩子讲应该如何做个好孩子，并且给孩子以鼓励，孩子从鼓励中体验到做好孩子的快乐。

这个例子说明，只要加强训练，方法得当，孩子的任性、固执、好发脾气等不良心理品质是完全可以克服的。

（4）防止溺爱。

爱孩子是父母的天性，然而爱不等于溺爱。有的父母省吃俭用，一切以孩子为中心，一切按孩子的意愿办，一切听孩子指挥。牺牲一切为孩子，导致娇纵、溺爱，实在贻害无穷。苏联教育学家马卡连柯指出："那些衣裳褴褛，鞋袜不整，自己舍不得看戏，一味抱着慈悲心肠为儿女牺牲一切的父母，可以算得上最坏的教育家。"人们时常说，我是母亲，我是父亲，一切都让给孩子，为他牺牲一切，甚至牺牲自己的幸福。这就是父母送给儿童的最可怕的礼物。

（5）多让孩子参加集体活动。

独生子女在家庭中没有兄弟姐妹。在这种特定生活环境中，容易形成不合群、孤僻的性格。父母要为孩子创造与别的孩子社会交往的条件，鼓励孩子与小朋友交往，这有助于培养孩子的集体主义精神。令人遗憾的是，有的父母却常常把孩子和集体隔离开来。有的独生子女与别的小朋友一起玩，稍不如意，就哭闹起来，这时母亲不是好言规劝引导孩子，而是纵容自己的孩子说："咱们不同他们玩，回家自己玩吧！"这就丧失了孩子与社会交往的机会。其实，所有的独生子女都有强烈的社会交往需求，父母就应该充分地理解他们，自觉地为他们多创造条件，这对孩子长大后参与社会生活十分有益。

（6）对孩子未来的期望要符合实际。

不少家长对孩子学习成绩的关心胜过孩子自己，以致不断给孩子增加课外负担和精神压力。父母这样做无非是为了让孩子将来考上一个好的中学，再考上一个好的大学，有一个美好的前途。要知道，在我国目前的情况下，不可能每一个人都能上大学，将来也不可能人人都成为科学家、管理者。必须承认人与人智力上的差别，也要承认社会分工是客观必然。因此，尽量给孩子提供全面发展的机会才是明智的做法。家长对孩子抱有不切实际的期望，是十分愚蠢的，只能给家长和孩子都带来痛苦。

家长对孩子的教育是否成功，并不在于孩子将来能否出人头地、光宗耀祖，而在于孩子的德、智、体、美能否得到全面发展，将来能否成为一个自食其力且对社会有用的人才。将教育目标定在符合客观实际的基础上，才会不走弯路，有利于孩子身心健康地成长，并且能够从子女的每一微小进步中体会到莫大的快乐。

2. 如何帮助孩子

无论成人或儿童，不可能总是快乐无忧，但我们都希望能够帮助孩子学会控制自己的情绪，使之向快乐的方向转化。

情绪是人与生俱来的心理的反应，它由四种基本情绪构成：愤怒、恐惧、悲伤、快乐。这如同绘画中红、黄、蓝三原色，其不同的组合构成人的各种情绪状态。

情绪在我们的生活中有其独特的作用。愤怒激发人为争取自己的权利和自由而抗争；恐惧使人躲避危险，寻求安全；悲伤能缓解心中的痛苦，让我们开始新的生活；快乐则常在人经历了以上种种情绪之后才出现。

快乐的含义并不是无忧无虑，永远愉快。孩子只有学会恰当地体验、控制和表达他的各种情绪，才能成为真正快乐的人。

孩子在婴儿期就有一定的情绪的反应，但其表现突然而不稳定。随着年龄的增长，父母有必要帮助孩子正确理解和恰当地表达上述三种不良的情绪。

（1）当孩子感到愤怒的时候，家长应该怎么办？

①坚持要求孩子用语言而不是用动作来表达愤怒。当孩子生气时，鼓励他大声讲出来，并尽可能说出原因。

②帮助孩子找到愤怒的原因。孩子有时需要成人的提示来回想自己生气的理由。如："你是不是因为小朋友拿走了你的小汽车才对他发火？"

③对孩子的情绪表示理解。如："我知道你等得有些不耐烦了。可没办法，谁都得这样等。"

④禁止孩子在发怒时打人。一旦出现这种行为，家长应立即给予惩罚。

⑤鼓励孩子直截了当地表达自己的愿望，而不是用委屈和抱怨的消极态度。如孩子告状说："他打我……"家长可以回答说："大声告诉他别再打你。"再比如孩子告状说："芳芳骑走了我的自行车！"家长可以说："你去问问她，现在能否把车还回来。告诉她那车是你的，你想把它要回来。"

⑥为孩子做个榜样。当你生气时，大声讲出来，以免控制不住时突然大发雷霆。家长不用在孩子面前掩饰自己愤怒的情绪。让孩子从你身上学到如何恰当地表达自己的愤怒。但切记，不要用侮辱性的话对孩子表达你的情绪，只客观地表示你的感受和原因即可，如："我很生气！""别乱动我的东西！"等等。

（2）当孩子感到悲伤时，家长应该怎么办？

哭泣是人悲伤时的典型反应。科学研究发现，人在哭泣时体内会发生一定的化学反应，从而缓解痛苦。当孩子悲伤时，让他好好地哭一场。此时，成人无需过多地干预，只要平静地坐在孩子身边，让他（她）感到你的体谅和支持。有时，孩子会投入你的怀抱，需要你紧紧地拥抱和轻轻地抚摸。但有的时候，他只需一个人独处，静静地体会自己的悲伤。当孩子因哭泣而难为情时，家长要表示理解和支持，让他感到哭泣并不可耻，而是人的正常行为。

（3）当孩子感到恐惧时，家长应该怎么办？

一个人若不知道害怕，就很容易遇到危险，但恐惧过多，也难以过正常的生活。让孩子克服恐惧心理的关键在于，帮助他们对引起恐惧的因素进行理智性思考，具体的做法是：

①理解孩子的恐惧。三四岁儿童开始关注周围的世界，由此产生许多担忧和恐惧。这时候的孩子，经常无根据地对人或事产生惧怕心理。对此，家长应表示理解，并以轻松的语调与孩子谈论他害怕的事情。

②与孩子讨论他所惧怕的事情。如果孩子对现实生活中的事物（如地震、洪水、战争等）感到恐惧，家长可以针对这些事情与孩子进行讨论，告诉他在这样的事发生时有哪些措施可以保护自己和家人不受伤害。

③如果孩子对幻想的东西产生恐惧，家长应明确告诉他这样的东西是根本不存在的。

④如果孩子在一段时间里经常害怕，但又不说出为什么，家长应耐心地倾听孩子的谈话，从中找到困扰他的原因。

（4）孩子有时会利用虚假的情绪来迷惑成人，目的是得到他想要的东西。遇到这样的情况，家长该怎么办呢？

发脾气——从表达愤怒的需要变成向大人提要求的手段。

孩子最初发脾气是为了发泄愤怒和不满，当他发现这样做可以控制成人，让成人满足自己的各种要求时，发脾气就成为一种向成人提要求的手段，而表达愤怒和不满倒显得不那么重要了。当孩子出现这样的问题时，家长可以采取以下的方法加以控制和纠正：

①不在这种时候答应孩子的任何要求，不让孩子以为发脾气就能得到他想要的东西。在孩子一开始发脾气时，就想办法制止。你可以走开，不理睬他（尽管这样做很难，但很多有经验的人都建议这样做），或把他领到自己的房间里去，也可以严厉地高声训斥他。不管用哪种方式，目的是制止这种情况继续下去，同时准备采取下一步措施。

②孩子发脾气之后，对其加以适当的惩罚，让他记住，下一次绝不可以再这样做，你可以让他回到自己的房间里或站到角落里，让他道歉，保证以后不再这样做。如果这次是重新犯错误，还可以给予一些具体的处罚，如不许玩儿玩具，不许看电视等等。总之，要让孩子感到发脾气带来的后果简直糟透了，以后再也不能这样做了。

③当你发现孩子要发脾气时，不妨抢先一步发火。孩子在一些地方特别容易发脾气，如在商店里或家里来客人时，家长在这些场合往往态度过于温和、妥协，使孩子有可乘之机。所以，家长越是在这样的场合越要态度坚决，语气强硬，使孩子不敢再利用这些机会提要求。

④当你特别忙，无暇顾及孩子的时候，为孩子做些适当的安排，不要让他卷入成人紧张、枯燥的事情中去。

发脾气、耍赖不是童年所必需的行为。如果家长控制得当，很多孩子有过一两次经验后，很快就会纠正这种行为。

（5）拉长脸给大人看，关心体贴统统来。

孩子拉长脸给家长看，以博得成人的关心和抚慰，同时希望成人满足其种种要求。遇到这种情况时，家长心里要牢记以下几点：

①有什么要求可以直接讲，不能用拉长脸的方式向大人提要求。

②孩子应学会直接用言语表达自己的需要。

③人的基本需要其实很简单：吃、住、空气、爱、运动。

④其余的需要都是人所渴望的，但不会样样都能得到满足的。

⑤无论你高兴或是不高兴，对这世界没丝毫影响。所以你最好还是高兴一些。

如果孩子在你身边闷闷不乐，你要让他知道"我很关心你；我愿意帮助你；想想看，你到底想要什么；我得去厨房做饭了（总之，你可以去干你的事）。"过一会儿，孩子会主动找你，向你表白他的想法，这时，你就可以愉快地帮他解决问题。试想，如果没人注意的话，拉长脸给谁看呢？

（6）孩子害羞怎么办？

害羞是恐惧的一种表现，但渐渐地成为孩子逗人喜爱的性格特点，他能因此受到成人的注意和夸奖。其实，这是个误区。

羞涩和腼腆是孩子进入社会，与人正常交往的一大障碍。如果家长对害羞的孩子一味欣赏，不予纠正，会影响孩子以后的社会生活。倘若你希望有一个开朗、友爱的孩子，不妨试试下面的方法：

①教孩子如何与人交往。例如，当有人与孩子讲话或问候时，教孩子此时应该怎样做，用眼睛直视说话的人，向他问好，并有所称谓。

②坚持要求孩子按大人的要求与人交往。假如孩子见到生人或熟人就躲到妈妈身后，不与人招呼，家长可以采取比较强制的手段，要求孩子立即改正这种不礼貌的行为，否则就采取惩罚措施，如让他回自己的房间，或站到角落里去反省，直到孩子愿意与人打招呼为止。

总之，家长应鼓励孩子以开朗、友好的态度与人交往，教孩子主动向人问好、敢于直视别人做自我介绍等等。这样，孩子的社会交往能力才会逐渐提高，才能有好朋友，享受与人交往的乐趣。

四　让孩子和挫折握手言欢——坚强

1. 从幼儿入手，让孩子感受失败

人的一生中会有很多失败，教育孩子学会面对失败，不怕失败，是非常重要的。很多时候，因为害怕失败而失败了，很多时候，因为不怕失败反而胜了。

害怕失败，孩子的心理压力很大，本来能够轻而易举做好的事情也做不好，做不了；害怕失败，孩子心理会产生不做不错、多做多错的想法，丧失尝试的动力，以至于长期处于无能的心理状态。其实，孩子在一件事上失败了，我们应该允许他再失败一次。任何人都知道，孩子吮乳、说话、走路，谁也说不清楚失败了多少次，可是最终却胜利了，成功了。

无论孩子做什么，只要他不违反规则，不做有损于自己和别人的事，家长都应尽力支持他去闯去干，在行动上鼓励他去尝试。只要让孩子有了不怕失败的勇气再加上正确的引导，一切都会成功。

成功让我们欢呼雀跃,失败总使人失望落寞,人们都渴望成功,但是谁也逃避不了失败,对于大多数人来说,失败的经历多于成功。教孩子学会面对失败,善待失败,等于教孩子学会了生存。差生的心理承受能力要高于那些所谓的优秀生,对于挫折和失败他们经历得太多,再多一次也无妨,表扬与肯定对于他们的刺激性可能会更大;而那些优秀生一旦形成某种心理优势,他们就很难接受失败,面对失败。我们经常会在报纸、杂志上看到有孩子不堪批评,或者无法面对挫折而走向极端的,而这些孩子又往往是好孩子。而那些真正调皮的孩子绝不会做这样的傻事。对于失败的态度决定了对于人生的态度,作为家长,其实育人比学知识更重要,尤其是教会孩子学会面对失败,走出失败。

应该说,让孩子多参加比赛有很多好处。比赛所传达出的竞争观念也是现代社会的基础组成部分。"比赛"和人类的诞生一样自然而来,人类的一生其实都离不开比赛。但是让孩子多参赛不是为了追求名次和功利性的结果,而是让孩子学会如何利用比赛提高自己的能力,更为重要的是学会面对竞争,甚至面对失败。

竞争的社会,许多家长在孩子很小的时候就在不知不觉中灌输竞争意识,可是竞争对孩子来说很多时候就是一种压力。看到孩子们整天背着书包,忙来忙去,把童年的快乐遗失在堆积如山的书本中。

作为家长,面对这种情况,我们该做什么?

在适当的时候,给孩子增加失败的经历,学会从失败中总结经验,学会承受失败的心理能力。所以在参加比赛时,必须让他明白,一个人的能力终究是有限的,能够尽力去做该做的事情就足够了。

孩子是每个家庭的中心,孩子也是家庭的宝贝,天真、聪慧、可爱。如果在幼儿园时老师们都非常喜欢他,几乎天天表扬他,在家里家长对他做得好的事也是夸张地表扬,渐渐地他会觉得自己很厉害,做事很自信,成功率很高。应该说这是令人兴奋的好事,可是,在孩子成长的过程中,一帆风顺却并不是好事,适当地让他遇到一些挫折,在遇到风浪时能学会掌住舵会更好。

一位家长告诉孩子自己的成长过程:自己小时候很上进,从一年级到五年级学习一直很优秀,而且踢毽、跳皮筋什么的也基本没有对手,可以说是远近闻名。当上初一的时候,因为是一个乡镇的学生在一起上学,就有了很多陌生的同学，可是他并不在意他们，自认为自己天下无敌。但在初一的第一次期中考试中就败下阵来，只考了个班级第三名。当时自己一路哭着回了家，无论如何也不能接受这个事实。但与别人不同的是，自己比较理智，也没有扔东西，觉得哭也不应该，也没必要，因为第三名第四名也不是不好，只能说明自己与顶尖高手还有差距，只要再努力，成绩肯定会提高，不是第一不要紧，关键是自己不能放弃，总有一天会成为第一的。

他的孩子领悟力还是蛮强的，孩子听完家长故事，也举起小手说："加油啊！"他还主动去把扔了的旱冰鞋捡回来，并发誓下次还要来比赛。家长看到他并没失去斗志，心里很高兴，也庆幸自己没有像其他家长那样教育孩子，说是第一并不好，说是第一的奖品还不如第三的好呢，还有的说：孩子，你喜欢什么玩具，我去给你买比第一的还好的！当他们在贬低第一名的奖品时，赶紧教育孩子，奖品是奖励的，不管第几名都是好的，孩子会欣然接受。

其实孩子是幼稚的，但也是空白的，我们在他们身心上填上什么样的颜色，他们就会显示出什么颜色。面对着失败，既不能让孩子失去信心，也不能让孩子失去争第一的斗志，只有这样才有利于孩子的成长。

幼儿大都有争强好胜之心，如何帮助幼儿正确面对失败和挫折，是家长非常关心的一个话题。

（1）帮助孩子正确认识挫折。

可通过孩子喜欢的童话故事、电视媒体或生活中的所见所闻告诉孩子，生活中会有许多挫折和不如意，应把挫折和失败看作动力，如《小蚂蚁搬家》中的小蚂蚁正是通过自己的努力，不怕苦难，成功地将粮食拖到了自己的窝中，再也不怕过冬了。

（2）及时鼓励孩子。

有的孩子因为害怕失败而产生胆小、自卑心理，家长应善于挖掘孩子的优点，经常鼓励孩子："没关系，每个人都会失败，你只是这方面比别的小朋友差一点而已，但是你在其他方面也一样很棒嘛！"有的家长对孩子的期望值过高，而孩子达不到，家长须重新调整对孩子的期望值，减轻孩子的心理压力。有的孩子的自我期望值太高，常常由于达不到自己设定的目标而感到失落，家长在帮助孩子认清自我的同时，应帮助孩子增强抗挫能力，克服孩子的虚荣心，使他学会正确地评价自己。

（3）给孩子一点"劣性刺激"，让宝宝受点挫折。

日常生活中，家长可有意识地为孩子设置一些"难题"，给孩子一点"劣性刺激"，如让孩子自己穿衣、系鞋带、收玩具，鼓励宝宝自己的事情自己做，增强宝宝战胜困难的勇气和信心。

家长应善用表扬，一则避免表扬过头而使孩子过高地估计自己的能力，二则避免随意表扬而使孩子对表扬习以为常，失去自我激励的动力。

2. 失败也是一种人生体验

失败也是一种人生体验。毫无疑问，每位父母都特别希望自己的孩子能成功，都希望孩子在成长的道路上能少走弯路，或者不走弯路。当孩子遇到挫折和失败的时候，父母往往比孩子还着急。尤其是当孩子做出了一个决定，而这个决定在父母看来是肯定要失败的时候，父母们往往就接受不了了，急于上来阻止孩子走错路。

多数父母都不忍心看到自己的孩子失败，不忍心看到自己的孩子孤军奋战，不忍心看到自己的孩子因为某样事情干不好而挨老师批评，于是常常就想"越俎代庖"。从根源看，这无疑是父母爱孩子的表现。但是这样的爱，可以说和那些包办代替、过度保护孩子的爱是一样的，因为在爱的旗帜下，孩子们感受失败的权利被剥夺了。

其实，失败也是孩子的权利，失败也是一种人生体验。

孩子的成长过程是个必然伴随着错误失败的过程。人都是在跌跌撞撞、磕磕绊绊中长大的，人无完人，孰能无过？对孩子尤其如此。

而我们的父母总是表现出一种完美的倾向。成长要靠孩子自己去经历，去体验，最难忘的往往不是结果而是过程。

虽然有时候孩子的水平可能确实不如大人，他的知识、技能方面都没有成人熟练，但这就是他的成长。他必须经历一个自我探索的阶段，因此我们对孩子的这种所谓的失败，要给予理解、给予宽容，只有亲身经历过失败才能使孩子长大成熟起来。孩子的成长是任何人都不能替代的。

　　在一个人的一生当中，谁能保证不失败呢？谁能保证不会遇到挫折呢？既然我们成年人在生活、工作、事业当中都会遇到失败，那么孩子在成长过程中为什么就不能失败呢？

　　人在小的时候其实都是丑小鸭，都有很丑陋的地方，都有各种各样的毛病和缺陷，这是每一个人的自然状态。但可贵的是人们正是从这种丑陋走向美好，从低级走向高级，从幼稚走向成熟。所以我们要让孩子充分地感受这个过程，我们可以适当地点拨，但是千万不要替代他，你替代他之后，他会不知所以然，他就成为一个空中楼阁，根基不扎实，他对自己缺乏把握。失去了根基这个人将来也不可能站得稳当，所以说，父母要容忍孩子的失败，要知道失败也是孩子的权利。

　　怎样宽容孩子的失败，为孩子提供探索与体验的机会，建议是：尊重孩子。父母不要剥夺孩子在成长中失败的权利，不要着急，不要担心孩子的不完美，孩子正是由一种不完美走向比较完美，从不成熟走向成熟，这就是一个长大的过程。

　　对孩子大胆放手。父母只有对孩子真正放手，孩子才能获得许多体验的机会。教育家陈鹤琴说："做母亲的最好只有一只手。"说的就是要对孩子放一只手，无论是成功还是失败，都让孩子自己去尝试，去体验。

　　让孩子了解失败和错误之间的差别。失败不等于错误，没犯错误不等于就不会失败，教会孩子权衡利弊得失。

五　阳光聚焦才能燃烧，孩子专注才能成功——专注

1. 提高孩子的兴趣

弥散的阳光算不了什么，而如果用凸透镜把它凝聚起来，则可以使物体燃烧。人的精力也是如此，散散漫漫，浑浑噩噩，一天天过去，什么进步和变化也没有，但是，心系一处，持之以恒，就会创造出让人惊讶的成绩，那些让我们尊崇的人必定是善于集中精力的人。

有些人看似漫不经心，实际上很专注。但是这种人是少数，更多的人看似紧张兮兮，但实际上用不下心去。往往用百分之九十的时间来关注问题，却只用百分之十的时间来解决问题，关注越多，压力越大，精神上已经"苦"得不行了，行动上还没有开始，到最后不做不行了，只好草草了事。但是，有几个人敢说自己身上不存在这种现象呢？

缺乏集中的意志，容易遗忘和心不在焉。

容易受到外在压力的影响，经不起挫折或失败。

对所做的事情不感兴趣，缺乏耐性，在吃饭和学习时也不肯安静地坐着。

情绪不稳定，经常发脾气，情绪出现较大波动，做出一些类似敲打头部的动作。

如果您的孩子出现以上的行为，那有可能就是一种缺乏专注力的表现。

所以，要从小培养孩子的专注能力。创造和利用各种各样的刺激来吸引孩子的注意，孩子一旦沉迷于某件事情（只要它不是有害的），我们就尽可能不要去打扰他，至少不要因为吃饭去打断他，晚吃一会儿饭没什么，饭菜凉了可以再热一下，孩子专注状态是十分珍贵的，我们这一点麻烦千万不能忍不得。孩子的专注状态一贯被破坏，他的专注能力就会受到损害，这将是终生的损失。

在说到影响孩子成长的话题时，母亲总是首先被提及。在母爱的光辉下，父亲对孩子的影响力似乎被淹没了。其实在人类丰富而复杂的感情世界中，父爱是一个非常重要的因素。著名心理学家格尔迪说："父亲的出现是一种独特的存在，对培养孩子有一种特别的力量。"

（1）如何让孩子的兴趣长久一些。

在认识到孩子对所有事情的5分钟热度后，我们也完全可以做点什么来帮助孩子，让他的兴趣停留的时间更长久些。这样不但可以让你得到休息，而且在以后上学时也有助于他在课堂上提高注意力。

①不要一次性提供过多的选择。一次只给孩子几个玩具，而且每次也可以提供不同的玩具来提高孩子的新鲜感。

②提供适合不同年龄段的玩具。任何超出孩子能力范围的事情都会令他很快放弃，转而去关注其他东西。记住：有趣的并不见得就是最好的，一位父亲就有这样的亲身经历。他说自己给两岁的儿子买了一个电动小汽车，孩子在上面坐了一会儿，但发动引擎以及把脚放到踏板上对他来讲都太难了，所以不久他就再也不玩了。即使玩具说明书上说该玩具适合所有的学龄前儿童，你最好也要根据自己的了解来判断是否适合自己的孩子。

③选择运动型活动。纽约大学的儿童心理专家 Lori Evans 博士说，那些让孩

子动起来的活动更容易吸引他们，比如随着音乐跳舞或在院子里踢球等。

④确保足够的睡眠以及健康的饮食。缺少睡眠和不健康的饮食会影响到大人的关注能力，对孩子亦是如此。

⑤控制看电视时间。美国西雅图儿童医院的 Dimitri A. Christakis 博士说，如果 1~3 岁的孩子每天多看 1 个小时电视，他到 7 岁时出现注意力问题的可能性就会增加将近 10%。

⑥增加趣味性。为了鼓励孩子延长他对某件事的关注，你可以设定一个时间，然后察看孩子是否可以多坚持一段时间，如果这个方法行不通，也不要气馁，总有一天孩子可以学会对自己选择的活动或玩具保持兴趣。

⑦切忌"疲劳轰炸"。虽然孩子的注意力需要耐心培养，但是每次让 2 岁的宝宝集中注意力的时间不宜过长，最好是在学习几分钟之后，给他几分钟自由活动的时间。而且要经常更换让宝宝注意的内容，以便能让宝宝有更高的兴趣，把"注意力"坚持到底。

（2）在某些特殊的情况下，你需要孩子马上安静下来，则需要一些特别的技巧：

①到餐厅吃饭，除了要准备玩具和彩色图书之外，你还可以让孩子加入你们的谈话中，或者常常抛开大人的话题，问孩子一些简单的问题比如"你看到墙上那幅画中的船了吗？"等。

②乘坐飞机，在一个袋子中装满"神秘"的包裹，隔一会儿拿出一个，这些"礼物"并不一定都要是新的东西，即使是孩子在家里经常玩的，在他打开包装后也同样会带来惊喜的欢叫。

③去超市购物，准备一点零食，同时可以让孩子帮你把一些小的不易打碎的物品放进购物车。在排队等待交款时，可以和孩子一起玩点小游戏如拍手游戏或者悄声地一起唱歌。

在两岁这个阶段，宝宝已经能够专心致志地玩一个玩具了，而且可以集中注意力听你给他讲故事，但是专注的时间不会超过 15 分钟。如果你拿他感兴趣的书给他看，他能自己聚精会神地"翻阅"十几分钟。虽然，他能按照你的话语去注意某一个事物，但是这种有意的注意还只占一小部分，容易受到外界因素的干扰而分散和转移。大多数时候宝宝的注意力是"无意的注意"。

只有宝宝喜欢的玩具和游戏，才能充分地吸引宝宝的注意力。两岁是孩子语言能力飞速发展的时期，他已经掌握了很多词汇，而且能说完整的句子，并且喜欢每天说个不停，一会儿说儿歌，一会说广告词；对故事里的人物也非常感兴趣，经常会急于想知道那些童话人物的结局；爱看动画片，学会分辨颜色，而且手和身体变得很灵活，听到音乐会不由自主地扭动身体，身体的各种动作已经趋于更协调。

2. 越专注，越自信

越专注，越自信。专注力就是通常所说的注意力，是适应环境最基本的能力。对孩子来说，专注力是自主学习的开始。从孩子满两岁开始，就应该多训练他的专注能力了。一般来说，专注力比较高的孩子，做事情都会事半功倍。当孩子在学习中找到成就感时，随之而来的就是充足的自信心和高涨的学习兴趣，这就自然能够促成他更多的求知欲。相反，那些缺乏专注力的孩子做任何事情都会虎头蛇尾，久而久之，他会慢慢变得胆小、畏缩、缺乏自信，不敢也不愿去尝试新的事物，造成恶性循环。因此，对孩子专注力的培养就显得尤为重要。

注意力分散的孩子，往往对某件事情缺少兴趣和爱好，但这只是一个表面现象，深层次的原因是他在这件事情上没有成功的体验。所以提高专注力在本质上就是要提高孩子的成功体验，让他从成功中获得快乐，唤起兴趣，以增强孩子的专注力。提高成功体验的关键，不仅仅是鼓励和表扬孩子，而是要让他真正地有成功感。

学会"坐下来"。有些孩子坐不住，好动，注意力分散，无法专注于某一个具体的事情，总是喜欢从一件事情快速地转移到另一件事情上。对此，家长必须引起高度重视，并采取适当的方式予以纠正，要合理地安排室内和户外的活动时间，分配"坐下来学"和"站起来玩"的时间，不要担心孩子在早期因为"坐"而影响到后期的发展。

在进化和个体成长的时间表上，"坐"的发展要比"走"的发展早半年时间，因此坐是人类的特征体位，养成坐下来学、坐下来操作的习惯，也是发展儿童早期社会性的重要手段。

（1）专注力培养6技巧：

技巧1——以兴趣培养入手。

兴趣是孩子最好的老师。孩子对事物的兴趣越浓,其稳定、集中的注意力越容易形成。所以家长应注意培养孩子广泛的兴趣,并借此集中孩子的注意力。孩子的注意力在一定程度上直接受其兴趣和情绪的控制。因此,我们应该注意把培养孩子广泛的兴趣爱好与培养专注力结合起来。父母要试着培养孩子每次专心做好一件事情。我们知道孩子的兴趣与喜欢的东西不会是单一的,这就需要父母来平衡。例如可以每次只教孩子一首唐诗。如果孩子对多首唐诗感兴趣,那父母就要帮孩子安排一下,不要太贪心,一次全教给孩子。

技巧2——注意环境的氛围。

尽量给孩子创造良好的环境,避免分散孩子的注意力。让孩子拥有一个整洁、有序的环境是培养孩子专注力最好的方法。孩子不会被周围花花绿绿的颜色所吸引而分散注意力,给孩子一个无声的教育。尽可能地让孩子养成独立学习的习惯,不要使孩子对父母有过多的依赖,这样也易于集中精神。

技巧3——尊重孩子的游戏时间。

父母不要认为玩游戏是一件无聊的事,孩子的注意力的培养,最初往往是从游戏开始的。父母可以帮孩子建立一个学习和游戏相结合的有规律的生活,合理安排孩子游戏和学习的时间,这样还能锻炼孩子的体质。

技巧4——背诵有助培养专注力。

通过背诵及一些反复的刺激的游戏活动可以使孩子的注意力加强。对于大一点的孩子而言,背诵对培养专注力是非常有益的。对于小一点的孩子,父母可以多参与训练孩子专注力的游戏,比如拍掌游戏、迷宫游戏、躲猫猫的游戏、倾听游戏、走直线、平衡木等游戏活动。

技巧5——培养善始善终的好习惯。

让孩子做一些力所能及的事情,指示要清晰、明确,但是要求不要太严格。在做这些事情之前,父母应该让孩子懂得做事的目的,并引起做事的兴趣;在做事过程中,当孩子遇到困难时,父母要注意提高孩子克服困难的能力,使孩子具有一定的责任感,这样孩子在做事的时候注意力就会集中,会去克服一些小的困难。完成一件事的时候,要及时进行鼓励和表扬,孩子就会产生一种满足感、快乐感。

技巧6——训练孩子善于"听"的能力。

"听"是人们获得信息、丰富知识的重要渠道。孩子上学后，老师多半是以讲解的形式向他们传授知识的，所以训练孩子"听"的能力也是至关重要的。

父母可以通过"倾听"来训练孩子的注意力。比如父母可以让孩子听音乐、听故事，鼓励孩子用自己的话来描述所听到的内容，从而培养孩子专心听讲的好习惯。

（2）怎样来培养孩子耐心的好习惯？

耐心被认为是一个人心理素质优质、心理健康与否的衡量标准之一，也是孩子未来成功的关键因素之一。培养孩子的耐心不仅仅对他在学习上有帮助，而且对他今后的人生道路也有很大的影响。家长要做好榜样，许多孩子没有耐心，是因为家长自己做事也是虎头蛇尾。所以，要想让孩子有耐心，父母首先要有耐心地去做每一件事情。

①让孩子明白耐心的重要性。让孩子学会等待。如果父母每次都是只要孩子要求就做出让步，孩子得到的经验就是"妈妈总是听我的，我想怎样就怎样"，那么，孩子就会越来越没有耐心。当然，父母也可以用生硬的态度来命令孩子，如"不行，你给我等着"，这样孩子就会产生逆反心理。因此，聪明的父母应该让孩子明白，等待是有原因的。

②从身边的小事做起。3分钟耐心训练。通过孩子感兴趣的东西，使孩子的注意力在一定的时间内专注于某一对象，久而久之，孩子形成了习惯，也就提高了耐心。

（3）怎样来培养孩子专注的好习惯？

①给孩子一个安静的学习环境。孩子的注意力与周围环境有很大的关系。要孩子在学习时注意力集中，父母就应该给孩子一个安静的、无干扰的学习环境，孩子的房间应该井然有序地摆放整齐。

②要求孩子在规定的时间内完成作业。

③给孩子玩的时间。

④培养孩子的有意注意。家长要在学前多与孩子一起看看书，下下棋，玩玩拼图游戏，这些活动都是需要集中注意力才能进行的，对培养孩子的注意力很有

益处。

⑤与孩子一起玩注意力的游戏。（注：孩子游戏时不要有意干扰）

⑥让孩子在一定时间内专心做好一件事。

⑦培养孩子的阅读能力。先让孩子多阅读他比较感兴趣的书籍，当孩子的注意力可以稳定在一段时间内了，父母再引导孩子阅读其他健康有意义的书籍。

⑧训练孩子的注意力。圈字游戏可以训练孩子注意力的广度、稳定、分配和转移四个方面的品质。

（4）我们平常说的"专心"，就是集中注意力。对于孩子来说，这并不是一件容易做到的事，需要父母对他有意识地培养。

①兴趣是保持专心的首要条件。父母要为孩子提供丰富的、有趣的游戏材料，激发儿童游戏的兴趣。

②有计划地向孩子提供游戏材料。一次活动不要提供过多的玩具，切忌把材料一股脑儿地堆在孩子的面前。

③游戏内容要有梯度。由简单到复杂，满足孩子不同阶段的不同需要。

④游戏时间不宜太长。适度地调换游戏内容，有利于培养孩子的专心。

⑤孩子游戏时不要有意干扰。不要在孩子玩得高兴时给他们吃东西，或要他们干些不相干的事，这样既扫了他们的兴，又中断了他们的活动，容易造成孩子的不专心。

激发孩子学习潜能的一个必要条件就是专注，一旦孩子养成了专注的习惯和个性，那么他的智力活动便进入了一个质的提高期，而这种让他专注的事物也必将成为他日后极其重要的部分。所以，当一个人在做某件事情的时候一定要专注。那些今天想当歌唱家，明天想当影视红星，后天又想当艺术家的孩子，注定要一生无所适从，一事无成。

培养孩子做事专注的习惯，将会在他的人生中产生重大的影响。要知道，只有让孩子先形成一种专心的习惯，才有可能在日后对自己的事业全身心投入，不会被其他事情所干扰。所以，父母就要在孩子小的时候把孩子的专注能力给激发出来。当孩子在做某件事情的时候，父母可以要求他在规定的时间内完成并帮助他排除外界的干扰,让孩子对他所感兴趣的问题不断寻根问底,深入思考。让孩子在兴趣广泛的基础上,选择最着迷的对象深入下去,父母还要有意识地强化孩子这方面的兴趣。

想要让孩子能够在学习的时候集中精力,父母就应该让孩子在一个安静的、没有任何干扰的环境中学习,因为,孩子周围的环境往往会导致孩子注意力的不集中。所以,在孩子的学习环境中一定要物品摆放整齐有序,也不要有太多不必要的东西,更不要布置一些照片或是图画等和学习没有关系的装饰品,书桌上面也不要放和学习没有关系的东西,这样就不会让孩子的注意力集中到别的地方而忘了学习。当孩子在做作业的时候,父母要尽量不要讲话,保持安静,更不要打开电视机,从而达不到让孩子专心学习的效果。

很多父母会犯同一个错误,那就是当他们让孩子们认真学习的同时,自己在孩子学习的周围,制造出一些让孩子不能专心学习的声音。比如,有的父母会在孩子学习的时候在客厅看电视;有的父母会用很大的声音彼此聊一些事情;甚至有的一些父母会在孩子学习的时候总是问孩子一些问题。一定要记住,当孩子开始学习的时候,父母要尽量避免和他说话,也不要在孩子学习的周围制造出声音,更不要在孩子学习期间询问孩子一些问题,因为这些都可能会成为孩子不能集中注意力的原因。

孩子没有耐性,不能完整地做完一件事,如坐下来不到两三分钟就离位,看书看两页就换一本新的,拼图拼三四片就去做其他的事情等等。

(5) 孩子专注力不够,俨然成为多数父母的困扰,事实上,造成孩子耐性不足的原因有很多,大致上可以归类为生理、心理和环境三要素。

① 生理因素。一般而言,感觉统合失调的孩子很容易有耐性不足和过动的现象,若是生理因素造成的不专心,就需要专业治疗师的协助。

② 心理因素。没兴趣。兴趣是学习的动力,让孩子自行选择有兴趣的事情,自然可以维持长久的专注力。

没信心。自信心不足的孩子常怀疑自己的能力,因此容易半途而废,孩子的自信心不足经常是来自父母的过度期待,总认为自己无法达到父母的要求。此时,"分割目标"是一个可以尝试的办法,将最终目标分为几个容易达成的小目标，虽然进行缓慢，却能脚踏实地地从每个小目标的完成中，培养孩子的自信心，而学习过程中适度的赞美和鼓励也能帮孩子增强自信，当然，这也需要家长有足够的耐心。

③ 环境因素。干扰太多。家中过多的家庭成员干扰或嘈杂的环境，会让孩子无法专心，因此尽量降低环境中的干扰因素，是保证孩子专注做事的一个基础。

刺激太多。家中玩具过多，让孩子不知从何玩起，所以这个看看，那个摸摸，总是定不下心来。因此，不要一次提供过多的选择，当孩子一次接受过多的刺激时，也会影响他们的专心度。

照顾者的任意中断。孩子在玩玩具或游戏时，不要任意打断，如当孩子专心看书时，家长如果想说，"你看，你的玩具怎么到处乱放"，您尽可能在孩子看完书之后再提醒他，如家长经常随意中断孩子的活动，孩子的注意力就会逐渐降低。

因此，老师或家长要尽可能为孩子提供一个安静的环境，尽力排除一切干扰孩子专注力的因素，孩子们可以自由选择工作的种类，自由选择工作位置，自由支配时间，做到自我管理。

孩子的成长有自己的速度与步调，耐性的培养需要时间，父母不要操之过急，更重要的是当孩子在学习中失去耐性时，父母不能失去耐心，多一些鼓励和赞美，相信时间会带来改变。

六 给孩子金山银山，不如培养孩子好习惯——习惯

1. 一个好习惯影响孩子的一生

养成好习惯是非常重要的，甚至可以说习惯决定命运。一个好习惯影响孩子的一生，孩子没教育好，和孩子的习惯有关，习惯养成了，想改太难了，所以，大家记住教育孩子，首先要从习惯入手，让孩子有一个好习惯，终身受益呀！

生活习惯。生活是人生第一课，也是最基本的课程，生活习惯的好坏，不仅影响孩子的身心健康而且也是孩子综合素质的体现。它包括饮食、起居、排便、卫生等习惯，做到按时睡眠、起床、安静睡眠并有正确的睡姿，不挑食、不偏食、细嚼慢咽，饭前便后正确洗手、早晚刷牙，饭后漱口等。父母要根据孩子的年龄特点，适当为孩子立规矩，如：玩具玩完后必须放回原处，逐渐养成自己的东西自己整理和爱清洁、讲卫生、有条理的好习惯。

文明礼貌习惯。礼貌看起来是种外在行为的表现，实际上它反映着人的内心修养，体现一个人自尊和尊重他人的意识。父母要教育孩子，学习使用文明礼貌用语，如"您好""请""谢谢""对不起""请原谅"。同时，要注意培养孩子的文明举止，见人要热情打招呼，别人问话要先学会倾听，并有礼貌地回答，保持服装整洁，站有站相，坐有坐相。

道德习惯。养成良好的道德习惯，孩子才能和别人友好相处，积极追求美好的事物，自觉遵守社会行为规范，具有高度责任感，将来才能成为社会上成熟可敬的人。它包括各种行为规则，尊敬关爱长辈，不损坏花草、树木，爱护公共财物，遵守交通规则，能换位思考、团结友爱等等。

学习习惯。良好的学习习惯对孩子的学习兴趣与学习成绩有很大的影响，与孩子的成才直接相关。它包括自主学习、合作学习、探究性学习。学习好的孩子学习习惯都比较好，而学习不好的孩子多数并不是因为脑子笨，而是没有良好的学习习惯。如：不长时间看电视、玩电脑游戏，不需要父母的督促、陪伴能自觉完成学习任务，学习专心认真，经常进行广泛的阅读，知道珍惜时间，什么时间做什么事情等。

思维习惯。好的思维习惯有助于孩子从正确的角度和方面思考问题，有助于孩子能力的锻炼，知识的获取以及运用所学的知识灵活地解决问题。如：感觉、接触、了解新鲜事物，善于观察，勤于动脑，遇到问题能独立思考和解决。特别是要具有创新精神。

劳动习惯。培养孩子爱惜劳动成果，孩子劳动不是为了创造物质和精神财富，而是为了培养初步的劳动习惯，促进孩子身心健康成长。要求自己能做的事情自己做，自己穿脱衣服、学着铺床叠被等，另外帮父母干些家务活，如：帮助摆碗筷、擦桌、扫地、倒垃圾等等。

值得注意的是，在培养孩子各种良好习惯的同时，父母首先要转变自己的观念，增长培养意识，提高自身素质，以身作则。在进行培养时还要注意方式方法，坚持不懈，严格要求。总而言之，播下一种行动，收获一种习惯；播下一种习惯，收获一种命运。

(1) 培养良好的生活习惯让孩子受益终生。

①习惯始自生活点滴，三四岁之前是孩子养成行为习惯的关键时期。从出生那天起，孩子就开始通过各种各样的行为应对生活的挑战，最初他们主要依靠先天反射，以后慢慢尝试和模仿新的办法，一点一点建立起独特的行为模式。孩子的每一个举动都会产生一个结果，这个结果反馈回来，促使孩子维持或者改变行为方式，这样一个过程不断重复，印刻在孩子的脑子里渐渐就会形成习惯。

比方说，孩子天生敏感，拉了、尿了、出汗了，尿布或衣服贴着身体不舒服，他总是不停地哭闹，引得家长每次都须尽可能快地帮他换掉。长大一些见到衣服脏了，孩子主动告诉家长，马上就可以换上干净衣服并得到表扬，久而久之孩子就养成了爱干净讲卫生的好习惯。再比如尿尿，开始尿在地上的时候，听到妈妈笑着说"看你这个小坏蛋，又给妈妈画地图了"，他还以为是表扬，渐渐从无意的行为变成了故意的举动，后来这样的行为遭到了家长的惩罚，被冷落到一边的他，发现只有四处拉尿才能立刻引来家长的关照，不经意间就形成了随处便溺的坏习惯。

生活的点滴表面上看不起眼，但家长的反应和态度却会对孩子产生很大的影响，将来孩子是仔细还是马虎，做事有条理还是杂乱无章，喜欢读书还是讨厌学习，乐于交往还是我行我素，许许多多的习惯都是通过生活小事，日复一日年复一年不断积累而养成的。

②习惯养成不易改。人的行为有一种定式倾向，就是喜欢用熟悉的动作、语言和思维去处理事务，因为熟悉的办法最省力，小孩子也不例外。有的孩子挑食，最初常常是偶然因素，看到某些东西没食欲或者吃了不舒服，以后见到它们第一反应就是拒绝，时间一长挑拣惯了，有些食物就再也吃不进了。

养成习惯需要相对长期的过程，但习惯一旦形成改起来可就难了。同一种行为不断重复，在大脑中渐渐形成固定的神经回路，这种反应模式就会固定下来，甚至无法改变。就像小孩子学结巴，开始是因为好玩，等到自己变成口吃，若不尽早强化治疗将致终生无法纠正。俗话说：江山易改禀性难移。家长一定要从小注意，防止孩子养成坏习惯。

③培养良好习惯让孩子受益终生。良好的习惯可以让孩子受益终生，不良的恶习则会贻害孩子一生。培养良好的生活习惯是对孩子进行早期教育的最重要内容之一，家长必须高度重视并从以下几方面付诸行动。

积极鼓励和夸奖孩子良好的行为；

对孩子的不良表现进行一贯的冷淡或限制；

以身作则为孩子树立模仿的榜样；

请孩子监督检查家长的坏习惯；

有意识地引导和培养孩子良好的行为模式。

（2）孩子年龄越小，可塑性越大，各种好习惯越易形成。

我们应抓住习惯培养的最佳期，及早培养孩子良好的行为习惯。那么，又怎样去培养孩子的习惯呢？

①家庭与幼儿园要协调一致。家庭是人生最早接受习惯培养的课堂，家庭中的所有成员都是形成孩子好习惯的老师。从孩子呱呱落地开始，在父母为孩子喂奶、把尿、哄睡觉时，都有意无意地培养着习惯。家长可以根据孩子的特点，因材施教，抓住每一时机，及时果断地提出要求，并坚持不断地让孩子去实践。尤其当孩子入托或进入幼儿园后，应多与园方在对孩子习惯培养的要求、做法上保持一致，家庭与幼儿园实施同步化教育，使孩子更快、更有效地形成习惯。假如家庭与幼儿园的要求、做法不一样，就会让孩子感到无所适从。

②讲重要，练更重要，讲和练的内容要具体化、生活化，可操作。培养孩子形成好习惯，越早越好。一般，孩子一出生，即应注意开始训练，为孩子制订一个生活日程表，使孩子从小就依照一定的时间进食、睡眠、活动，为以后的良好生活习惯打下基础。对孩子的习惯培养，一方面要进行教育，另一方面，更要孩子每天做到，光说不练是没有用的。

从讲练的内容看，必须与孩子的生活实际密切结合。如进餐方面，饭前洗手，进餐时正确扶碗、握筷，不随便讲话、大笑，保持整洁，不剩饭菜；饭后放好筷碗，漱口、擦脸、洗手等。睡眠方面可以包括，睡前刷牙、洗脸洗脚、按时上床，能独立入睡以及脱下衣裤折叠整齐，放于固定位置等等。总之，与幼儿生活的每一环节紧扣，具体明了，保证孩子生活作息有规律，爱清洁、讲卫生，有序和高质量。最终，会培养出良好的习惯。

③发挥成人的榜样作用。孩子形成良好习惯的过程是漫长的，需要父母的言传身教，方有成效。我们要经常以语言告知孩子行为规范，要在孩子形成习惯的过程中，用孩子可理解的语言不断督促、指导，使孩子快而有效地达到目标。但是，同时还要重视无声的身教影响。例如，要求孩子不挑食，可成人自己却在饮食上挑肥拣瘦的，这必然会在无形中对孩子的教育产生负效应。要孩子按时入睡，同样首先应以家庭全体成员的有序生活方式为基础背景。成人的言行是无声的榜样。如果只是强迫孩子该如何如何去做，而成人却反其道而行之，那效果一定不会令人满意。

2. 家长该如何去做

叶圣陶先生说过："好习惯养成了，一辈子受用；坏习惯养成了，一辈子吃它的亏，想改也不容易。"陈鹤琴先生通过多年的亲身教育实践也认为："幼稚时期是人生中最重要的一个时期，什么习惯、知识、技能、言事、思想、态度、情绪等，都在此时期打下基础，它是决定其将来人格、体格的重要因素。"家庭是孩子的第一课堂，家长是孩子的第一任老师，家庭教育同其他教育相比，亲和力、感染力更强，而且家庭教育对人的习惯的影响最早、最持久。因此在家庭中从小培养孩子良好的学习习惯会取得很好的效果。

（1）家长如何培养孩子良好的学习习惯？

①身教胜于言传。家长都希望孩子养成良好的习惯，有的家长经常给孩子讲道理，甚至"磨破了嘴皮"，可孩子往往是一个耳朵听，一个耳朵出，根本没有什么效果。其实，家长自身的一言一行、一举一动远胜过"磨破嘴皮"。如：家长酷爱读书，那么孩子就可能是个小书迷；如果家长经常打牌，孩子怎么可能安心学习、热爱学习呢？

②创设环境，营造学习氛围。环境是最好的老师，氛围能感染孩子。家长要

为孩子创造良好的物质环境和温馨的心理环境，萌发孩子学习的积极性。有位家长把孩子的房间布置成"聪明屋"，把各种动植物、交通工具、通信工具、天文地理等大量图片知识贴在上面，并定期更换。这样孩子和家长随时都能讨论相关知识信息，孩子的知识信息一天天积累，激发了孩子对学习的更大兴趣，从而也养成良好的主动记忆和积极思维的习惯。

此外有条件的家庭可以给孩子布置一个相对安静的独立房间，淡雅的色彩、简单的陈设、合适的桌椅、护眼的台灯，这样保证孩子端正的学习姿势、安静的学习环境、相对固定的学习时间。从而不受电视、家长谈话和做家务等因素的影响。

③坚持不懈，要求一致。培养孩子良好行为习惯，不能这几天要求很严，过几天又听之任之，这样培养的效果会事倍功半。因此，家长有坚强的教育意志，立下规矩之后就应该要求孩子坚持这样做，经过日复一日的一致要求才能形成习惯。培养孩子形成良好的学习习惯特别需要家庭各成员保持一致的要求，促使习惯形成。如果要求不一致，孩子就会无所适从，逐渐养成钻空子的心理。当然，要实现要求一致也不容易，如果在对待孩子的态度和教育方式上发生分歧，绝不要在孩子面前公开暴露矛盾，而要在事后交换意见，以求统一行动，这样的教育效果才会好。

（2）应该培养孩子哪些良好学习习惯？

①倾听。倾听就是细心地听取别人说话，善于倾听是一个人不可缺少的修养，学会倾听不但能正确完整地听取所要的信息，而且会给人留下认真、踏实、尊重他人的印象。因此，培养孩子良好的倾听将让孩子终生受益。要让孩子学会倾听，家长就必须是一个主动积极的倾听者，能随时倾听孩子的心声，以身作则教孩子倾听的方法。

②专注。专心致志的学习习惯，是孩子必须养成的起码的学习习惯。大家一定都听说过《小猫钓鱼》的故事吧！小猫就是因为三心二意，一条小鱼也没钓着。与这个故事的寓意相同的还有中国古代"一手画圆，一手画方"的说法，旨在告诉人们学习时不可一心二用、三心二意。

为了培养孩子专注的好习惯，家长不要同时安排孩子几件事，如让孩子边吃饭边看电视，边玩玩具边听故事等，应该让孩子在一定时间专心地做完一件事，再做另外的事。此外为了训练孩子专注听、用心记的习惯，家长对孩子提要求、交代事情最好只讲一遍，切忌多次重复。如果家长经常对孩子不放心，交代一件事情反复说好几遍，反而让孩子觉得家长太啰嗦，孩子还会认为大人的话听不听无所谓，反正还会再说的，渐渐地孩子就会养成不专心听、不用心记的坏习惯。

③认真思考。认真思考的学习习惯，有利于提高学习质量，有利于培养孩子的能力，尤其是有利于增强孩子发现问题、解决问题和创新的能力。

要培养孩子认真思考的好习惯，家长要经常向孩子提一些开放性问题，当孩子是通过认真思考回答问题时，家长要及时表扬鼓励，让孩子感受到思考后的快乐，渐渐地孩子就养成了遇事积极思考的良好习惯。

④坚持到底，按时完成任务。幼小的孩子还没有明确的时间观念，有些家长对孩子完成生活、学习任务没有明确的时间要求，磨磨蹭蹭的习惯一旦养成，对学龄期完成学习任务非常有害。所以，家长要有意识地培养孩子在规定时间内完成任务的习惯，从小事做起，小事不拖拉，当天的事要当天完成等。

良好的学习习惯还有很多，如：有条理地放置学习用品、学习时积极思考、踊跃发言、努力克服困难、认真完成学习任务等等。从小培养良好的学习习惯是孩子今后顺利地升入小学、适应学生生活的重要因素，对孩子今后的成长发展有着十分重要意义，是使孩子终身受益的一种基本素质。

（3）应该培养孩子的8个好习惯：

①学会礼貌待客。让孩子学会礼貌待客，客人一进门父母带着孩子迎接客人，并把孩子介绍给客人：这是我的孩子，叫某某。然后告诉孩子："这是某叔叔（阿姨），问叔叔（阿姨）好。"如果客人带了礼物，要让孩子说"谢谢"，然后就可以让他自己去玩儿了，不必参加大人的谈话。

②文明接打电话。父母可以先教这几项：打电话时，先恰当称呼对方，如"叔叔""阿姨"，然后自报家门"我是某某"，最后说"请帮我找某某"，打完

电话要说"再见";接电话时,要先说"你好",当对方要找家里其他的人时,应该说"请等一下";如果对方要找的人不在家,要说"对不起,他不在,请留下您的姓名和电话"。当然,在电话机旁边一定要准备好纸笔。

③不乱翻别人的东西。在出门做客前,叮嘱孩子不要动别人家的东西,并给他带一两件他喜欢的玩具。如果孩子做对了,回家后要表扬。做错了,要批评,并且要求孩子向主人道歉,但不要当着主人的面过多指责。回家后要给孩子讲清道理,并明确告诉他如果再犯同样的错误,以后就不会带他到别人家去玩儿,要说到做到。

④在公共场所要安静。看演出时准时到达,迟到会因询问和找座位发生声响,影响其他观众甚至演员。父母应该把手机关掉,为孩子做个好榜样。当电影或演出开始后,尽量不说话,要说也应低点声。

⑤细心观察。观察的习惯,首先在生活中处处留心。遇到新奇的事物,比如去动物园看动物,出去旅游,看风景等,大人在孩子欢呼兴奋、情绪盎然的时候,要恰到好处地提醒,引导他,仔细地观察细部,审视细切,不要只是笼统地看个大概。

⑥积极选择。用积极的眼光看待孩子,赏识他们的长处,并告诉孩子积极看待问题的好处,让他们对积极的选择有切身体会。

对孩子的短处,要客观地看待,要相信孩子会越来越好。

当孩子心情不好的时候,告诉他用积极的心态去解决问题。

⑦强烈的责任心。在家庭中有意识地给孩子布置一些适当的、力所能及的任务,如打扫卫生,负责给花草浇水等,看他能否完成,完成了立即加以鼓励。要听取孩子对家庭生活的建议,经常和孩子讲讲家里的花销添置、人事往来,并请孩子谈谈自己的看法,或者请孩子出主意自己想办法,让孩子学会自我服务。不要总是对孩子说"你还小""你不行"等等,而要给孩子一定的锻炼机会,强调做事的结果,使孩子养成凡事要么不做,要做就要做得认真、做得出色、做得卓越的自我要求。

⑧懂得尊重。要尊重孩子的想法。不要总是把孩子看成被教育的对象,要给

孩子作出榜样，让孩子懂得什么是尊重。尊重人，不仅要尊重每个人的想法、人格，还要尊重别人的劳动。尊重不同阶层的人，尤其在面对弱势群体的时候，要告诉孩子平等地看待他们。

（4）对孩子的习惯培养要注意什么？

良好习惯的作用有三：一省时，二省力，三减少错误。在培养孩子良好习惯时，要注意以下几点：

①严格要求。培养孩子的良好习惯，有赖于家长的严格要求。要求一经提出，就必须坚决贯彻施行，不可以有例外。

②以身作则。在培养孩子某种好习惯的过程中，家长的表率作用很重要，所谓"谁家的孩子像谁"，说的就是这个道理。"己不正，不能正人"，这句话用在好习惯的养成上也很合适。

③反复练习，及时强化。习惯的形成非一朝一夕之功，非反复练习不可。当孩子按照要求去做时，家长应及时给予肯定。孩子有了兴趣和愉快的体验，良好习惯就容易形成。

④提供条件。形成习惯有一个过程。在这个过程中，如能提供相应的条件，有助于孩子较快地形成习惯。比如，要求孩子饭后漱口，每次饭后为他提供一杯水，在他养成饭后漱口的习惯之后，再让他自己倒水，比一开始就要他自己倒水漱口更容易形成习惯。

七　用放大镜发现孩子的闪光点——天赋

1. 怎样寻找孩子身上的闪光点

我们每个人的人生都是丰富多彩的,而孩提时代总是能引起我们幸福回忆的人生阶段。因为我们很多的人生第一次是从那时开始的,我们的人生从那时开始闪光。作为父母要在养育孩子的时候,要不断去寻找孩子身上的闪光点,帮助孩子发扬优点。

（1）多观察。

当孩子在家里活动、说话时,我们应多观察、多倾听。孩子做任何事情、说任何话都有缘由。

一天电视里有音乐会表演,音乐响起,女儿丢下手上的玩具,开始翩翩起舞,并且还模仿歌手的动作,我马上把视线转移到她身上。这时她跳得更起劲,最后还提醒我为她鼓掌。我的表扬是对她的鼓励,使她更自信心,不仅愉悦了心情，而且使她对舞蹈、音乐有了浓厚的兴趣。

多观察孩子，会让我们发现每个孩子其实都很聪明。你需要的是观察，在活动中观察，在生活中观察，大事小事都需要认真仔细地观察。观察什么呢？什么都需要观察！孰重孰轻罢了。重在一瞬间发生的小事或某一个简单的动作，某一句好听的日常礼貌用语等等。例如，小椅子摔到了，他扶起来了；积木掉了，他捡起来了；小朋友请他吃东西，他说谢谢了；别人的爷爷奶奶来了，他说爷爷奶奶好了。很随意的却是不容易的，很少有家长会去发现这些小细节，有的发现了也不重视。相反，若是孩子把小椅子推倒在地了，把积木扔地上了，却会受到严厉批评。这似乎很不公平。

好事没有大小，闪光没有强弱，小事不加以表扬鼓励，大事会出现就一定是奇迹！在家庭教育中，一定要抓牢观察到的每一个小细节，感受到每一个孩子或多或少都是集体中的一份小力量对家长本身也是一种力量。

（2）多赏识。

孩子最需要我们的肯定，我们也应多给他们鼓励和赞赏。我们的孩子就像一朵朵初绽的花儿，当我们给他阳光般的赞美时，他们会更加灿烂。朋友的女儿一岁半就与家长一起在桌上吃饭，但是她吃饭老是把米粒撒在地上，让她妈妈实在生气，经过几次教训也不改。后来她妈妈改变方法，经常夸她漂亮，说："漂亮的宝宝是讲卫生爱干净的。"她好像听懂似的，慢慢地吃饭开始注意了，吃一口刮一下嘴巴，掉的米粒会用小手拾起，还经常用餐巾纸擦嘴巴，别人再夸一夸她，她就更加注意卫生，逐渐好的习惯就养成了。赏识会使孩子更加自信，优点越来越多，缺点越来越少，使孩子相信自己天生我才必有用。

每天不断寻找孩子身上的闪光点，并且记录下来。陪着孩子一起成长进步，总有一天这些闪光点将会成为一个个收获的果实。

有的家长总是拿自己的孩子跟别人的孩子比较。"你看人家楼上的，画画多好，学习成绩也优秀，人家家长是怎么修来的呢？""你看人家××不仅学习好，还很懂事，见什么人说什么话，一点不怯场。人家有这样的孩子，真幸福。""你看人家××钢琴达到×级了，人家的孩子怎么那么有出息，真是前世修来的福。"有的家长也犯过这样的错误，孩子考试成绩出来，问了孩子的情况，特别关注孩子一个班里几个熟悉的学习好的孩子的成绩，打听后跟自己的孩子比较，并带上几句：人家××就是用功，成绩稳定，说明你跟人家还有距离，多向人家学习，好好努力吧！每次这个时候，孩子都不说话，也没什么表情。尽管孩子不太爱言谈，对家长的意见未置可否，但能明显感到孩子的情绪，孩子并未服气和认可。虽然这样说的目的是为了激励孩子上进，但对别的孩子的"夸奖"却包含着对自己孩子的贬抑，伤害了孩子。孩子不是不努力，许多主客观的因素，不可能每一个孩子都考试在前多少名。反思中明白了我们家长做的不是拿自己的孩子跟别人作比较去鞭策他、激励他，而是要善于发现孩子的闪光点，比如帮助孩子总结这次考试哪科进步了，优势是什么，告诉孩子他的潜力还很大，帮助其树立信心，找到努力的方向及达到目标的方法。

俗话说："寸有所长，尺有所短。"拿别人孩子的长处比自己孩子的短处，往往压缩和抹杀了自己孩子的长处和特点，使孩子感到事事不如人，生活在错误里，极容易产生自卑。

家长要敏锐地观察和分析孩子的情况，及时发现孩子的优点、长处和积极因素，并抓住一切有利时机加以肯定和引导。要善于发现孩子向上的闪光点，使之发扬光大。

爱因斯坦小时候和小朋友去公园游玩，开始时，爱因斯坦和小朋友一道做游戏，后来，别的小朋友到另外地方玩，爱因斯坦却坐在地上一动也不动。有的家长向爱因斯坦的母亲说："你的儿子精神一定有毛病。""没毛病！他在深思，将来一定是个名教授。"爱因斯坦的母亲没有被别人的话所左右，因为她是了解儿子的。

爱迪生在上小学的时候，一次二加二等于四的问题没有回答出来，被老师、同学讥笑为"糊涂虫"，后来成绩差被开除了。但爱迪生的母亲南希颇有见地，她认为孩子的成绩差，主要是教师的方法不当，并决定自己担负起教育孩子的重任，尽管那时她已年近半百。

南希知道爱迪生对死啃书本没有兴趣，对科学实验特别感兴趣，她就想方设法去买来有关科学实验内容的读本，还在家里提供了实验条件。后来爱迪生终于成了世界大发明家。

南希在爱迪生被赶出学校时，如果也认为儿子是糊涂虫，是不可救药的，或棍棒相加，或放任自流，爱迪生这一生很可能碌碌无为或走上歧路，一个发明家就夭折了。

英国有个名叫席格蒙迪的孩子被人称为呆若木鸡。他从小听觉就不好，10多岁时几乎失听。父母经过仔细观察，发现孩子的视力特别好，一般人在阳光下才能看见空气中的灰尘，可他不在阳光下也能看得十分清楚。对孩子的听力不好，父母认为劣势可以转化为优势，听不见，可以更专心致志地搞研究。在别人面前，母亲总是夸孩子有一双天才的眼睛。席格蒙迪在父母的鼓励和自己的努力下，成了有名的科学家，并获得诺贝尔奖。

每个孩子都有自己的优点和缺点，不管是多么差的孩子，他都有自己值得骄傲的闪光点。当孩子有稍许进步的时候，应及时予以肯定，帮助他们树立前进的信心；当他们做错了事，应在批评的同时，换一个角度找一找他的亮点，从中激发他的兴趣，改正他的缺点。只要用心去关注孩子的闪光点，就会收到意想不到的效果。家长要努力寻找孩子身上的"闪光点"，用感情培育它，用道理巩固它，用行动呵护它，就会有意想不到的收获。

好事没有大小，闪光没有强弱，小事不断加以表扬鼓励，大事才会出现。多看看孩子的闪光点，我们的教育会顺利一点，得到的回报会多一点，快乐也会多一点，孩子会在我们的鼓励中扬起奋进的风帆。

教育是一门科学，也是一门艺术，没有一项事业比教育人、塑造人、转化人的工作更繁杂巧妙的了。

2. 如何寻找孩子的闪光点

每个孩子都有许多的优点和缺点，如果你看到了他的优点，并对他的优点加以肯定，那么，你一定能和他成为朋友。我们说的优点就是孩子的闪光点。每个孩子都有闪光点，你看到了吗？那么如何去寻找孩子的闪光点呢？

你需要的是奉献。奉献出的是你的"心"，耐心和爱心。精神上需要爱的支持，但在实践中更需要耐心。耐心可促使你慢慢地和孩子接触、交谈、做朋友；可促使你极其细心地观察并了解每个孩子，较准确地掌握每个孩子的个性特点；可促使你发觉深藏在自己内心世界里的那份童趣，感染着自己，纵容自己去喜欢孩子们，去和他们一起学习游戏，一起学习生活，一起做朋友。耐心是教育孩子的基本条件！耐心地教育孩子，不让自己大声苛责孩子，做事急急躁躁，这样会让孩子多一份亲切感！

最难却最需要做到的一种技能是沟通。沟通需要耐心地观察作铺垫。

和孩子怎么沟通？不可思议吗？当然不是！观察了解并掌握了孩子的个性特点后，投其所好，套近乎，什么招都可以，只要确定目标是沟通就行。说一日三餐，说爸爸妈妈，从他喜欢的话起说到你想要得到的问题答案为止。多说孩子喜欢听的话，偶尔顺他的意思接话也无妨，慢慢地久而久之你会觉得他真的很可爱，你会无意识地想要学他的话或动作，这不是孩子的闪光点吗？

那么，缺少的是什么呢？显然，缺少的是发现优点的眼睛，缺少的是寻找优点、放大优点的意识。我们中国人由于受文化背景、生长环境、教育氛围的熏染，在自我评价方面，往往表现出"中庸""自我贬抑"的倾向，不敢或不善于张扬自己的优点，怕引起他人非议。

无数教育实例告诉我们，孩子的上进心更多地来自于他人对自己的正面肯定、积极评价，不是"知耻而后勇"，而是"知优而后进"。因此，家长要积极创造条件，提供机会，让孩子寻找自己的优点。

父母要怎样才能和孩子顺利沟通，走进他们的心灵呢？

（1）多关注孩子的心情好不好。

当父母给孩子的温饱问题解决后，父母的职能就不再是单纯地给孩子提供物质需要了。他们应该关注孩子过得幸福不幸福，开心不开心。当孩子烦恼时，父母千万别不以为然地撇嘴："小孩子家，能有什么烦恼？也不知道什么是烦恼！"

教育家陶行知先生写过一首小诗，叫《小孩不小歌》：

人人都说小孩小，谁知人小心不小；你若小看小孩子，便比小孩还要小。

小孩小的只是身体，不是心灵。他的精神生命，我们不可以小看，我们必须看得起孩子。吃饭、穿衣，是孩子有形生命的需要；内心世界的满足和愉悦，是孩子无形生命的需求，是一种高级需求。有形生命的需要是有限的，无形生命的需求是无限的。

可是，有的父母忽视孩子的无形生命，不知道孩子心灵深处最强烈的需求是什么。他们认为，只要在物质生活上对孩子尽量满足，吃的、穿的、住的、玩的，都是最好的，对孩子来说，就足够了。有的父母百思不得其解，所有的钱都花在了孩子身上，一切辛苦都为了孩子，孩子为何不领情？原因就在于：他们只充当了一个保姆的角色，并没有起到父母应起的教育作用。

养孩子关键是要懂得孩子精神生命最本质的需求，满足了最本质的精神需求，也就解决了教育的根本问题。

父母注重孩子的精神世界，时时能和孩子交流并给予正确指导，孩子就能健康成长。

（2）赏识才能沟通。

有的父母抱怨与孩子不能沟通，其实是因为批评太多了。他们误以为教育孩子就是批评孩子，早责备晚劝骂，孩子自然听不进去。

父母与孩子之间好像有一条看不见的通道，如果父母给通道输送抱怨，那么通道便会渐渐堵塞，父母伤心，孩子痛苦；如果父母给通道输送赏识，那么通道便会畅通无阻，父母快乐，孩子幸福。

只有父母能真正地赏识自己的孩子，那么父母和孩子之间的年龄鸿沟才能跨越。

因为人性中最本质的需求就是渴望得到尊重与欣赏，就精神生命而言，每个孩子仿佛都是为了得到赏识而来到人间的。赏识是孩子精神生命不可缺少的阳光、空气和水。

每个孩子的心灵深处仿佛都躲藏着两个小人，一个是"好孩子"，一个是"坏孩子"。会爱、常常表扬孩子，就能唤醒好孩子；不会爱、胡乱指责孩子，就会逼出坏孩子。

赏识心态的思维特点是：抓住孩子的优点不放，小中见大，让星星之火成燎原之势，让孩子在"我是好孩子"的心态中觉醒。

而抱怨心态的思维特点是：揪住孩子的缺点不放，小题大做，使负面情绪成恶性循环，使孩子在"我是坏孩子"的意念中沉沦。

大拇指，唤醒好孩子；二拇指，逼出坏孩子。二拇指统治家教已经几千年了，是改朝换代——革二拇指的命，竖起大拇指的时候了！

"说你行，你就行，不行也行；说你不行，你就不行，行也不行。"这个顺口溜本意是讽刺官场的丑恶现象，但这句话用在教育孩子上，还是蛮有道理的。

家长们一定记住：赏识孩子相信孩子，孩子就能还你一个奇迹；责备孩子抱怨孩子，孩子随时会被逼进网吧。

（3）不要和人家的孩子比。

众多父母太爱孩子了，他们总是带着很高的期望值，确立很高的目标，追求着最大的成果——怎样才能知道教育成果的大小呢？当然是和人家的孩子比。

比并不可怕。问题是，如果总是拿别人孩子的长处与自己孩子的短处比，比到最后，总觉得自己的孩子一无是处，孩子怎么努力，在父母眼里都不如别人家的孩子好，那就糟了。

还有一种比法，也挺可怕。

"你啊，你啊！瞧你这副窝囊样，和老爸小时候比，差远了！"

孩子静下心来盘算，不由得泄气了，心想："你们现在都不行了，我和你们小时候比还差远了，我将来不是全完了吗？"

而教育孩子应经常讲："爸爸是了不得的爸爸，但你比爸爸小时候，强多了。"

其实，教育真的没有人们想象的那么复杂、那么难，也许只需要你常常翘起大拇指，只需要你常常露出真诚的微笑。

不想让孩子迷恋网吧的话，那么就请发现孩子的优点并真诚地鼓励他吧。一个在现实生活中有成就感、有快乐、有人赏识的孩子，绝不会沉迷于网络游戏。

八 锁定孩子的最佳才能坐标——特长

美国教育家杜威认为,对于教育者来说,最重要的是经常而细心地观察儿童的兴趣。他说:"成年人只有通过对儿童不断地予以同情的观察,才能够进入儿童的生活里面,才能知道他要做什么,用什么教材才能使他学习得最起劲、最有成效。"

对于孩子的教育应该顺应他的兴趣,引导他的兴趣。学功课那是没办法,不得不要求他。至于课余的爱好就应该完全按照孩子的兴趣来选择,不替他安排。一切从兴趣出发,孩子不愿意学的,或者需要付出很大精力、估计他坚持不下来的,就坚决不学。

1. 怎样培养孩子的特长

孩子的特长,一般除了天赋之外,最需要的是后天的培养,毕竟天才也需要99%的努力,显然,家长在孩子的早期教育中,如果对孩子的特长进行重点培养，是很有必要的。

（1）现在的家庭中，家长对孩子进行早期培养的方式到底有哪些呢？

①培养孩子的动手能力。眼高手低，是现在的很多孩子都存在的问题，显然，这是在家庭的早期教育中没有给孩子培养出良好的动手习惯和能力，那么，作为家长，就必须要培养出孩子良好的动手能力。

在这一方面，可有很多方式，比方说，让孩子尽早地学会自理，甚至参与家务等。

②培养孩子的动脑能力。学习显然离不开思考，一个孩子学会了思考，才会真正明白道理，懂得事情怎么样去处理、解决。显然，现在的很多孩子是比较懒惰的，遇到事情都喜欢推卸责任，让自己的家长帮自己完成，这样对孩子的动脑能力显然不是最好的培养方式，遇事要让孩子多思考，善于思考。

③培养孩子的观察能力。观察，才能明白事情的真相，孩子需要观察周围的一切事物，才能学会如何去面对，那么，家长就必须要把孩子的观察能力培养到一定的水平。也只有这样，孩子在遇到事情时，才会从容地去观察，然后才有缜密的思考。

④培养孩子的模仿能力。生活离不开模仿，当然，这里说的不是各种娱乐活动的模仿秀，而是在孩子的成长过程中，需要面对的各种从未遇到的问题，这都需要孩子通过一定的观察之后，经过模仿，才能明白事情的真正道理，才会懂得如何去处理。

有关儿童早期教育的问题，是近年来人们谈论较多的一个话题，特别是家长对这个问题尤为关心。但是，并非所有的家长对儿童早期教育都有一个比较正确的认识。许多年轻的家长在进行早期教育中带有极大的强迫性和盲目性，因而产生了适得其反的教育效果。

（2）怎样才能培养起孩子的特长呢？

不要试图迫使孩子满足父母不合理的期望，这对孩子的自我意识乃至健康非常有害。那么到底该怎样培养孩子的特长呢？

①兴趣是最好的老师。生活中，我们要善于发现孩子的兴趣，比如，对有音乐模仿能力的孩子，我们不妨给其一个测试，让孩子听音乐20分钟不间断，看

其是否能精力集中、情绪稳定，另外还有关于韵律美感的测试等等，如果你觉得孩子能够通过这些基本测试，那么可以考虑让孩子将音乐作为一种特长来加以培养，若没有通过，那就不要勉强。

②当父母发现了孩子兴趣方向后，还要设法满足孩子的兴趣要求，这是通过兴趣培养特长的关键一环。生活中，常有父母抱怨，刚开始孩子学习某一技能兴致挺高，可略知皮毛后，就产生了厌学的情绪，没有恒心和毅力。这一现象的产生，是缘于父母过高的期望与要求。

其实，对特长生而言，除了兴趣之外，良好的教学方法和平淡从容的学习氛围是非常重要的。

③父母要避免对孩子进行强迫教育，若想让孩子形成某种特长，就必须重视对孩子学习兴趣和态度的培养。不论让孩子学什么，都要先启发，培养兴趣，不能硬逼着孩子去练写字、画画、弹琴等。如果父母不顾孩子的心理特点，采取强迫、命令甚至威胁的手段硬逼孩子学习，那么其结果是扼制孩子的学习兴趣和成效，损害他们的身心健康。并且进行强迫教育容易导致孩子产生逆反心理，那样更不利于对孩子性格以及特长的培养，所以要学会尊重孩子的意愿，给孩子一个自己喜欢的特长训练。

④在培养孩子的特长时还必须注意从孩子的天赋、所在的环境条件和已有的兴趣倾向性出发。在这方面，父母常犯的失误是没有对孩子进行充分的观察和了解，一看到别人家的孩子在学什么，或者听到画坛上出现了个小神童，就马上急于效仿，抓起一个项目硬逼着孩子去掌握学习。但对孩子来讲，这根本不是他的所长，学起来十分吃力，或者他的兴趣并不在此，因而总感到索然无味。

周总理早年留法学习和从事革命生涯时期，曾居住在一位法国老妇人家中。这位老人见周总理精神旺盛、意志坚定、做事利索，就常常以此来教育自己的孩子，要他好好向周总理学习。一天，孩子来到周总理的房间问他，怎样才能使自己成为一个有用的人。周总理经过认真思索后回答说："要拔自己所长。"

如果人的一生注意发挥自己所长，拔自己的长处，那才会出类拔萃。父母要培养孩子的"特长"，难道不可以去留心一下他们身上有哪些长处是可以发展为

"特长"的吗？孩子的天资有许许多多的方面，不一定非要在音乐、绘画这几个方面上死死较劲儿。

要发掘孩子的天资，父母就要让孩子多接触各方面的事物，大胆尝试，自己用手去摸、用鼻子去闻、用眼睛去观察，充分接受各种新的生活体验。除了让孩子做多种多样的尝试外，父母还应注意为他们提供各种学习的条件和施展才华的机会。然后在这些过程中，观察了解孩子喜欢干什么，擅长干什么，再因地制宜、因势利导地培养孩子发展他们的长处。

2. 家长该怎样帮助孩子发展特长

现在很多家长都让孩子参加一两项特长培养，以此来开发智力，陶冶情操，完善人格塑造和提高整体素质。

（1）家长该怎样帮助孩子发展特长呢？

①关心孩子，循循善诱。许多家长让孩子参加特长培养，出发点往往是好的，却没有考虑到孩子的心态，也不管孩子是否喜欢，在孩子学习时要求过高，这就使孩子学习时不用功，注意力不集中，一会儿要喝水，一会儿要上厕所，这些行为让家长感到很烦恼，于是有的家长就大声训斥孩子，甚至还动手打孩子，这样做适得其反，使孩子产生厌学的心理。个别孩子还会对所学习的特长由反感到厌恶，甚至仇恨。因此，家长一定要引导好孩子，想办法将枯燥的学习内容形象化，以提高他们的兴趣。孩子的情感极不稳定，而且极易受客观环境所影响，家长要关心孩子，注意耐心诱导，不要粗暴打骂孩子，要用动情的语言，良好的行为、方式、方法去敲击孩子的心灵，去激励孩子，唤起他们对学习的追求。

②鼓励孩子，树立自信心。众所周知，每个孩子的情况各不相同，起步年龄、性格倾向、理解力、家庭影响、环境因素等，都会因人而异，不同阶段造成了学习的进度、质量的不同。如果家长动辄大声训斥孩子，挫伤了孩子幼小的自尊心，无形中就给予孩子极大的压力，甚至怀疑自己很笨，而没有信心去学习。此时，家长应鼓励孩子，顺着教师的思路，将某些理论问题反复深入细致地讲给孩子听，当好教师的助教，只有鼓励着孩子，坚持不懈，问题就能逐步得到解决。孩子都有表现自己的欲望，希望引起别人的注意，家长要鼓励孩子

参加各种活动，争取到表现的机会，既锻炼了孩子上台表演的能力，又培养了自信心，满足了孩子的表现欲望。从小树立良好的自信心，对孩子的成长是十分有利的。

③选择合适的教师。很多家长都希望找到一位好教师，好的标准各持所见，一些家长认为教学水平高的即可，一些家长认为要有耐心的教师。其实，这要看孩子的年龄情况。如果你的孩子只有4、5岁左右，不一定非要找教学出色的教师，因为这时的孩子好动，注意力不易长时间集中且思想活跃，那么最好能为他找一个懂得幼儿心理学且有耐心的教师。如果孩子已经上学，最好就找一个会启发、激励、正确引导孩子的教师，对于一个已经具备一定能力的孩子来说，最好能跟一个有经验的教师学习，这对孩子在特长的发展会非常有利。常言说，教师是园丁，幼苗只有经过园丁的辛勤培育，才能长成参天大树，为孩子找一位优秀的教师，这对孩子的特长发展无疑是有着重要作用的。儿童时期是孩子身心发展的重要时期，在孩子参加特长培养时，只要讲究科学，运用科学的方法来培养孩子，那么，不但能给孩子的精神世界多一份补养，更是可以促进孩子的健康发展。

（2）家长该怎样为孩子选择特长班？

在竞争日益激烈的今天，每一位家长都不想让自己的孩子输在起跑线上，所以在完成学校的课业之余，都在为自己的孩子选择特长班。面对名目繁多的各种兴趣培训班，究竟该为孩子选择什么样的专业，相信这是每位父母都遇到过的问题。

①不能盲从。有的家长看到别人的孩子学什么，自己就跟着学什么，不考虑这门专业是否符合孩子的特性。还是应该"因材施教"，每个孩子都有自己的长处，作为家长，应该善于发现孩子的闪光点，在这个闪光点上加以正确引导，才能让孩子发挥特长，如鱼得水。否则，只能适得其反，家长也会否定孩子，老拿自己孩子的弱项和别的孩子的强项比，比来比去，就认为孩子确实不如别人，从而对孩子产生失望、抱怨的情绪，使孩子幼小的心灵受到伤害，这样会破坏孩子学习的兴趣，打击孩子的积极性。每个孩子的思维方式、兴趣爱好以及遗传因素等都各不相同，如果我们强求一致，追求整齐划一，那么就没有千差万别、姹紫

嫣红、五彩缤纷的世界了。

②别把父母的喜好当成孩子的兴趣。如果上一代人小时候受条件限制，有些愿望没能得到实现，在为孩子选择专业的时候，往往希望在孩子身上实现自己未遂的心愿。但是别忘了一点：孩子不是家长的翻版，他们身上有他们独特的潜质。孩子虽然没有绝对的判断能力，但是如果父母仔细观察，会发现他们肯定对某一方面有所倾向。

③不要贪多，应该专而精。有的家长既让孩子学舞蹈，又让孩子学画画，还让孩子学珠心算。作为家长的也可以说："不管他们学得怎么样，反正都让他们学了，我们已经尽心了，长大了别怪我们就行。"这样虽然各个专业都有所涉猎，但大多都是蜻蜓点水、囫囵吞枣，没有一个能真正掌握，起不到让孩子发挥特长的作用，反而会让孩子变得浮躁。兴趣爱好广泛固然是件好事，但物极必反，孩子毕竟还是孩子，他们的年龄特点决定了他们是不可能做到面面俱到的，他们的童年应该是快乐、无拘无束的，不能把过多的重负压在孩子身上，既然学，就应该把孩子的潜质挖掘出来，让孩子的天分得到充分发挥，追求完美，力求做到极致。

平时，我们可以观察孩子的兴趣爱好，看看他都喜欢做什么，然后慢慢地引导和支持子女的爱好。有可能的话，尽量给他们一些空间和时间去做他们想做的事情，因为在他们做他们喜欢的事情时是不喜欢被别人打断或阻止的。

当然，假如你并不赞成自己的子女的兴趣爱好，那么先要站在他们的角度上去考虑一下，然后慢慢地与孩子进行善意的沟通而不是强迫他们去做一些他们不想做的事情。如果强迫他们去做他们不想做的事情，孩子们不仅不会发挥他们的兴趣、天分，反而会适得其反。

现在的家长们都叫他们的子女们学一门乐器，比如说钢琴。家长们的思路是对的，可是这样去强求孩子们，甚至是逼他们学钢琴，效果会很不理想。相反，假如您尝试着让孩子们自己去选择他们的兴趣爱好，不但可以事半功倍而又不会留下埋怨甚至可以发展到仇恨。孩子们还会想在自己在做完了高压力的功课后，竟然连自己的休闲甚至是放松心情的时候还要被家长们控制，他们当然会不满意了，

这需要我们做家长的细心观察孩子的日常活动并经常与之沟通。

孩子到底该不该报特长班？怎么报？在教育孩子的问题上，父母存在许多误区，常见的如，"对孩子的兴趣加以培养"和"培养孩子的兴趣"二者拿捏不准。眼下，各类特长班大行其道，家长们耗费大量时间、物力和财力，"制造"孩子的兴趣，却忽视了孩子兴趣的指向性受先天素质的影响这个客观现实。许多家长培养孩子不是从孩子的兴趣出发，而是受社会潮流和自我观念的影响自作主张，一厢情愿地为孩子选择兴趣，结果往往会与孩子的真正兴趣相冲突，导致南辕北辙、事半功倍，有的还会因教育不当挫伤孩子的积极性甚至引发家庭矛盾。

不少家长都希望自己的孩子能接受一项或几项特长教育，以使孩子掌握更多的技能，去迎接未来的挑战。家长的这种需求，使以培养孩子的某些特殊能力为目的的各种特长教育应运而生，诸如书法班、美术班、舞蹈班、音乐班等等，应有尽有，不一而足。

（3）"特长"的误区。

接受特长教育的学生，一般是学龄前儿童和小学生。这些孩子的功课压力小、思想单纯、兴趣广泛、可塑性也较大，具有接受特长教育的得天独厚的条件。但是，在实践过程中，由于某些家长在思想认识上的错误，使特长教育进入了种种误区：

①一厢情愿。进特长班学习，对于许多孩子来说，并非是自己心甘情愿的，相当一部分都是由家长一手包办。不少孩子对究竟学什么好、自己适合学什么，都心中无数，报名参加特长班的学习也完全是家长的一厢情愿。如此，孩子对所学的内容缺乏学习兴趣，这不但收不到应有的教育效果，反倒会影响孩子情商和智商的正常发展。

②贪多求全。一些家长盲目认为多学总比少学好，今天让孩子学钢琴，明天让孩子学美术，过两天又让孩子改学书法，不堪重负的孩子平时忙，双休日也忙，除了要完成学校布置的家庭作业外，还要忙写字、弹琴或绘画，难怪有些孩子会发出这样的感慨："放学后我宁愿留在学校，也不愿回家！"

③方法不当。特长教育对孩子来说，的确有其积极的一面。但是，孩子毕竟是孩子，贪玩好耍是他们的天性，同时他们的兴趣与爱好都具有较大的可变性，

今天喜欢的东西，也许明天就不再喜欢。因此，家长要注意因势利导，激发孩子的学习兴趣和学习欲望，但事实上相当一部分家长却没有做到这一点，当孩子对学习生厌时，家长不是循循善诱地加以引导，而是采取强迫压制的办法逼着孩子去学习，结果往往是事与愿违，应验了那句老话："强扭的瓜不甜。"

（4）特长教育要走出上述误区，应从以下几方面着手：

①要端正思想，正确认识孩子和特长教育的关系。孩子不同于大人，不能用成人的心理去要求孩子，让孩子接受特长教育，应该根据孩子的心理特点加以引导，以达到家长所期望的目的。

②儿童教育的内容极为广泛，包括知识教育、品德教育以及技能教育等多个方面，特长教育只不过是其中的一个组成部分，家长不宜将其看得过重，只能将其看作对学校教育的一种补充，只能在孩子力所能及的情况下进行，避免特长教育喧宾夺主的不良后果。

③还需要有正确的教育方法。特长教育不同于学校教育的地方在于，它主要是培养孩子对某些技能学习的兴趣和欲望，教育过程中应有张有弛，松紧有度，并给予孩子足够的自由活动的时间和空间，使孩子在玩中求学，如此，才能收到良好的教育效果。

九 让孩子懂得"百善孝为先"——孝顺

一个年仅三岁的小孩儿,在父母上班之后陪伴着瘫痪在床的奶奶。奶奶该吃饭了,他把父母做好温在锅里的饭菜慢慢端到奶奶床上;奶奶要解手,他把便盆送到奶奶身边……

百善孝为先,面对这样有孝心的孩子,许多人不仅为之动容,有了孩子的家长也非常希望自己的孩子能学习他们的懂事和孝顺。

但现实生活中,相当数量的孩子,却是全然不懂得孝敬父母、孝敬长辈。特别在一些独生子女家庭里,甚至出现了孝敬对象颠倒的现象,难怪有人半认真半开玩笑地说:"孝子,孝子,孝敬儿子。"

你的孩子对你孝敬吗?他是否理解你的关爱?是否珍惜你的劳动成果?对你的正确教育、意见和建议是否乐于接受?面对着诸如此类的问题,不管你做出了多少肯定的回答,请不要忘了对孩子"孝心"的培养。

教育最重要的就是教孩子学做人,学处世。

做什么样的人呢？做孝敬父母的人，做诚实正直的人，做自尊、自爱、自信、自强的人。其中教孩子孝敬父母是最主要的，是一切道德的基础，是做人的根本。我国历史上著名的思想家、教育家孔子说："孝悌者，为人之本也。"孝为"百德之首，百善之先"。

在家庭生活中，常常可以看到这样的情景：吃过饭后，孩子扭头看电视或出去玩，家长却在忙碌着收拾碗筷；家里有好吃的，家长总是先让孩子品尝，孩子却很少请家长先吃；孩子一旦生病，家长便忙前忙后，百般关照，而家长身体不适，孩子却很少问候。凡此种种，值得忧虑。

这种现象，我们称之为"四二一综合溺爱症"。一是指一个独生子女，二是指爸爸、妈妈，四是指爷爷、奶奶、姥姥、姥爷。独生子女成为家里的小皇帝、小公主，全家人对他（她）百般疼爱、千般关心、万般呵护，使孩子不自觉地养成娇惯、任性、懒惰、自私的不良习惯。

1. "孝心"该怎样培养

孝敬父母是中华民族的传统美德，也是各种品德形成的前提。试想一个人连父母都不爱、不敬、不孝，怎么会爱朋友、爱同学、爱老师，成为一个人格健全的人呢？

（1）"孝心"是怎样培养出来的？

孝敬父母包括子女对父母的亲爱之情、敬爱之心、侍奉供养之行。但对幼小的孩子"孝心"的教育必须根据其年龄特点，以下几种基本教育方法可供参考：

①身教重于言教。有这样一则广告：

一位刚下班的年轻妈妈，忙完了家务，又端水给老人洗脚，老人对她说："孩子，歇会儿吧！别累坏了身子。"她笑笑说："妈，不累。"年轻妈妈的言行举止被只有三四岁的儿子看到了，儿子一声不响地端来一盆水。年幼的儿子吃力地端着那盆水，摇摇晃晃地向妈妈走来。盆里的水溅了出来，溅了孩子一身，可孩子仍是一脸的灿烂，把水放在母亲的脚下，为母亲洗起了脚。广告画面定格在这儿，广告语说："父母，孩子最好的老师。"

是啊，孝心就是这样学会的，就是这样传递的，孝心就是在父母的榜样下养成的。因此，要想培养孩子的一颗孝心，懂得爱，家长首先要以身作则，要做孝敬长辈的楷模，因为"身教重于言教"。

②学会感恩。要让孩子学会感恩。感恩源于良心、良知，这是孝心的亲情基础。然而，感恩这种情感不是自然而然产生的，必须通过教育。做家长的应有意识地让孩子体会父母的辛苦，体会父母挣钱养家的不容易，体会父母对孩子的爱，体会父母也同样需要孩子的关心和爱。因此家长不妨经常给孩子讲讲自己一天的情况：起床、做饭、洗衣服、整理家务、上班等。让孩子体会到自己如何关心孩子，如：孩子生病了，父母怎样心疼，怎样整夜地不睡觉护理孩子……细节最能感染人。知恩就要感恩，感恩就要报恩。要让孩子从小养成关心父母、体贴父母、爱护父母的好习惯，如为妈妈梳梳头，给爸爸捶捶背等等。

③从小抓起、从小事做起。让孩子养成孝敬父母的好习惯，要从一点一滴的小事着手塑造和培养。如：平时教育孩子要关心父母的健康，要帮父母分担忧愁，要帮助父母做家务。当孩子不会时，父母要耐心地教，孩子做错事时，不要横加指责，孩子做得好时，要多表扬鼓励。孩子只有在亲身实践和体验中才能体会到父母的辛苦，尝到为别人付出的快乐。当孩子"父母养育了我，我应当为他们多做事"的观念逐渐形成时，孩子就有了一份生命的义务感和责任感。这也是当代孩子最缺乏的。因为他们平时只知道接受爱，而不知道付出爱，没有学会关心和感激。家长千万不要这样想：孩子还年幼，主要任务是学习，只要学习好了，什么也不用干，而是要转变观念，不要以学习成绩作为唯一的评价标准，好孩子的标准是多方面的，孝敬父母就是一个重要的标准。常言道："三岁看大，七岁看老。"因为习惯成自然，从小养成的不良习惯长大了也是难以改变的。

（2）培养孩子的孝道，得从小抓起。所以培养孩子的孝心，必须从小抓起。

①让孩子明白道理。让孩子从小知道，孝心是中华民族的传统美德，没有孝心的孩子不是好孩子。还要让孩子知道怎样做才算是有孝心。让孩子知道妈妈十月怀胎的艰辛，知道父母的养育之恩。有孝心的孩子，懂礼貌，责己严，为父母分忧解难。为了明理，多给孩子讲些古今故事，通过形象去理解。

②给孩子实践机会。真正的孝心要通过实践去培养。平时，孩子应分担家里的一些事情，让他负起责任来。遇有为难的事情，讲给孩子听，让他一起出主意

想办法。长辈身体不舒服或生了病,告诉孩子应该做哪些事情,并付诸行动。久而久之,孝心会在孩子身上扎根。

③父母应做好榜样。父母对自己父母的孝心如何,直接影响孩子。真孝心、假孝心,这些都骗不过孩子的双眼。因此,为人父母要对自己的孝心做一番反省,在自己身上求真,孝心的种子才会播撒到孩子心里去。

(3) 在关心孩子过程中培养孝心

①制定家规。国有国法,家有家规。没有规矩,不成方圆。一个家庭需要民主,不可家长制、一言堂,但必要的家规是不可缺少的。家长可与孩子共同商量,制定"孝敬父母"行为规范。要了解父母,要亲近父母,要关心父母,要尊重父母,要体贴父母。不要影响父母工作与休息,不要惹父母生气,不要顶撞父母,不要独占独享,不要攀比享受。还有:记住爸爸妈妈的生日;自己的事情自己做;我当一天家长;单独走一次亲戚;我和爸爸(妈妈)共上一天班。

②亲子互动。家长要与孩子多交流、多沟通,共同做游戏,共同搞活动,亲子共读一篇文章,如《孝心无价》;亲子共唱一首歌,如《一封家书》《常回家看看》《烛光里的妈妈》《世上只有妈妈好》《妈妈的吻》《母亲颂》等;亲子共诵一首诗词,如《游子吟》《妈妈的雨季》《妈妈,我的守护神》等。在亲子互动的活动中,不仅可以尽情地享受天伦之乐,而且可以在潜移默化中使孩子养成孝敬长辈的好品德。

③家校配合。家长可主动与学校配合,请老师给学生出家庭调查问卷,要求学生以"父母习惯知多少"为题回家访问父母。

参考题目如下:

父母一天的作息时间安排。

父母一天都做了哪些工作,工作多少时间,劳动强度如何,平均获得多少劳动报酬?

父母回家都做了哪些家务,花了多少时间?

父母为子女做了哪些事情,花费多少时间?

你了解父母的兴趣爱好、身体状况、生活习惯吗?

你是否体会到父母的辛苦,是否体谅父母?

你平常对父母采取什么态度？在调查的基础上，制定一个与父母沟通、孝敬父母的方案。

2. 父母是培养孩子孝心的第一人

尽管每一位为人父母者都希望自己的孩子将来长大成人能够有孝心，尽管大家都知道孝敬父母长辈是中华民族的传统美德，然而在教育孩子时，又往往忽略这方面的内容。据调查，许多父母对孩子孝敬长辈的要求是很低的。孩子上学离家时能说"爸爸妈妈，我走了，再见"，放学回家见到父母能说"爸爸妈妈好，我回来了"，就相当满意。如果孩子在拿到好吃的东西时，举手让一让爷爷奶奶、爸爸妈妈，长辈们则觉得孩子非常乖。这是把孝心降低到一般文明礼貌来看待了。有孝心的人固然要讲文明礼貌，更重要的是要懂得真正关心父母长辈，在需要为父母长辈付出辛劳时自觉自愿，而且形成习惯。

一旦孩子拥有"真孝心"，对他而言，这是一种前进的动力。真孝敬长辈，就应该听从长辈的教诲，不应随便顶撞，有不同想法应讲道理；真孝敬长辈，就应该严格要求自己，体谅长辈的艰辛，尽可能少让长辈为自己操心；真孝敬长辈，就应该为父母分忧解难，在父母生病时，在父母有困难时，尽力去关心照顾父母、协助父母；真孝敬长辈，就应该刻苦学习，努力求知，让父母少为自己的学习担忧；真孝敬长辈，就应该在离家外出时，自己照顾好自己，注意安全，外出时间较长，应及时向父母汇报情况……总之，真正的孝心要体现在言行上。

孝心是充满爱心的伦理行为，应该重视以情育情。当然，父母的关心、爱心要适度、适时。

有无孝敬父母的习惯，不单单是子女与父母的关系，其实质是一个能否关心他人的大问题。在家里能养成孝敬父母的好习惯，到社会中才有可能做到关心同事，也才有可能做到对祖国的忠诚。因此我们千万不能忽视培养孩子尊敬长者、孝敬父母的好习惯。

（1）怎样培养孩子养成孝敬父母的好习惯呢？

要让孩子了解父母为他和家庭所付出的辛苦。现在不少孩子不知道父母的钱是怎样得来的，只知道向父母要钱买这买那，认为父母给孩子吃好、穿好、用好是天经地义的。这样的孩子怎么会从心底里孝敬父母呢？为此，父母应当有意识地经常地把自己在外工作和收入的情况告诉孩子，说得越具体越好，从而让孩子明白父母的钱得来不易。自然，孩子会逐渐珍惜自己的生活，也会从心底里产生对父母的感激和敬重。

①要从小事入手训练、培养孩子孝敬父母的行为习惯。教育子女孝敬父母的一般要求是：听从父母教导，关心父母健康，分担父母忧愁，参与家务劳动，不给父母添乱。要把这些要求变为孩子的实际行动，就应当从日常小事抓起。如关心家长健康方面：要求孩子每天要问候下班回家的父母亲；当父母劳累时，孩子应主动帮助或请父母休息一下；当父母外出时，孩子应提醒父母是否遗忘东西或注意天气变化；当父母有病时，孩子应主动照顾，多说宽慰话，替他们接待客人等。孩子应承担必须完成的家务劳动，根据孩子的年龄、能力、学习情况，合理分配，具体指导，耐心训练，热情鼓励。这样不但有利于孩子养成家务劳动的习惯，也有利于孩子不断增强孝敬父母的观念："父母养育了我，我应为他们多做事。"

②要以身作则，父母本人要做孝敬长辈的楷模。孩子对待父母的态度，直接受父母对待长辈态度的影响。有一个故事是值得借鉴的：

从前有一对中年夫妇对年迈的父母很不孝顺，他们把老人撵到一间破旧的小屋里居住，每顿饭用小木碗送一些不好吃的东西给老人。一天，他们看到自己的儿子在雕刻一块木头，就问孩子刻的是什么，孩子说："刻木碗，等你们年纪大时好用。"这时，这对中年夫妇猛然醒悟，把自己的父母请回正屋同自己一起居住，扔掉了那只小木碗，拿出家里最好吃的东西给老人吃。小孩因此也转变了对他们的态度，从此一家三代和睦生活。

可见，父母的榜样，对孩子的影响有多大。

现在有些家长冷落自己父母的情况还是存在的，他们不仅不照顾自己的父母，反而千方百计"搜刮"老人们的财物，这给孩子的影响更不好了。因此，我们不仅要管好自己的小家庭，还要时刻不忘照顾年迈的父母亲，绝不能添了儿子就忘了父母。如果说平时因居住地较远、工作较忙不能和老人朝夕相处，那么在休假日要尽量抽时间带上孩子去看望老人，帮老人做些家务，同老人共聚同乐，尽一份子女应尽的责任和义务。如此日长时久，孩子耳濡目染，潜移默化，也会逐步养成尊敬长辈、孝敬父母的好习惯。

（2）孝顺的孩子都不是宠出来的。

父母是孩子第一任老师。还有一个更重要的一点，孝顺的孩子都不是宠出来的。

①身体力行，用自己的行动去教育你的孩子。你怎样对待你的长辈，你的孩子将来就会怎样对待你。

②看你的孩子多大，如果小的话可以用些这方面的小故事来教育他。

③尽量不要用说教的方式，这样孩子会反感，尤其当他到叛逆期的时候，只会起到相反的效果。

④买些涉及这方面的动画，不一定要以"孝"为主题，只要其中有涉及，要在潜移默化中进行教育。

⑤不要一味地溺爱他，偶尔要教训教训他。

最后，必须指出的是，孝心从封建时代传下来，旧时代讲孝心有一些糟粕内容，如"不孝有三，无后为大""天下无不是的父母"等是应该批判的。因此，在培养孩子孝心的时候还要有一定的鉴别。

十　用赞美的雨滴滋润孩子的心田——鼓励

1. 尽量表扬孩子

尽量表扬孩子。孩子具有一定的自信心，才会肯去学习。要使孩子每天都感觉到他在学习上取得了一定进步，哪怕是改正一个小小的缺点。

应该肯定的是：表扬好行为有利于孩子的健康成长，但是表扬也是一门艺术。

（1）怎样才能使表扬更有效呢？

①不要吝啬你的表扬。尤其是对年龄小的孩子，父母常用成人的眼光去看待孩子的行为，认为没有几件事是值得表扬的。其实，对于年龄小的孩子做好一些"简单"的事已经很不容易了，而良好的习惯和惊天动地的成绩就是由这

些"简单"的行为累积成的。因此只要有助于培养孩子良好的习惯，增强自信心，父母就要慷慨地给予表扬，年龄愈小表扬愈多，随年龄的增长逐渐提高表扬的标准。

②表扬要及时。对该表扬的行为，父母要及时表扬，否则，孩子会弄不清楚为什么受到了表扬，因而对这个表扬不会有什么印象，更谈不到强化好的行为了。因为在孩子的心目中，事情的因果关系是紧密联系在一起的，年龄越小，越是如此。

③表扬要具体。表扬得越具体，孩子越容易明白哪些是好的行为，越容易找准努力的方向。例如，孩子看完书后，自己把书放回原处，摆放整齐。如果这时家长只是说"你今天表现得不错"，表扬的效果会大打折扣，因为孩子不明白"不错"指什么。你不妨说："你自己把书收拾这么整齐，我真高兴！"一些泛泛的表扬，如"你真聪明""你真棒"，虽然暂时能提高孩子的自信心，但孩子不明白自己好在哪里，为什么受表扬，且容易养成骄傲、听不得半点批评的坏习惯。

④表扬不仅要看结果，还要看见过程。孩子常"好心"办"坏事"。例如，孩子想"自己的事自己干"，吃完饭后，自己去刷碗，不小心把碗打破了。这时家长不分青红皂白一顿批评，孩子也许就不敢尝试自己做事了。如果家长冷静下来说："你想自己做事很好，但厨房路滑，要小心！"孩子的心情就放松了，不仅喜欢自己的事自己做，还会非常乐意帮你去干其他家务。因此只要孩子是"好心"就要表扬，再帮他分析造成"坏事"的原因，告诉他如何改进，这样会收到较好的效果。

⑤表扬最好在良好行为之后进行，而不是事先许诺，从而增强孩子良好行为发生的自觉性。

俗话说："数子十过不如奖子一功"，"赞扬如阳光，批评如利剑"。但对孩子的表扬也并非是多多益善，赞扬也像服药一样，不能随便乱用，它也有关于时间和剂量的规定，也有使用的禁忌规则等。

（2）怎样表扬孩子才能收到良好的教育效果呢？

①表扬应针对事，而不应针对人。表扬的目的是让孩子明白哪些行为是好

的，以增强孩子的好行为，所以表扬最重要的原则就是：要针对孩子对某一件事付出的努力，取得的效果，而不要针对孩子的性格和本人。如在孩子把玩过的玩具整理好后，我们说"你真是个好孩子"，这样孩子就可能弄不清父母是表扬他玩具收拾得好，还是赞扬他不再玩玩具了。而父母说："你把玩具收拾得这么好，我真高兴。"这样孩子就会明白这种行为是好的，以后还要这样做，逐渐形成良好的生活习惯。

②表扬要及时。及时的表扬犹如生病及时服药一样，对年幼的孩子会产生很大的作用，一旦发现孩子有好的行为，就应及时表扬，这样会收到良好的教育效果。

③表扬孩子的点滴进步。在生活中，肯定孩子的点滴进步是巩固孩子的好行为、形成良好习惯的重要手段，如孩子的东西往往用过后乱扔，你可以要求他把自己的东西整理好，孩子只要能整理好一件东西，也应及时表扬"你这样做真好，若能把其他东西收拾好就更好了"，这样孩子就会逐渐巩固自己的好行为，形成好习惯。

④尽量避免当众表扬孩子。许多父母都喜欢当众表扬孩子，对孩子的某些特长，甚至让孩子当众"表演"，认为这样做可以增强孩子的自信心，其实这样夸奖很容易造成孩子爱虚荣、骄傲自满的倾向。一些被当众夸惯了的孩子，有一点好的表现没被注意到，就会感到委屈，甚至有的孩子为了夸奖而弄虚作假，这样对孩子的成长非常不利。

⑤表扬的方式要恰当。孩子的年龄、性别、性格、爱好不同，其所需的表扬方式也不尽一样，如小孩子喜欢父母的搂抱和爱抚，而对稍大的孩子，一个特定的手势、一个微笑、一个眼神都是表扬的方式，表扬方式应因人而异。表扬的方式长期重复也会失去效用，所以表扬也应注意要有新意。

（3）记住，赞扬只是对孩子努力的肯定，也许只要那么一点点就够了。

在"赏识教育"颇受推崇的大背景下，很多家长对孩子毫不吝啬地表扬，在家长眼里表扬就是一道营养丰富的大餐，对孩子的成长大有裨益。殊不知就像好东西吃多了也会反胃一样，表扬用得不合适，孩子也会产生不良"反应"。

①表扬太多，孩子听不进批评。

一位母亲经常慷慨地对女儿进行表扬，但现在却遇到了难题："女儿今年10岁了，上小学三年级。各方面的表现都很不错，而且特别嗜好表扬。在家里，不管她做什么事情，如果我和她爸不及时给予表扬，或者表扬得不到位，她就会非常不高兴，情绪一下子就从山顶跌入山谷。久而久之，我们发现，如果我们不表扬她，她干什么都索然寡味。因此，我们摸准了女儿的这种脾气，平时动不动就表扬她，哪怕只是一些微不足道的小事，或者是芝麻大点的成绩。但令人担忧的是，习惯了表扬的女儿，根本无法接受一点点善意的批评。在学校里也如此，明明粗心做错了题，老师点名提醒她，她的反应异乎寻常的激烈，有时候甚至会哭鼻子。难道是我们对她的表扬太多了？我们总不可能对她进行无原则没完没了的表扬吧？这可怎么办呀？"

②表扬是为了"不表扬"。当前，大多数家庭只有一个孩子，家长把孩子当作掌上明珠一样看待。因此，家长无意中总是对自己的孩子表扬多于批评，孩子对表扬形成了过分的依赖，对批评，哪怕是善意的批评也会产生无原则的抵触心理。

事实上，家长对孩子表扬的目的在于让孩子确立起一种内部激励机制。过多的表扬还会让孩子错误地认为自己的言行能够讨父母的欢心。久而久之，孩子不管做什么事情，都不是因为自己想做或喜欢做，而是因为这样做能够得到爸爸妈妈的表扬。这样一来，孩子就特别在意别人对自己的关注和看法，因而失去了基本的辨别是非的能力和自我意识。

当孩子在某一方面表现得好时，通过表扬能够促使孩子渐渐地不需要外部表扬就能获得自我的满足感和成就感，就能够帮助孩子树立自信心，也就是说，表扬的目的是为了最终的"不表扬"。

（4）掌握表扬技巧。

为了能纠正一些孩子过分嗜好表扬的习惯，家长可以采取以下的方法：

①掌握表扬的技巧。表扬是一门艺术，需要把握好表扬的技巧。孩子心智发育还不成熟，他们的言行需要大人的表扬，从而增强自信心。还要注意，家长对孩子的表扬，一般不要使用物质奖励。比如，我们经常发现一些母亲喜欢这样教导孩子："宝贝儿，你乖乖地睡啊，妈妈明天给你买巨无霸！"这样做，将促使孩子过早地贪恋物欲。一旦养成了习惯，没有物质性刺激，孩子就很难接受家长

的教导。而且，如果父母向孩子的承诺因为各种原因不能兑现，将大大降低父母在孩子心目中的威信。

②刚开始表扬多一点，然后慢慢地减少。为了培养孩子的好习惯，比如按时完成作业等，起初，家长一旦发现孩子有进步了，一定要瞅准时机，着力表扬。慢慢地，等孩子在父母的表扬声中养成习惯时，就要减少表扬的次数。而且，表扬的间隔时间也要长一些，直到孩子取得了更大的进步。只有把握好这样的节奏，才能发挥表扬的作用。

③切忌不表扬或表扬过度。家长表扬孩子时，一定要掌握好"火候"。当孩子的确取得了不小的成绩时，一定要不吝啬赞美之词。

一个家长说："小时候，父亲对我的要求特别严。在我的整个童年和少年时代，父亲几乎从未对我的言行加以赞许。有一次，我考了全班第一名，兴冲冲地回家告诉父亲。哪想到父亲却冷冰冰地对我说，你能在全年级排第几。当时我感到特别伤心，觉得父亲很不近人情。正因为父亲从不表扬我，所以我在20岁之前一直缺乏自信。"

有些家长为了鼓励孩子，对孩子的表扬太夸张，这将导致孩子产生骄傲自满的心理。因此，对待孩子的表扬一定要适中，把握好轻重。

④表扬要具有目的性和方向性。当孩子的某些言行得到了父母的认可，父母为了强化孩子所取得的成绩，在表扬孩子的同时，应有意识地教导孩子这样做为什么可取，将为孩子带来什么样的积极作用。让孩子真正明白自己因何而受表扬，即使父母未对其加以表扬，孩子也会自觉地把这种好的言行保持下去。这样做，还能增强孩子的自尊心和自信心。让孩子做到："不管爸爸妈妈表扬与否，我都会这样做！"

（5）那么怎样去赞美孩子呢？

①坚持原则。准备赞美孩子时，必须坚持原则，只有在他做了值得赞美的事情时，才去赞美。如对孩子无原则地加以赞美，特别是孩子做了错事时，也仍然尽说好话，就会使孩子养成是非不分、骄横跋扈的坏习惯。

②掌握时机。当孩子正在做或已做完某件有意义的事，应当及时给予适当的赞美，如一时忘记了，也要设法补上。须知，在孩子应当得到赞美、渴望得到赞美时，家长的"熟视无睹"无异于给孩子当头浇上一盆冷水。

③就事论事。不要直接赞美孩子整个人，而应该赞美孩子的具体行为，也不要夸大其词，言过其实。例如，当孩子画一幅不错的儿童画时，千万不能说："真聪明！"而应说："哟，这幅画不错。"要知道，过分的赞美，会给孩子播下爱慕虚荣的种子。

④掌握分寸。孩子经过努力做出了成绩，或者他做完了应该做的事，都有权得到赞美。但须注意不要重复赞美。

会表扬的家长，常常能让表扬产生意想不到的效果；而如果表扬使用不当，不仅会适得其反，还会伤害孩子。

2. 表扬，也需要一定的技巧

孩子的成长需要赏识。然而，对孩子的赞美或表扬，也需要一定的技巧，否则，极有可能会适得其反。以下错误方法最好要避免：

（1）好话坏说，明褒暗贬。

家长："你今天终于没有做错，了不起！""全部做好了，很好。从明天开始不要再做错了！"

情景回放：家长把照顾金鱼和给盆栽小西红柿浇水的任务交给了孩子，可他不是一天喂两次金鱼就是三天忘了喂食，更想不起要给小西红柿"喝水"了。但是最近三天，他却很好地完成了任务。家长心里虽然满意，嘴里却说："你这几天终于记住了自己该做的事，真是太阳从西边出来了！明天可别再忘了！"

分析：这样的表扬很勉强，而且隐含着批评，无形中打击了孩子的积极性，让他觉得好事做了也白做，爸爸妈妈的眼睛总是盯在自己的薄弱环节上，不得翻身。

调整：孩子有了进步，本来是好事。如果给表扬加上阴影，就是家长的不是了。与其强化孩子的弱点，不如将他的点滴成绩看在眼里、记在心上、挂在嘴边，突出他的长处，让他知道自己的努力没有白费。所以，对孩子责任心的提升，家长要一项一项地肯定："嗯，给鱼喂食不多不少正合适，水也换好了，还刷了鱼缸；给西红柿早晚浇了两次水，看它的叶子都笑了，它们肯定会越长越壮！"孩子虽小，但需要的是实实在在的夸奖，希望家长看到自己所有的付出，一点一滴都不忽略。

（2）无的放矢，盲目比较。

家长："你做得真棒，比其他小朋友强多了。"

情景回放：孩子兴高采烈地拿着他在幼儿园画的画给家长看，是《小白兔拔萝卜》的填色图，他的眼神期待着你，你煞有介事地说道："画得真棒，你一定是你们班上画得最好的！"

分析：班上的孩子自身条件不一样，起点也不同，拿孩子与别人做比较，显然有失公平，况且今天你表扬了孩子是班里最棒的，而明天他没能达到今天的水平，内心会很沮丧，这无形中给孩子施加了压力。这样大而空的夸奖并不能给孩子面目清晰的感觉，反而可能造成他空中楼阁般的自信，也就是自负。他盲目地认为自己好，而不清楚好在哪里，进而难以形成对事物恰当的判断和分辨能力。

调整：表扬孩子做事的过程比表扬他获得的结果更能引起孩子的共鸣，便于他明白您更重视他是否努力，关注他的点滴进步，慢慢地帮助他建立起自信。通过细化过程，强化他所取得的每一个小小的成功，找出对付弱点的办法，可以使孩子克服每一个挫折，平和地面对困难，避免被小小的不顺击得一败涂地。

所以，这时你不如说："你这幅画画得很仔细，颜色一点也没涂到线的外面，颜色也好看，能跟妈妈讲讲为什么选这几种颜色吗？为什么把云彩涂成了橙色？"从而引发孩子讲一讲他是怎么想的，再看看他是如何用画笔表现的，最后不妨再提一点建议。您对作品的评论和指点能引发孩子对绘画的兴趣，因为你给予他的不仅仅是简单的"好"与"不好"的判断，而是对过程的关注，使他明确感觉到自己的能力，满足感油然而生。

（3）沉溺历史，苛刻要求。

家长："你居然得奖了，真是妈妈的骄傲！你以后一定还能得到更多的奖！"

情景回放：辉辉在一次全校的作文竞赛得了第一，辉辉妈满心欢喜，不论时间，不论场合，经常在客人面前表扬辉辉，把辉辉的"光辉历史"挂在了嘴上，并常对辉辉说："我们家辉辉在全校的比赛上能得第一，以后一定可以在全市的比赛上得奖。"

分析：辉辉妈这样做无非有两个目的：一是满足自己的虚荣心，二是用一次好成绩为孩子确立一个"高标准",要求孩子每次都必须达到,否则就是"骄傲、退步"。此时的表扬实际上已经成为孩子身上的"包袱",成为孩子的"紧箍咒",给孩子造成了极大的心理压力。

调整:家长应该注意,我们表扬孩子"已经取得"的成就,是为了激励他获得更多的"还没有得到的"成就。表扬,是为孩子树立一个"前进的"奋斗目标,而不是为孩子确立一个"不能退下来"的标准。家长在孩子取得好成绩之后,不要用"你必须保持现有状态"来要求孩子。

面对孩子已有的成绩,家长应该向孩子说:"你干得真不错,能不能再来一个。""你已经得到了班里的第三十名,能不能继续努力,进一步克服不足,进一步超越自己(而不是超过别人),得到第二十五名。"夸奖之后,紧接着帮助孩子制定一个"高半步"的新目标,使他不会停顿下来,也不会失去信心。

(4)以偏概全,"浮夸"无度。

家长:"这件事你也能做好,真是个好孩子。""你居然考了第一,真是个聪明的孩子。"

情景回放:在劳动课上,老师要求同学们回家帮家长做一件家务。于是强强回家悄悄地整理起爸爸杂乱的书桌。妈妈看到了高兴地说:"强强能做家务了,真是个好孩子。"

星星考试得了第一,挥着试卷给妈妈看,妈妈说:"星星真是个聪明孩子,将来准能考上清华。"

分析:这样的表扬,是做父母最常说的,表面上看,对孩子有一定的鼓励作用,可是这样随意的话说多了,会使孩子顺着家长的思路进行推理:我做了一件好事,因此我是好孩子;我考了一个高分,因此我是聪明孩子。但是,孩子按照家长的思路,还可能进一步做出"相反"的推理:我如果做错了一件事情,那我就是一个坏孩子;我在一次考试中得了低分,就是一个笨孩子。这种"以偏概全"式的奖励,会使孩子错误地把一件事情成败的评价,当成对自己整体的评价。而且过度的表扬,会造成孩子错误地认为自己"十分完美",在日常生活中经不起外界的批评,在竞争中经不起挫折与失败,对孩子造成所谓的"捧杀"。

调整:一些被评价为"好孩子、聪明孩子"的家长要特别注意对孩子不要

"过度表扬"，家长在表扬孩子的时候要"就事论事""对事不对人"，只是对孩子所做的某一件事情进行评价，不要以某一件事情的结果作为对"整个人"的评价。要用通俗易懂的语言给孩子讲讲"量变到质变的关系"。比如，孩子考试得了高分，家长应该说："一次得高分固然可喜，但不足以骄傲，只有一次次地不断获得好成绩才能达到理想的目标。""为家里做一次好事固然值得表扬，只有一次次地不断地为家里贡献自己的力量才是做到了'对家庭负责'。"

您不应该说：比赛又演砸了吧！早就告诉过你了，不要犯同样的错误，你不听！

您应这样说：你很努力嘛，这点小失败算不得什么，以后吸取教训，稍加努力，一定会成功的。

您不应该说：你还是偏科，要不总分早上去了。以后在差的几门上多花点功夫吧。

您应这样说：语文考了第三，很好嘛！总分上不去，主要是你有点偏科，以后要注意平衡。

家长要了解孩子失败后的心理。以常人的心理来看，失败了，都会感到沮丧、难过，并且自责、后悔，这个时候是他们最伤心的时候，也是最脆弱的时候。

孩子也是一样，甚至他们内心又多了一层恐惧，怕被爸爸妈妈数落。这个时候他的内心是敏感的，需要安慰、理解和鼓励。有的孩子天生自尊心强，如果失败后得到的只是一顿责骂，他心里就会留下一个阴影。

对症下药，先表扬后提醒。孩子做一件事失败了，他也并不一定就能对失败有正确的认识，只是担心害怕，没有去想自己失败的原因。那么家长就应该是一个引导者，首先肯定他的努力，然后再提醒他做得不够的地方。

心理学上有一种"感化→情感→感化"的说服方法。就是在说服对方，向对方传递某种信息时，不是生硬的说教，而是采用"感化"的方法，这一点也可以借鉴来教育孩子。

生活中，一般情况是，孩子失败了，有的父母根本不考虑孩子的心情，立即就训孩子，甚至当着许多人的面责怪他，质问他为什么又失败了。有些家长的话还很过分："我就知道你拿不到第一，平时就知道玩！""叫你平时用功你不听吧，现在可恭喜你了，得了倒数第一！"这样的话，不仅伤孩子的心，孩子自己也不会去考虑失败的原因，甚至产生反抗、反感的情绪。父母的训斥达不到目的不说，还严重挫伤了孩子的积极性。

但是，如果换一种方法，先表扬孩子，对他的努力予以肯定，对他说"你很努力嘛""你很勇敢"这样的话，"感化"孩子，让他知道自己也有值得肯定的地方，然后再慢慢指出失败的原因，加以提醒和鼓励："某某方面还不足，要稍加注意，一定会有进步的。"如此一来，孩子的情绪不再停留在失败的恐惧上，而是转而思考失败的原因，考虑怎么才能不再失败。

您不应该说：嗯，真不错，你的画赶上大师的水平了。

您应这样说：这朵花画得很逼真，蛮好看的。

您不应该说：你今天好乖呀。

您应这样说：你今天把房间收拾得真干净，谢谢你，孩子。

当然赞扬也要适度。

"写得真好，孩子，你简直就是个小诗人！"

我们经常听家长这样称赞孩子。

在家长的意识里，表扬孩子，会使孩子开心，可以建立他们的自信心，也能让孩子因为这种赞美而更听话。

可事实是这样的吗？

没错，我们现在提倡多表扬孩子，但是多少家长注意到正确的表扬方法？对孩子，并不是事事都要赞扬，也并不是赞扬越多越好。称赞不当的结果，会使孩子产生紧张的情绪和恶劣的行为。

有的父母喜欢对孩子说："你好乖啊！"

可是孩子有时觉得他心目中的自己并不那么乖，这样夸他反而让他心里有压力，因而对父母的称赞产生了反感。所以，他得到的赞扬越多，为了表现"真正的他"，就可能有越恶劣的行为。心理学家 H. G. 吉诺特通过研究发现，"孩子受到过分表扬，觉得自己不值得表扬，反而感到不安"。

做家长的，可千万不要以为孩子就是那么好哄骗的，你说的话几分真几分假，孩子心里也有数呢！赞扬太过，他会觉得家长没有诚心，很虚假。时间长了，他很可能根本不把这些称赞的话放在眼里，也会对家长产生心理上的反感和排斥。

另外，过分的赞扬会显得很抽象，孩子听了，也未必能真正理解自己所得到的肯定。

所以，有时会出现这样的情况：家长刚刚诚心诚意地表扬了孩子，他又开始不听话，故意弄些恶作剧；或者，你表扬了他，他根本理也不理。

作为家长，应该明白：赞扬跟药品青霉素一样，不是拿起来就能用的，必须遵守使用的量和度，并注意可能产生的过敏性反应。这里有一个重要原则就是，赞扬孩子应就他的努力或成绩而说，不要涉及他的个人品格。

举个简单的例子：

周末的时候，孩子把家里打扫收拾了一番。妈妈看了，只需要对他说："家里今天可真干净，看着叫人心里舒服。谢谢你，孩子！"就可以了。

像其他什么"你真是个了不起的孩子！""你今天真是乖呀！"这样的话，就不必当面对孩子讲出来了。

说起来，孩子只是做了一件力所能及的事，他内心里也十分希望自己的努力得到肯定，至于自己是否"了不起"、是否"乖"，他也许根本没想过。父母的赞扬只需中肯就行，孩子也能在这样适度的称赞中自行演绎出他的品格，不需要父母来给予某种肯定。

难以想象，一个在生活中听惯了好话的孩子，将来对自己会有清醒的认识吗？长大了能虚心接受别人的批评或意见吗？

我们不能让孩子在受责备的环境中成长，但是也不能让他们整天泡在甜言蜜语里。

适度适时的赞扬，对于鼓励孩子，帮他们建立自信是非常有用的。

但是过度、过分的赞扬，往往让孩子产生一种错觉，觉得自己就是最好的，或者自己做事总是做得很好。于是他们看不到自己的缺点，也不能正确认识自己所做的事，将来也未必能经受挫折和批评。

十一　将孩子推到人群中去——交际

1. 怎样让孩子做一个受欢迎的人呢？

现在的孩子比较任性，不懂得与人相处，作为家长，应怎样帮助孩子做一个受欢迎的人呢？

（1）多与孩子交流。

有不少的家长由于工作忙，忽视了孩子，和孩子在一起的时间很少。还有的家长认为：家长的观点，孩子必须无条件接受，这样，时间长了，在感情上孩子和家长就疏远了。所以家长必须与孩子沟通，使孩子理解父母的爱，孩子才能接受父母的指导。

（2）让孩子明理。

现在的孩子经常得到父母的宠爱，无论孩子有什么要求，有多少要求，不少做家长的总是无原则地、尽量地满足孩子，觉得这样才是爱孩子。甚至孩子无理取闹，家长也认为是孩子还小，不懂事，就这样迁就、原谅了孩子。其实父母这样溺爱孩子，只能造成孩子刁蛮、任性的品质，孩子也必然是以自我为中心，这样怎能与别人友好相处？因此，家长很有必要使孩子懂得与人交往的道理，让孩子自觉培养自己成为一个受欢迎的人。

（3）教育孩子关爱他人。

现在的孩子多为独生子女，家中的一切都是围着孩子转。在孩子的心中，享受是自己的事，付出是他人的事。这样孩子就容易形成自私的性格。因此，家长更要让孩子懂得关爱他人，帮助有困难的人，培养孩子的责任心和义务感。要教育孩子，在校要尊敬老师，与同学友好相处，多关心集体和同学；在家里，要孝敬父母，多为父母做一些力所能及的事。此外，还应支持孩子多参加一些社会公益活动，尽可能多一些给孩子关爱他人的机会，把孩子培养成为适应社会的人。

（4）指导孩子与人相处。

在日常生活中注意培养孩子大方有礼、开朗活泼的性格，鼓励孩子发展多种兴趣、爱好，帮助孩子提高语言表达能力。教会孩子善于发现别人的优点，并真诚地赞赏别人，当别人有缺点时，要善意地帮助，用适当的方法指出，使别人容易接受，加深友谊。当与他人发生矛盾时，不回避矛盾，如果是自己受委屈，可以用适当的语言道出自己的内心感受，让对方理解，进而化解矛盾，绝不可以斤斤计较、耿耿于怀，要有容人的度量。如果是自己使别人受委屈了，应感到内疚、惭愧，要主动承认自己的错，并赔礼道歉，求得别人的原谅，不固执，不加深矛盾。同时家长也要严格要求自己，做好言传身教。控制环境对孩子的影响，孩子攻击别人的行为多是从社会环境中学到的，家长应从身边的环境中找到那些可能导致孩子攻击性行为的因素，予以消除。如，有时孩子看电视节目不分种类，家长应把好关，禁止孩子看一些暴力节目，多看有意义的节目，并引导、帮助孩子分析好坏，提高孩子分辨是非的能力。并鼓励孩子学习好的行为，批评暴力行为。

（5）为孩子塑造良好的榜样。

孩子的模仿性很强，家长应正确引导，为孩子塑造良好的学习榜样应从自身做起，家庭成员之间应和睦相处、以身作则、言传身教。并且，可多在孩子面前谈谈邻居其他孩子的良好行为，鼓励孩子多与他们玩耍，向他们学习。

（6）多给孩子一些鼓励、表扬。

家长应多与老师联系，了解孩子在校的表现。对于孩子与同学交往中做得好的方面，哪怕是微小的进步都给予及时的表扬、鼓励。如在家中显眼处贴一张红花榜，当了解孩子在校一天中没有打人或骂人时，贴一朵小红花，并告诉他，每得一定数量的小红花可换取某种权利或要求，如五朵红花可买一本故事书，三朵小红花可吃一个冰淇淋等等。通过这样的激励，使孩子自觉控制自己的行为，克服爱吵架、打人的毛病，与同学友好相处。

（7）改变不正确的教育方法。

当别人向你反映你的孩子打了人时，请不要说："如果不是别人先动手打他，他是不会先动手打人的。"这种过分偏袒的行为会使孩子产生一种随时可以攻击别人的合理感，只会使他攻击性加重。这时，家长应该对孩子进行严肃的批评教育，并带着孩子向被欺负的孩子及家长赔礼道歉。当然，也不应该不问青红皂白地给孩子一顿打骂，而应该向老师或其他同学了解情况，待调查清楚以后再给予公正的批评教育。

（8）为孩子创设条件，进行教育引导。

家长可经常带孩子参加群体性的游乐活动，如去公园、游乐场玩，让孩子体会到与大家一起玩耍的快乐。再让他想一想，这时如果自己跟别人争吵、打架，会造成什么后果，体会自己平时行为的危害。同时，家长耐心地对孩子进行说服教育，使他认识到自己不受同学欢迎的原因，从而逐渐克服自己的缺点，做一个受人欢迎的孩子。

2. 培养孩子的社交能力

人只要一出生，都有渴望跟外界互动沟通的意愿，所以社会性发展不能谈什么时候开始，而是与生俱来，然后我们如何去促进它。因为一个孩子的社交能力是跟环境息息相关的，也就是他与生俱有这个本能，可是这种本能可不可以发展出一个比较好的新的技能，是非常需要后天环境的提供。每个孩子都有自己独特的性格，每个孩子也有属于他自己的社交圈子和交往方式。孩子的交往潜力很大，就看您怎么培养。

测测孩子的社交能力吧！

下面的测试题谈不上及格或不及格。如果你的孩子只符合其年龄阶段的6条标准中的一条或两条，甚至一条也不沾边，你也不必忧心忡忡。因为孩子的可塑性是非常强的。即使孩子目前的社交能力还很差劲，你只要加以正确引导，他的社交能力和社交水平都会自然而然地与日俱增。

2~3岁、3~4岁：会说谢谢、再见、晚安等问候语；至少拥有一个好朋友，而且友谊已保持了6个月以上；能与爸爸、妈妈等亲人表示亲近；掌握了爸爸、妈妈、爷爷、奶奶等至少10种不同的称谓；能对包括爷爷、奶奶、外公、外婆在内的老人表示礼貌；能够根据来访的陌生客人的年龄、衣着、装饰等因素准确称呼叔叔、公公、阿姨、哥哥、姐姐等（正确率应在80%以上）；能对包括幼儿园老师、邻居在内的长辈表示尊敬；能主动欢迎来访的小朋友；愿意把自己的食物或玩具让小朋友分享；能微笑着和客人说话；能用温和的口吻说话。

4~5岁、5~6岁：能自然地和异性小朋友接触，甚至还乐于跟大人交朋友；已经拥有至少1个可以交心的好朋友，并注意学习小伙伴的长处；当小朋友有困难时，能主动提供帮助；当别人做了对不起自己的事时，能宽容地原谅对方；如果做错了事情，会主动认错或向对方说对不起；会祝贺小伙伴取得的成功或成绩，并由衷地感到高兴；如果父母双亲生病，能主动表示关切；能分担别人的不幸或痛苦；当大人不在家时，能恰当地接听打给大人的电话；对乞丐、流浪者等地位低下的人也能表示应有的尊重；学会了与人商量的初步技巧；

学会了察言观色，即开始理解他人传达的非语言信息，如表情、语调、手势、眼光等。

也许家长会觉得上面这些测试题，孩子太容易做到了，其实真是这样吗？随着心理学理论的发展，以往认为的一些常识成了家长了解孩子交往能力的误区。

（1）重新认识孩子的交往能力。

误区一：朋友越多越好。

没有朋友固然不是良好的交往状态，但如果孩子有很多朋友，但友谊却不能持久，家长也要反省孩子是不是在交往上出了问题。能够维系较长时间的友谊，即使你的孩子只有一个朋友，你也不必太担心。

误区二：孩子大声说话，能给人开朗的感觉，这就是会交际。

大声嚷嚷并不比用温和的口吻说话更有说服力。在孩子的交往中，能不能维系友谊才是问题的关键。

误区三：孩子还小，礼貌不周全没关系。

讲礼貌的习惯不是天生就有的，而是从小培养起来的。你的孩子越早拥有礼貌的态度，他就越容易被别人接受。

误区四：认识新朋友才是交际。

认识新朋友固然可以提高孩子的交往能力，孩子大部分的时间是和家人在一起的，和家人的和谐相处也可以看出孩子的交往能力。

误区五：孩子应该和聪明的孩子交往。

这些家长认为聪明就是学习好，他们希望孩子结交聪明的小朋友。他们在无意中也给孩子灌输了这样的思想，聪明就是学习好，不值得和那些在学习上比自己弱的人交往，也不值得对别人付出同情心。

家长应该让孩子知道，每个人都有自己的弱项和强项。即使孩子的小伙伴在某个方面不如你的孩子，但别人的长处仍是值得去学习的。除了学习上聪明，对人有礼貌、能替别人着想等好的品质也应该学习。上面的测试题中还提到，孩子应该对处于弱势的人（如乞丐、流浪汉）表示应有的尊重，一个从小就懂得尊重，懂得对弱者付出爱心的孩子，更容易被别人接受。

误区六：父母代替孩子交往。

一些家长在孩子交往问题上表现得比较好面子，有时担心孩子不会交往，就索性代替孩子交往。

例如，有个妈妈虚荣心很重，每当她带着孩子见到熟人，孩子还没有说话，妈妈就先开了口：我们家孩子胆子比较小，内向，羞怯。其实，妈妈就是担心孩子说话笨嘴笨舌，说得不得体而让她没面子。这样一来，孩子本来想要说的话也不敢讲出口了。

当家长代替孩子交往的时候，实际上是在保全自己所谓的尊严和面子。这样做，家长虽然保全了面子，孩子却损失了可贵的交往机会。

（2）帮助孩子提高社交能力。

未来社会需要我们的下一代具有社会交往和活动的能力，孩子将来能否积极地适应各种环境，能否协调好与他人、与集体的关系，能否勇敢地担起社会责任，能否乐观地对待人生等，决定于幼儿期的生活积累和受教育状况。而幼儿阶段的教育比传播知识、训练技能更重要、更根本的任务，就是培养孩子积极乐观的生活态度、活泼开朗的性格和良好的社会品德，增强社会性，提高孩子社会适应和交往能力。

在日常生活中，细心的家长可以找到很多方法培养孩子的社交能力：

①让孩子学习与陌生人说话。有的家长怕孩子单独外出会闯祸，而吓唬孩子，孩子变得胆小，怕见生人；有的家长怕孩子外出受到别人的欺侮，怕吃亏、学坏，认为还是关在家中好；有的怕孩子与人接触传染疾病，情愿将孩子闭门独处。

事实是，只有与不安全的陌生人交往才是不安全的。所以家长应该创造外出活动和与人交往的条件，放手鼓励孩子和周围的小朋友玩耍，让孩子在和陌生小朋友的交往中自然地提高交往能力。譬如：经常和左邻右舍打个招呼，问个好；和熟悉的、性情温和的、年龄稍大几岁的小朋友一起游戏；再慢慢过渡到走亲访友，去公园和同伴嬉戏，利用乘车、散步的机会和陌生人接触等。

②引导孩子购物。3至7岁的孩子完全可以在父母的引导下购物。例如让他

买自己喜欢的小玩具、小卡片、文具、零食等。孩子在与售货员交流的时候，也学习了与人沟通的技巧。如果孩子一开始有困难的话，妈妈可以在一边鼓励，教孩子说请售货员阿姨拿一下那个玩具狗、请问要付多少钱、谢谢等话，渐渐地让孩子自己能开口说。

③鼓励孩子邀请小朋友到家里来玩。现代家长常有一个误区，就是想时刻保持一个整齐完好的家。所以，家长们不太愿意让自己的孩子邀请左邻右舍的小朋友来家玩，最多也是在小区里简单交往。如果家长鼓励孩子邀请小朋友到家里来玩，孩子们就会有更多的时间在一起，也会有更多的机会学习处理游戏过程中可能发生的纠纷。

鼓励自己的孩子到小朋友家去做客，孩子的交往也如同成人的交往，既可以请进来，也可以走出去，两者同样重要。为了避免自己的孩子给别人添麻烦，你可以让孩子带些小礼物去小朋友家，这样既周到，也礼貌，还能让孩子学会分享。

④给孩子充分的自由。如果您细心观察，可以发现，有些孩子喜欢和比自己小一点的孩子玩，有些孩子喜欢和比自己大一些的孩子玩。

有的家长担心自己的孩子如果和比他大一些的孩子玩会吃亏，就限制自己的孩子和大孩子玩。但事实更可能是：孩子与比自己大些的孩子玩耍能学习小哥哥小姐姐的交往方式；与比自己小一些的孩子交往又可能学会了照料别人。

所以，请充分尊重孩子，赋予孩子自由选择小朋友的权利，家长只需在必要的情况下帮助做些参考。

⑤带孩子到处走走。旅游能扩展孩子的交往范围，增加他的交往对象。同时，多走多看也会增加孩子对于异域文化或风俗的了解。

⑥教孩子使用礼貌用语。培养文明礼貌的行为习惯，使孩子形成谦虚有礼的行为方式可以更好地适应社会交往，教给孩子与人交往的礼貌用语，如与人打招呼、接电话的用语，如何回答别人的问题、向他人问路、请教等等。

当孩子在熟人或者陌生人面前能够很好地使用礼貌用语的时候，通常会得到对方的良好反馈，这对增强孩子交往的信心大有益处。当孩子得到别人的赞扬和鼓励的时候，他也会更乐于交往，这在无形中增加了孩子主动交往的机会，孩子的交往能力也会得到相应的提高。

⑦修正交往中的不当行为。和大人们一样，孩子在交往过程中也可能出现不当行为，如欺负小朋友或者过分吝啬等。这些交往中的不当行为都可能使孩子在小朋友中不受欢迎。这时，家长的任务就是要帮助孩子认识自己行为的不当之处，帮助他改进行为，重新获得持久的友情。

⑧尊重孩子的交往个性。尽管良好的交往能力对孩子的成功和快乐都非常有益，但请不要过分干涉孩子交往的方式。实际上，每个人都有自己的个性，交往能力的提高也不只是朋友数量上的增加。家长应该知道，即使是个人独处，也可以成为一种很好的生活方式。如果你的孩子愿意用他自己的方式与人交往，你就应该尊重他。

（3）当孩子与其他同学产生矛盾时，家长应该把握时机来引导孩子如何与同学和解。

①抓住时机，有选择地说。所谓时机，是指双方能谈得开说得拢的时候。如：在同学情绪高涨时说。此时，他会比任何时候都显得宽宏大量，能原谅别人的一般过错，也不过于计较对方的言辞。因此，告诉孩子发现与他闹别扭的同学情绪高涨时，应抓紧时机与其谈话；在同学喜事临门时说；在同学有和解愿望时说；在第三者有效调解后说。

②适应特点，有针对性地说。针对同学的兴趣，从不同角度说；针对同学的气质，从不同侧面说。如：胆汁质的人与他们谈话时，应运用谦和的语气，从启发、自责的方面去说。与多血质的人谈话，宜单刀直入，开诚布公，以有力的事实和道理进行规劝、说服。黏液质和抑郁质的人，与他们谈话时，就要运用"迂回战术"，多用暗示和婉转语气，商讨性地说。

③尊重人格，有礼貌地说。要做到：讲究"卫生"，不说脏话；控制情绪，不说气话；主动检讨，不说空话；赤诚相见，不说假话。

④为孩子创设交往的环境。在日常生活中有很多可以领着孩子学习与人交往的机会。在公共场所，孩子可以学习与不认识的人交往，如买菜、购物、旅游、聚会、游玩等活动都能让孩子得到交往的锻炼。在居家也有不少让孩子学习交往的机会，如邻居、朋友、同事的友好往来，串门、聊天等都可以让孩子学习待客和做客，从而提高交往能力，促进友谊。

十二 去掉多余的爱，还孩子自主成长的权利——个性

小兔子是奔跑冠军，可是不会游泳。大家都认为这是小兔子的缺点。于是小兔子的家长、老师强制训练小兔子学游泳，但是小兔子耗费了大半生的时间也没有学会，小兔子很疑惑。智者猫头鹰说："应该有一个地方让小兔子发挥它的奔跑特长。"

小兔子疑惑，我们可不疑惑。家长、老师对小兔子教育失败的原因主要有二：一是，只注重改正小兔子的缺点，不重视小兔子的优点的发挥；二是，家长、老师对小兔子教育不是依小兔子的天性而教，而是逆其天性而教。

在现实的教育中，类似"教小兔子游泳"的教育现象也真不少。

比如，对小孩在学校学习，家长注意的不是孩子最擅长的科目，而是他成绩最差的一科。在孩子的学习过程中，家长只指导和鼓励孩子如何把最差的学科学好，以便其将来能更好地全面发展，而很少指导和鼓励孩子如何把最擅长的学科

学得更好。

对孩子的品性，家长关注的不是孩子诸多的优点，而是他的缺点。我们许多家长时常这样认为：让孩子们努力改正缺点，只要孩子改正了缺点，他就会变得更好。

在教育过程中，我们关注的是孩子的缺点及其改正，而很少想到要将孩子的优点发扬光大，我们这样培养出来的孩子只能是没有缺点、没有个性的平庸的孩子，甚至有可能还会是极度自卑的孩子，因为我们经常关注的都只是孩子的缺点，那么孩子很可能也会只看到自己的缺点，而看不到自己的优点，这样自然而然就形成了自卑的心理。

幼儿初期的孩子是好奇好动好独立好游戏的，但许多家长却逆孩子的这一天性而教。许多家长怕孩子"出事"，怕孩子累着，他们或是过分地限制孩子的活动，或是为孩子的生活包办一切，不给孩子独立自主的机会，孩子稍有差错（如打翻了杯子或尿床），即施以惩罚，使孩子学会见人就感到羞怯，遇事就丧失信心，对自己的能力充满怀疑，这也是日后孩子出现偏执型人格障碍的潜在原因。孩子在幼儿期的时候，许多家长不是让孩子参加各种游戏，通过各种游戏来发展孩子（许多家长认为游戏是在浪费孩子发展的时间），而是提前教导孩子学习知识（如读、写、算）或才艺（如绘画、弹琴、舞蹈），将孩子提前置于不成功便失败的压力之下，其后果不仅是拔苗助长，无济于事，甚至在人格发展上，会使孩子形成以后遇事退缩与事后内疚的人格特征。

我们应该时刻牢记：小兔子有他自己的特长，小兔子有他自己成长的轨迹，我们应该努力创造条件，让小兔子跑个痛快！

1. 尊重孩子的个性

孩子不只是孩子，我们应当把他们看成一个真正意义上的大人来尊重，承认他们作为孩子的独特性，认可他们作为独立个人的个别性，同时给予他们十分孩子气的培育和养成。俗话说：三岁看大，七岁看老。这不是空穴来风，也不是信口胡诌，作为多少年多少辈的经验总结，家长应当格外重视这一老话，并尽可能在自己的教育中予以表现。

所谓教育，其宗旨之一是教，更重要的是育。教给孩子相关的生存本领，让他们成为对社会有用的人才是其一，更要紧的是，适应群体生活的需要，培育孩子的集体生活能力。对于后者，关键的不是呵斥与训示，更多的"育"体现在春风化雨、细致入微的引导。督与责，那是要在相当的年龄之后才会发生作用的。

三五岁的孩子走进幼儿园，开始了他一生中最早的集体生活。这一阶段，他们可以基本自理生活，吃饭问题不大，但挑食是普遍的毛病。穿衣不会很利索，但一般宽松的衣着，脱下来还不成问题。至于卫生习惯，因为各自家庭条件的不同，肯定有所差异。鉴于此，作为家长，当在普遍的要求之下，给予自己的孩子以不同的指导。比如说，爱玩乱动的孩子，教给他要和小朋友一起活动，不要一味地自己乱走乱动，安全第一是对这些孩子的最好训示。生性平静的孩子，则鼓励他们在行动上敏捷一些，培养他们的胆量，鼓励他们参与集体活动，不要独自向隅。吃饭是幼儿家长最发愁的事情，有的不喝白开水；有的只吃特别的菜；有的会把肉片挑出去；有的人则胃口太小；还有的总觉得自己的那一份吃不饱。诸如此类的问题，都须格外予以区别对待。事实上，除非那些生理上有特别之处的人，吃饭挑食的事，大多会在少年、青年期纠正过来，少吃一两口菜，也不至于营养缺乏到哪里去。最关键的一点，还有个脾气禀性的根本的制约，做家长的就要全凭自己的日常观察来予以区分，如果不分青红皂白地一律要求，往往适得其反。逆反心理一旦形成，纠正就需要太多的精力与时间。在这个问题上，不只是孩子，大人也一样。之所以格外提到孩子，是因为孩子太小，缺乏必要的自我保护，语言能力也差一些，他往往慑于家长不敢提出自己的想法，我们不能就此以为孩子不需要交流，单方面的施压，绝不会有好效果。

尊重人，尊重我们祖国的花朵、未来的主人，不是一句空洞的话。要体现在方方面面，要从最细微处入手。强迫孩子吃菜是不对的，强迫孩子按点入睡也是不人道的，再强迫孩子吃饭不剩饭，那就更违人道。至于给孩子一点面子，不要在大庭广众下予以呵斥，那更是需要重视的。如果一个社会里孩子天真烂漫，老人神态安详，那才可以说是一个文明与祥和的社会，一个理性与温情的乐园。

因此，家长要允许孩子有个别差异性，不要拿孩子和其他孩子做比较，因为每一个孩子都是一个独立的个体，在没有"比较"的压力下，孩子可以依照自己的能力愉快地学习。同样，父母不要勉强孩子做超年龄、超能力的事。如果忽略孩子的年龄特点，不可为而为之，常常会挫伤孩子的学习积极性。

2. 5种方法让家长学会尊重孩子

每个人都渴望得到别人的尊重，孩子也同样。一个孩子得到大人的尊重，长大后他也就会懂得该如何去尊重他人。尊重孩子是爱孩子的一个具体表现，也是正确爱孩子的一个重要内容。孩子最初的受人尊重的感觉是从家长那里得到的，尊重别人的意识也是在日常生活中经过多次训练、教育，不断强化而逐渐建立起来的。

家长对孩子的尊重可使他们形成自尊心。孩子健全的个性是在自信和自尊的条件下建立的。所以家长要尊重孩子的兴趣、爱好。

不应在别人面前议论或羞辱自己的孩子，伤害孩子。同时，尊重又是双向的，大人一方面尊重孩子，另一方面也要教育和培养孩子尊重成人和小伙伴。

现在有些年轻家长由于自身受过良好的教育，对孩子的成长需求认识得比较到位，在日常生活中能尊重孩子。但也有相当一部分家长虽说也知道一些尊重孩子的道理，但在实际生活中却做不到。学会尊重孩子不是一件容易的事，因为它不是一朝一夕想学就成，它应建立在正确的认识基础上，花费百倍心思、万般功夫，真正发自内心的自觉行为。

（1）尊重孩子的基本权利。

随着社会的进步，尊重儿童权利的问题日益受到人们的重视。1959年联合国大会首次通过了《儿童权利宣言》，1989年又通过了《儿童权利公约》，明确规定了儿童的生存权、发展权、受保护权和参与权。《儿童权利公约》说：每个孩子都需要爱和安全。每个孩子都应该有足够的食物、安全的饮用水和上学的机会……这样我们才能够身心健康地成长。每个孩子都有说话的权利；每个孩子都有表达自己想法的权利；每个孩子也都有玩的权利。

（2）遵循孩子成长发展的自然规律。

孩子的发展过程是一个自然的进程，无论是孩子的生理还是心理发展，均有其自身发展的内在规律。然而，每一位家长都希望自己的孩子将来学习好、工作好、生活好。受此心愿的驱使，家长越来越急切地想让孩子提前学习各种文化知识，以便他们将来进入小学后，学得更好一点，更轻松一点，将来走得更顺利一些。但是，如果违背了孩子发展的自然规律，往往会把事情弄得很糟，这样不仅达不到家长的预期效果，还会影响孩子的正常发展。

一项调查结果显示：儿童梦呓、磨牙、夜惊、梦游，5岁以上孩子遗尿等睡眠障碍的发生率高达46.97%，其中一个重要原因就是学习压力过大。孩子过早进入学习阶段，免不了会遭遇种种困境与失败，而不少家长只是一味地批评、责骂孩子，却很少检讨自己的心态和行为。家长在急于求成的心理驱使下，往往只能接受孩子的成功，不能接受孩子的失败。在这种状况下，尊重孩子就谈不上了。教育家卢梭说过："大自然希望儿童在成人以前，就要像儿童的样子。如果我们打乱这个次序，就会造成一些果实早熟，它们长得既不丰满也不甜美，而且很快就会腐烂。就是说，我们将造就一些年纪轻轻的博士和老态龙钟的儿童。"其实，孩子们需要的是自然发展的时间表，父母应让他们逐个地、循序渐进地走完每一个发展阶段。

（3）尊重孩子的独立人格和自我意识。

孩子在两三岁时，其自我意识逐渐形成，他们会提出"我自己来""我自己做"的要求，并跃跃欲试地尝试着做每一件事，这是孩子心理发展到一定阶段的正常现象。可是许多家长生怕他们做不好，总是包办代替，从而剥夺了孩子学习与锻炼的机会。当孩子到时候什么也不会做或什么也做不好时，却又受到父母的指责与埋怨，这对孩子来说是不公平的。作为家长应随着孩子年龄的增长和独立意识的增强，通过各种方式以实际行动给予支持，如对孩子表示信任、让孩子拥有独立的空间、给孩子支配时间的自主权、尊重孩子的选择、善待孩子的朋友等等。

尊重孩子，还要注意保护孩子的自尊心。心理学家认为，自尊是一种精神需要，是人格的内核。维护自尊是人的本能与天性。孩子的自尊心是他们成长的动力。保护好孩子的自尊心，增强他们的自信心，这是做合格家长的责任。家长应懂得孩子的自尊心是他们一生做人的资本，不能伤害与践踏它。

（4）给孩子一定的自由空间。

孩子除了吃好穿好的需要外，还有渴望得到尊重、渴望独立自主、渴望自由创造的需要。尊重孩子，就要把自由和独立还给孩子，让孩子自主选择自由探索。

这些需要的满足，才能使孩子感到真正的快乐和幸福。孩子在最初的几年里是用身体、用活动、游戏去感觉世界和认识自己的，而不少家长总是以自己的愿望和感受来替代孩子的主观需求，用各种各样的学习安排把孩子活动的时间和空间都占据了，这对孩子的发展十分有害。

为什么现在的孩子备受宠爱，却反而感受不到快乐？为什么家长为了孩子省吃俭用，却得不到孩子的理解？原因就在于，现在受家长支配太多、指责太多的孩子自我激励能力很弱，创造能力和想象力的发展受到压制，好奇心也受到打击，他们很难发现自我价值。同时孩子们由于过早地承受太多的学习压力，从而早早地失去了童年的乐趣，没有正常孩子那样的欢乐，这将影响他们的社交能力和其他各种能力的发展及心理发育。

（5）尊重孩子，就要正视孩子间的差异。

由于受遗传因素和不同环境的影响，孩子间存在着一定的发展差异，这并不奇怪。可有些父母总喜欢拿自己的孩子与别人的孩子比。当自己的孩子比别人强时，父母就沾沾自喜，反之就不停地数落、讽刺、挖苦孩子，这样很容易使孩子消沉、迷惘。你应该认真研究你的孩子，发现他们之间的差异，并且欣赏他们的特质。

把孩子身上的特质和性格列出来，然后一一告诉孩子你是多么欣赏他。让他感觉自己不能代替别人，别人也无法取代他的，而且也觉得你看到了他身上与众不同之处。

你常常会听到别人说你的孩子"就和你一模一样"。但事实上他们和你确实有不同，而这事实往往令人难以接受。可能你很喜欢安静，但你的孩子却是异常活跃，逛街时会绕着你团团转；或者，为人父的你可能喜欢运动，却生了个不爱运动的儿子。接受子女与你不同的事实，这点是非常重要的。看到别人身上有不同于自己的地方，乃是生命中的一大乐事，那有助于我们扩展眼界和对生命的看法。而生活中一些关于个人喜好的决定，应该让孩子自己选择。让你的孩子自己挑选衣服和房间的摆设。偶尔晚餐也让他们挑选自己的食物。假如他们真的非常厌恶某种食物，就不要强迫他们吃。（你不也觉得某些东西的味道很可怕吗?）如果你的孩子个性很强，那你最好让他在个人的喜好上有自己的决定，而不要教训他什么是对的、什么是错的。个性强的孩子觉得自己需要对生活有某些控制，如果让他们有个人的喜好，的确能帮助他们建立自尊和自信。为了让孩子有自己的喜好，要对他说："我爱你，也爱你与众不同的地方。"

当然，尊重孩子并不是一味地顺从孩子，而应追求尊重与要求的和谐统一。作为家长，要放下架子，把自己放在与孩子平等的位置上，努力寻求与孩子心理上的沟通与默契。爱孩子，尊重孩子，使他们从中感受到父母的爱和自身的价值，并由此学会尊重父母、尊重他人，这实在是特别有效的教子良方。

亲子篇

一　教育从读懂孩子的心开始——了解

1. 家长要学会了解孩子

了解和研究孩子是教育孩子的前提，古今中外的知名教育家都十分重视了解和研究教育对象。我国古代《学记》认为："知其心然后能救其失也。教也者，长善而救其失者也。"按照这个要求，我们的父母就要能够洞察孩子的心，全面把握他们的长处和短处，再有针对性地"长善"和"救其失"，才能使孩子健康成长。

"您了解自己的孩子吗？"

"当然了解！"几乎所有的父母都会这样回答。

俗话说："知子莫若父"。每一位父母在一定程度上是了解自己的孩子，并能说出他的一些特点的。孩子从出生之日起就融入充满爱的家庭氛围之中，父母是孩子最亲密最值得信赖的人。家庭成员生活在一起，朝夕相处，为父母了解和研究儿童提供了时空和情感上的便利条件，相信天下没有人比父母更能了解自己的孩子了。但是父母的看法并不总是准确和全面的，也不是总能够考虑到孩子各方面的特点的。"察子失真"的现象在现实生活中是许多父母很容易犯的错误，这究竟是什么原因呢？因为父母经常与孩子在一块，就会对孩子的一些行为表现熟视无睹或视而不见，还有些父母忙于事业发展，累于生活琐事，很少能抽出时间专门地观察、研究自己的孩子，因而不能形成对孩子正确、全面的认识。这正如一句古诗所云："不识庐山真面目，只缘身在此山中。"

（1）家长了解和研究孩子，具有许多得天独厚的条件。

①从时间和空间条件看，父母和孩子间的时空距离是最为接近的，两代人频繁互动的交往为家长了解孩子提供了客观的可能性。孩子主要生活在家庭里，家庭是满足孩子物质和精神需要的主要场所，即使是上小学后，孩子每天仍有大约三分之二左右的时间在家庭里活动，在每天同孩子的交往中，父母经常为孩子操心，满足他们的需求（尤其是物质需求），在这个过程中父母自然会去了解孩子的各种状态，去体会孩子的心态，去思考孩子的要求，长此以往，父母就能对孩子有一定的了解。另外，父母还能站在"历史的高度"去把握孩子的过去和现在，并推知孩子将来的发展，这是任何其他人所不能胜任的。

②父母和孩子间的亲子关系为家长了解和研究孩子奠定了坚实的情感基础。在家庭关系中，除了夫妻关系，就是亲子关系，这是异于夫妻关系的又一种最基本、最重要的家庭关系。正是这种亲子关系，促使父母对子女产生深切而真挚的爱以及强烈的责任感，促使父母时刻关注孩子的言行，去考虑孩子的教育和培养问题。现在父母对独生子女期望值越来越高，家长重视家庭教育，努力去掌握有关教育知识，加强自身科学文化素养，为深入了解和研究孩子做好了知识上的储备。

（2）了解和研究孩子的一般内容。

鲁迅先生说："孩子的世界与成人截然不同，倘不先行理解，一味蛮做，便大碍于孩子的发达。""孩子的世界"究竟是怎样一番景象呢？主要反映在以下几个方面：

①孩子的健康状况与身体发育情况，主要是指儿童的形体结构、生理机能、身体素质、基本活动能力和对自然环境的适应能力、运动的基本知识、技能、自

觉锻炼身体的习惯等。

②孩子的智力发展水平和学习情况。智力是各种认识能力的综合表现，是观察力、记忆力、想象力、思维能力等能力的综合，而思维能力是智力的核心。情感、动机、注意力等非智力因素对智力发展也有影响。

学习情况主要包括学习目的、学习态度、学习方法、自学能力、学习成绩以及学习中的困难等。

③孩子的个性心理品质。这大致表现为在能力、气质和性格上的差异，个性的形成与如下四种因素有关：先天的生理素质、孩子所处的生活环境、个人的活跃程度、周围人对孩子的教育熏陶。孩子的气质、性格、兴趣、能力等个性特征的不同，要求家长对孩子的教育训练做到因人而异、因材施教。如果忽视孩子在某一方面所具备的能力素质，粗暴地强制他们放弃原有的兴趣爱好，强迫孩子学习他们根本不感兴趣的东西，只会收到适得其反的效果。

④孩子的思想品德素质。主要包括政治影响、人生观、世界观、道德品质与行为习惯；道德思维能力和道德评价能力；自我教育的能力和习惯；当前的思想矛盾、思想问题与实际困难等。

所以说教育孩子的前提是了解孩子，了解孩子的前提是尊重孩子。今天的孩子难教育，这是个世界性的问题。难在哪里呢？有人说知识不足，有人说方法不当，这些都是对的，但最重要的原因恐怕是对今天的孩子缺乏了解，有些父母也许不服气："知子莫如父母，我们天天看着自己的孩子，难道还不了解他（她）？"

让咱们来看一些事实吧！

住进高楼里的孩子孤独感增强了，父母们于心不忍，建议孩子外出跑跑跳跳，孩子却回答："没劲！"鼓动孩子找邻居伙伴玩玩，孩子竟说："不愿意。"

如今的孩子特别喜欢看卡通（漫画）。有位家长是儿童图书奖的评委，抱回家许多获奖图书。可儿子毫无兴趣，却用零花钱买回近百本卡通，忘了吃饭、忘了功课、忘了睡觉，看得开怀大笑、浑身乱抖。父母困惑不已，要过卡通书细看了半天，居然看不明白：这是什么鬼东西，乱七八糟，胡言乱语！可问题是孩子一看就懂，一懂就迷，您是大人怎么就看不懂呢？

正如读书一样，世界上的书浩如烟海，最难读的是子女这部无字之书。做父母的，要透过子女的内心世界，读懂他们的每一天、每一年，也就是说，教育孩子的前提是了解孩子。

假如家长和孩子之间关系出现问题，主要原因是由于双方沟通不够、缺乏了解而引起的。许多父母都有这样的体会：孩子越大，便越难与他们沟通，甚至不知应该怎样去交谈。

孩子是成长的个体，其心理特点具有发展性、多变性、可塑性。在成长过程中，都要经历大脑发育、语言发育、心理发育等关键期。

当孩子逐渐长大，知识面、接触面增大，他开始学会自己观察、思考，对一些问题有了自己的看法，有时觉得有些事情没有必要跟父母说，这样父母就会缺乏对孩子的了解，因此相互间的沟通就显得十分必要了。家长的理解对孩子的成长至关重要，它是使家庭教育步入正轨的一个重要前提。许多家长抱怨孩子不理解自己，其实他们何尝理解孩子！他们是按自己的想法为孩子做这做那的，孩子想什么家长根本不管。

2. 给父母们的建议

父母对子女说话时，应该有正向的目的，例如提供知识信息、解决疑难、分享情感、表达自己的意见等。父母如果能表现友善，不以强者的权威压制孩子，往往会得到孩子相对的友善。

家长与孩子对话，一定要注意语气与态度，尽可能经常微笑，以欢愉、平和的声音，显示出友善、冷静的态度以达到沟通的效果。不妨试试以下的建议：

（1）接纳孩子。

必须让孩子知道，无论在什么情况下，父母都是爱他、支持他的。不管他说了什么或做了什么，也许父母并不接纳他的行为，但依然是关爱他的。有时只要简单的一句话，"很好！""真是我的好孩子！"或"我也这样想！"，都能使孩子觉得受到父母的认同。

（2）表达感情。

有些父母只有在孩子小时候才表达亲昵的行为，当孩子长大后便改以冷淡的态度，甚至拒绝孩子的"痴缠"。然而温暖的身体接触可令孩子切身体会父母的关怀。此外，也别忘了接纳孩子对你表达的爱意。所以，请多亲亲孩子并常说：

"我爱你!"

（3）多说"我"，少说"你"。

不要说："放学后，你应该立即回家!"可以说："放学后你不立即回家，我会很担心。"

人们常常说，在孩子的教育上，应该要从正确理解孩子入手。这个"正确理解"究竟指的是什么呢？

了解孩子的性格情况和兴趣的方向，或者掌握孩子的要求和想法等等，这对理解孩子来说都是很重要的。可是，如果根据错误的做法和肤浅的方法去理解的话，结果就不会达到真正的理解。所以，为了真正理解孩子，必须要有正确的理解方法。这就是要考虑正确理解孩子的基本方法，也就是对孩子的基本看法，在此基础上就可以考虑具体细致的方法了。

对孩子的基本看法，有各种不同的观点，家长们则要从如何去看待和处理孩子在日常生活中所表现出来的各种行动的角度上去予以探讨。

孩子的生活可以说就是游戏。在占其日常生活大部分的游戏活动中，包含着大量的精神活动，包含着这种精神活动的孩子的行动，就是孩子的所有"反应"或者"活动"的反应。如需要母亲、同小朋友说话、猜谜、看画册或者听故事等等都是孩子的"行动""活动""反应"。

在这样的行动中，既有像"看书"那种能够直接观察出来的行动，也有像"喜欢老师"那种通过对孩子的活动或者行动的观察而间接推测出来的行动。总之，表现在我们面前的孩子的行动，任何时候都是在一定的环境中进行的，脱离环境的行动是不存在的。这就是说不能脱离环境去考虑孩子的行动。

孩子愿意去野外采集美丽的花草，喜欢在室外做模仿游戏，乐意在教室里看连环画剧和听故事，等等。当孩子进行游戏活动时，在那里一定有包围孩子行动的场面，也就是环境。

这就是说，不论在什么时候，行动都是在一定的环境中进行的。

由此可以认为，行动是由环境所决定的。了解这种情况下的环境对行动具有何种意义，并且进而弄清行动和环境有着怎样的因果关系，我认为这对了解孩子的行动，更好地理解孩子，是极其重要的基本途径。

二 为爱点一盏灯——爱护

1. 爱孩子才能教育好孩子

没有家长刻意要把自己的孩子教坏，之所以孩子出问题一定是家长有问题，是因为孩子出生时就像一张白纸，后来涂抹上的一道道缺点毛病的印痕都是家长造成的，在教育孩子的事情上，家长负有完全责任。

调整亲子关系是教子成功的真正奥秘，因为家长与孩子的关系是孩子成长的土壤，什么土壤就长什么苗。简单的呵斥打骂等粗暴方法，绝对无法改掉孩子的缺点毛病，不但于事无补，反而会使事情更糟。要想改变孩子的缺点毛病，就必须给孩子提供改变的土壤和空间，也就是必须首先改变孩子与父母的关系：

通过改变家长的观念、情感和行为方式，在孩子心中建立起绝对的信任，让孩子相信家长无条件地爱着自己，相信家长所有批评、表扬的出发点是为了自己好。如果孩子在潜意识里对此达到完全相信，那么就形成了良好的亲子关系。

在这种情况下，所有教育孩子的方法你都可以不会，只要你能激发起他成长的动力，他就可以正常成长。

（1）塑造精神人格是上策。

假如把孩子比作一棵树，树冠是孩子的智力，树干是孩子的身体，而树根是孩子的心灵，是孩子的生命之根。要想孩子也变成枝繁叶茂的参天大树一样，家长就必须把目光盯在孩子心灵的培养上，塑造孩子的精神人格。

孩子成长的6大支点：

①自尊心——精神人格的脊梁。自尊心是孩子精神人格的脊梁，建立自尊心的最好方法是尊重孩子和无条件地爱孩子。如果孩子没有自尊心，也就是俗话所说的"没皮没脸"，他就不会在意别人怎样看他，就没有了上进心，不会有成长的动力。

受传统文化的影响，居高临下批评孩子，甚至打骂孩子在很多家长看来是理所当然的事情。其实，当家长用打骂和恶意的批评把孩子的自尊心消灭殆尽，又希望孩子好学上进时，本身就是南辕北辙的笑话。

②自信心——启动潜能的马达。自信心是一个人去做事时的主观心理状态。当孩子在内心建立起"我能够"的坚定信念时，他的大脑因为有此信念而排除了对失败恐惧的干扰，直接进入"专注"状态从而发挥出他的潜能，找到方法解决问题。

对家长来说，培养孩子的自信心，虽说不是一辈子的任务，但至少是孩子25岁以前的任务。

③责任心——管住自己的心锁。太多的家长没有在孩子心中建立起责任心，没能使孩子对自己的行为负责任，孩子成了"小偷"，家长当了"警察"，不断在后面监督。这样，等于孩子对人生的责任由家长来承担了。

责任心没建立，一个孩子是断然不可能去积极进取的，如果孩子建立起对自己负责任的责任心，家长的监督职能就可以解除了。

④进取精神。学习是一种脑力劳动，必须处于"主动状态"才能学习好。如果我们没有培养出孩子的主动进取精神，孩子是无法学习好的，将来也断然不可能在人生中获得成功。

⑤学习兴趣。有许多家长认为学习好的孩子最有意志力，其实学习出类拔萃的孩子绝不是靠意志力学习的，他们是因为有兴趣看书，不想睡觉，也不觉得

累。因此，对于孩子来说，要想使孩子学习好，培养学习兴趣是前提，而学习兴趣是需要家长对孩子从小进行培养的。

⑥良好习惯。好习惯是一个人快速成功的快车道。真正以学习为生的人，比如很多优秀的硕士、博士研究生、教授，都是因为学习产生快乐才会没日没夜地做，后来就成了习惯。一个人的习惯决定了他的日常行为，而这日常行为决定了他的成就。

（2）教育子女的7个锦囊

①无条件的爱。爱孩子是父母的天性，有意识地爱孩子是培养孩子安全感和勇气的最重要的方法。当孩子被无条件地爱着的时候，他的自信心会大增，在他的心灵中会感受到自我价值的产生。

②鼓励。教育孩子，鼓励是需要每天做的事情。可是大多数家长恰恰相反。"你就是不行，谁家孩子都比你强得多！"这些家长仿佛是专门来为孩子泄气的。每位家长都应牢记：孩子的勇气和自信是被鼓励出来的，你要每天不断地巩固。

③表扬。当孩子的一个行为做对了，家长应及时地表扬，表扬会把行为确定下来。表扬是孩子生命成长的阳光，对于一个孩子来说，被表扬意味被认可了，他的自信心会增强。

④确认。一个行为是对的还是错的孩子是不知道的，家长要客观地帮孩子分清是非，这里不带有任何表扬和批评，实际上确认是家长帮孩子培养价值观的一系列过程。

⑤理解。很多家长在人格上不能平等对待孩子，能力上却苛求孩子什么都会，这是何等的荒谬。家长要用"理解"走进孩子的心灵，不再批评、苛责，建立孩子的自我尊重感，这时亲子关系就稳定了。

⑥陪伴。孩子需要的不是家长的钱，而是需要家长的陪伴，太多的家长因为自己事情太忙就用钱打发孩子，其实大错特错。事实是孩子需要家长通过陪伴来体会、了解他，伴随他成长。

⑦批评。批评的前提是：家长和孩子之间相互理解、相互支持、相互关爱、关系稳定，这样批评才有作用。如果家长和孩子关系紧张，即使批评是正确的，是对事不对人的，孩子依然不会接受批评，这时批评只会起副作用。

（3）家庭教育的3条"高压线"

①忽略孩子的存在。家长对孩子不闻不问，孩子的解释家长不听，这第一会损害孩子的自尊心，第二会损害自信心，他会认为自己不够好，父母不认为自己是有价值的。"忽略孩子的存在"是比打骂孩子还严重的教育方法。

②破坏性的批评。破坏性的批评是扼杀孩子自尊心和自信心的最重要的杀手，其结果是本来希望改掉孩子身上的缺点，却反而把缺点给固定下来了，希望激发起孩子成长的动力，却反而扼杀了孩子成长的动力。希望孩子完美，却把孩子弄得没皮没脸，自尊心丧失殆尽。

③强迫。父母强迫孩子做事情，会扼杀孩子的主动进取精神、学习兴趣，而且形成被动的习惯。只有孩子主动想学习，才能学习好，才能不感到辛苦劳累。如果孩子不想学习，厌倦学习，那么学习对孩子来说就是一种折磨，是很难取得优秀的成绩的。

（4）家庭教育的2个"陷阱"

①有条件的爱。很多家长对孩子的爱是有条件的，要求孩子做出相应的行为或取得相应的成绩，然后再给予孩子与之相适应的爱，家长与孩子的关系成了"生意"关系。这种有条件的爱，极大地扼杀了孩子的自尊心。孩子会觉得自己不够好，自己还需要做出相应的动作，父母才能爱自己。孩子在意识深层感觉的是屈辱，是人格的贬损，是自尊心的伤害。

②输不起的心态。由于现在大多是独生子女，很多家长都有输不起的心态。因为担心而加倍看守孩子，严格监视他的一言一行，然后帮做所有的事，告诉他只要好好学习就行了，最后导致孩子的自尊、自信、责任、主动精神被加速扼杀。

特别是看到孩子和坏孩子在一起，有坏的行为的苗头，家长就越发担心，越担心就越紧张，越紧张就越进行破坏性的批评，最后孩子真的学坏了。这个时候真正应该做的是放松，相信孩子没问题，然后通过与孩子建立良性关系来把孩子拉回来。

2. 父母该如何爱孩子

父母是孩子一生中最重要的不可代替的教育者。

0~6岁是孩子品质及良好习惯形成的关键时期。孩子生命的最初两年，是与父母建立牢固情感纽带的关键期，是孩子未来心理成长并与他人建立信任和爱的关系的基础。

所有关于生命知识的50％，是在生命的第一年学习的，生命的第二年，学习25％，这里的生命知识主要是指爱的能力和情感的发展。

（1）如果想要改变孩子的行为，家长应先改变自己。

教育孩子就是教育自己的一个过程，孩子的不良行为，往往是从环境或家长那儿直接传续下来的。树立榜样来教育是发展孩子道德行为的最可靠的办法。

（2）培养孩子的灵性品质的重要性远远超过智力开发。

灵是树，心智是果；灵是灯，心智是光。人的智力是灵性品质的反射。如果只注重技能的培养（如各种五花八门的早期智力开发兴趣班），而忽视儿童的精神品质的培养，只能是本末倒置，孩子长大成人后，他们的人格就会有缺陷，道德发展受到阻碍。

（3）合理的管束。

管束孩子是告诉他们行为的标准，即什么样的事情可以去做，什么样的事情不能做。管束要有权威，当孩子可能要犯错误，我们不得不进行管束的时候，一定要有权威性。让孩子知道你是严肃的，而且你们提的要求是将伴随惩罚或奖赏的。合理地限制孩子可以培养孩子的纪律观念，当然，对孩子的管束必须是负责任的，而且要告诉孩子你提出要求的原因。妈妈教育孩子要和孩子的爸爸保持一致性，家长在管束孩子时保持一致，这样孩子可以建立统一的行为标准。即使对爸爸的管束有异议，也最好在以后孩子不在场时，再与他进行讨论。这样做，也可以树立起家长的权威性。不要惩罚得太多，不可从生理和心理上虐待孩子，要把孩子管好，上策就是对他好的表现进行奖励。

（4）用积极鼓励的方法，使孩子建立良好的自我价值观。

家长需要主动地将基本的价值观和行为方式教给孩子，以便于孩子在社会上成长。当然，在这方面，身教胜于言传，家长可以做孩子的好榜样。创建良好的家庭氛围是很重要的。因此，家长不可以让孩子去做自己不愿意做的事，也不可以自己做一套，让孩子去做另一套。只有家长以身作则，注重孩子价值观与礼貌的培养，才能教育出品德高尚的下一代。

自我价值观高的人具有三个"能力"：我有能力；我能与周围的人交往；我能随时随地为他人的幸福作出贡献。相信自己有学习和成长的潜能，发展出勇气、信仰、自信、信赖生活和他人等等品质。反之，自我价值观低是一种对自我的消极认识，自责、羞辱、愤怒、憎恨等毁灭性感觉将始终伴随一生。

（5）接纳、确认孩子的各种情绪（尤其是消极的）。

当家长否认孩子的感觉时，孩子觉得他得不到理解。只有当孩子的情绪被接纳，他的感觉舒畅了，他的行为才会良好，因为孩子是生活在感觉的世界里。

倾听孩子的心声是有经验的家长通过说话来了解孩子的感受，是非常有价值的一种方式。不论孩子提出的问题是大还是小，都要尽可能找时间立即去倾听他所说的话，而不要让孩子等你有了空闲时间再说。与孩子说话，为家长提供了一次了解和教导孩子的机会。立即倾听孩子的谈话，有助于赢得孩子的信任，这样孩子才愿意把所有的事都告诉家长。而对家长来讲，了解孩子头脑里想的是什么，也是一件很重要的事情。因此，当孩子与家长谈话时，家长要尽可能地立即与他交谈。这样孩子就不会失望了，他可以感受到他对家长是多么重要，他也就会更多地把心里话告诉家长。

（6）设立明确家规，定期召开家庭会议。

孩子需要知道界限在哪里，哪些是该做的，哪些是不该做的，没有规则孩子反而没有安全感。家规不超过5条到6条，应适合于家里的特定需要，而且必须用肯定句来陈述，将家规贴出来。如果违反家规应明确相应的处罚措施。一旦建立，就应坚决执行，每隔一段时间，应对家规作调整和修补。定期召开家庭会议，使全家一起分享生命发展的过程，发展民主，相互尊重，享受爱的氛围。

（7）在一定范围内给孩子选择权。

随着孩子的成长，给他越来越多的自由和控制自己生活的权利是很重要的。必须有意识地要求自己，甚至是克制自己的那种什么事都为孩子做的想法，来给孩子一些自由度。给孩子一定的自由，表明家长信任和尊重孩子，孩子也会因此更加尊重家长，爱家长。

在一定范围内给孩子选择权，通过提供选择，可以避免紧张气氛，给孩子提供做决定的实践机会。如："睡觉时间到了，你是要听昨天的故事呢，还是想听一个新的故事？""你今天是想穿粉红色的上衣，还是蓝色的T恤？"（如孩子两者都不选，父母可问："是我帮你选，还是你自己选？"）做选择并让孩子负责任都是日常的行为，对于发展孩子的自我价值观是至关重要的。

（8）游戏是儿童的主要活动，儿童通过游戏学习。

儿童通过接触具体的、仿真的与生活有关的东西学习，需要与同伴、成人和环境互动交流，游戏使儿童放松且发展专注的工作态度。在5岁之前不应过早开始对字母数字等符号的专门练习，这样会限制孩子的思维，因为孩子的心智还没成熟，对抽象的概念还无法理解。

（9）正面告诉孩子应该做什么，而不是不该做什么。

传统型家长的居高临下的姿态，总是对孩子说"不准打人，不准在沙发上吃东西"等等，这种负面的口气只会将注意力引向并集中于负面的行为。而孩子仍然不知道好的行为是什么，自己应该做什么。

积极的说法是用美德修正孩子的行为，如"你忘记了与人和平相处"或"我们是在餐桌上吃东西的。"

（10）每天抽时间跟孩子单独相处，共同做点双方都感兴趣的事情。

每个孩子都需要从家长那里得到足够的重视。在每天工作之余，家长要腾出一些时间参加孩子的游戏。要为孩子提供各种各样的经历，尽可能让孩子接触到各类东西。家长作为孩子的倾听者、支持者、精神的陪伴者，当孩子遇到挫折时，应尊重孩子的感受，以超脱且同情的态度陪伴在孩子的身边。

（11）不要忘了给自己留下一点休息时间。

家长应该主动地寻找一点时间，暂把孩子放在一边。这是为孩子创造更好的心理环境。抚养孩子并不意味着家长要放弃个人的需要和夫妻间的交流，夫妻关系的和谐对家庭稳定至关重要。另外，家长需要点空闲时间做自己喜欢的事情，远离繁琐的家务和工作。要有一点幽默感，不要为自己的一点点错误懊悔不已。调整一下自己的心情，放松一下紧张的神经，善于休息，才能更善于工作。

（12）让孩子的爸爸发挥作用。

心理学家研究表明，爸爸对孩子的成长很重要，爸爸不仅是一个监督者，更需要成为积极的参与者。父母作为一个集体，讨论教育的原则，与孩子一起游戏，一起谈话，这样会收到更好的效果。让周围的人帮助你，使你自己的生活轻松。

（13）享受孩子带来的快乐。

成功的家长深刻地感觉到伴随孩子成长带来的快乐。由于孩子使家长的生活变得伟大，使父母变得更有理解力，使我们生活有了希望。所以，不要去抱怨自己的辛苦，而要用心去发现和享受孩子带来的快乐！

三　为沟通搭一座桥——沟通

1. 学会倾听和沟通

要和孩子密切相处，就要关注孩子的倾诉，学会真诚地与孩子沟通。

沟通，是人与人之间相处的一座桥梁。如何架设好这座桥梁，如何使这座桥梁能架设到家长和孩子的内心深处，也是一门很深的学问。然而，现在却有不少的家长，往往由于各种原因忽视与孩子进行交谈，只提供给他们物质上的满足，或不会与孩子进行交谈。

随着社会的不断进步，经济的进一步腾飞，如今的青少年，在生理和心理发展上越来越趋于低龄化。家长与孩子之间的代沟越来越大，隔阂也越来越明显。问问一个孩子："你和你父亲的关系融洽吗？"她很直白地说："我现在和我爸越来越没有共同语言了。现在我回家从不理我爸，根本就不和我父亲说话。"父母与亲生子女之间本应是血浓于水，而现在不仅产生了隔阂，更有甚者形同陌路。是孩子拒绝和父母交流沟通吗？不是的，是我们所采用的方法不正确。

家庭是孩子安全、可靠的港湾，因此家长应该把与孩子建立良好的沟通为家庭教育的最终要求，形成良好的家庭教育理念，真正架设好家长与孩子之间的那座桥梁。多关心孩子，了解其想法和需要，就要多跟孩子接触，从他们的语言及行为中了解他们的想法、喜好、内在需要。那样就要学会与孩子沟通，才能和孩子密切相处下去。

2. 怎样与孩子沟通

与孩子沟通其实很容易，主要是我们家长没有耐心。说实在的，有时你全身心地投入到孩子身上来，走近孩子的心灵，你会觉得孩子是那样的可爱，那样的天真，也会觉得有意思，不会觉得那么累了，这样孩子会健康发展的，这也是我们的责任和义务。

如何培养好自己的孩子，如何能与自己的孩子畅通无阻地沟通交流，是每个家庭、每位家长所热心关注的问题，也是现今社会环境下一个很棘手的问题。家长在与孩子沟通时，需要调整自己的心理，应该暗示自己：我有这样一个可爱的孩子，我们要一起成长，我们要一起面对很多问题，我们会比别人生活得更幸福，更有乐趣。

（1）为和孩子有效的沟通建立良好的基础。

现在的孩子是伴着"声光电"诞生并成长的，与他们家长年幼时候的接收系统完全不一样。如果家长还只用嗓子单声道地告诉自己的孩子应该怎么做，他们就会感觉特别枯燥没意思。好多孩子在今天可以一边看电视，一边听音乐，而又一边写作业，因为他自小就在一个拥有各种各样的家电的家庭环境里长大，因而产生了这种多点接收的习惯和技能。这样的系统刺激远比单纯的语言符号刺激要强烈得多，有效得多，所以家长如果故步自封，仍然用原来自己受教育的模式来教育自己的孩子，必然不可能引起孩子的兴趣，相反，甚至在孩子的眼里，家长往往都成了厌烦的符号；另一方面，层出不穷的高科技产品，深刻地影响着孩子的生活环境和思维习惯。今天的孩子还有了接受国际超前意识的能力，比如说对于性知识的认识，家长可能在教育孩子的时候难以启齿，而孩子却实际已经懂了很多。沟通的困境是每个家长必须正视的现实前提。

（2）学会设计启发式问题。

很多家长对于沟通问题的认识往往处于一个误区，就是认为只要家长说的话孩子听了，这就是沟通。家长由于他们成长年代的各种因素限制，使得他们教育自己孩子的语言和思维是很贫乏的。比如有个孩子抱怨说自己的母亲一天就和自己说六句话：早晨说"快点快点，要不就上学迟到了"；第二句是"早餐怎么也得吃点，要不上午的课顶不住"，第三句是"过马路要小心，看着点车"，第四句是"到了学校你千万努力"，第五句是"中午学校的饭不太好吃，但你正在长身体，一定要多吃点"；第六句"放学回家先写作业，别着急看电视"。这样日复一日地说，作为孩子自然而然地会感到厌烦，结果反倒事与愿违，所以作为家长应该注意和孩子沟通的方式方法，学会设计问题，用问话的方式来和孩子沟通，尽量不要用陈述句，而要尽可能地让孩子说。"问"在今天是一种高级的交流形式，父母的提问也应该是具有很强的技巧性的，家长在这方面应该加强。

（3）沟通的问题要具体化。

家长有一种习惯就是容易语重心长，但是说出的话却又特别空洞，比如"你可得努力学习"。这种语言表达在今天对孩子的教育是无效的，也是无益的。因为这些话缺乏明显的可操作性，作为孩子基本把握不住，反倒容易造成孩子心理上的紧张焦虑。积极的方式是要以一种具体的问话，通过鼓励的方式渐进式地与孩子沟通，就比较容易调动孩子的积极性，而且能够把握住孩子思考、行动的方向，将孩子的行动目标分成许多的小台阶，每一步都具体而又相对容易地能够达到目标，让他们每一步都体会到成功的乐趣。

（4）开拓孩子的生活范围。

值得家长注意的一点是不能过分溺爱孩子，这样只会缩小孩子的生活半径，这样的孩子心理素质必然很差，承受能力被大大地弱化，无法承受更多的压力，承担更多的责任。

单一的环境缺少很多的体验，造成太多的人生空白，心理学上提倡"共情"，只有处于同样的情况境遇下才能感同身受。很多沟通都必须有过相应的体验，才能够理解，才会有效果，只讲道理孩子是很难听进去的。

（5）创造多元化的沟通渠道。

家长不能仅仅立足于语言的沟通，应该采取多种方式。孩子比较喜欢音乐，那就采取音乐的方式，要循循善诱。心理学上有"对立违抗"的说法，就是孩子首先会将攻击面设定为他最亲近的人。家长需要认真思考一下，作为一种符号的出现，是否有些东西是不能为孩子接受的，家长的语言符号用多了，往往容易引起逆反心理，而多种新颖的沟通方式，比如生日蛋糕，可以插一面小旗子，写着"孩子我爱你"，容易增加情趣。而常规的沟通方式往往引不起孩子的兴趣和能动性。

（6）充分认识人格类型。

作为家长既要认识到自己的人格类型，也要充分理解孩子的人格类型。比如有的孩子内向，有的孩子比较外向，这些都是孩子的天性，是与生俱来的，很难更改，因为他就是这样一种类型。人格类型大体可以分为四类：驱动型人格，这样的人有思想，有主意，比较适合做领导；分析型人格，像陈景润一样的比较扎实，能够坐下来认真研究事物的人；表现型人格，自身有一些优势，善于利用各种机会来展示自己；亲切型人格，以自己的品质取胜，但不懂得要求别人，培养孩子的时候也往往不会要求孩子，所以有这样人格的孩子比较容易出问题。但是所有的这些同样离不开人的成长环境影响，其中最重要的是要培养孩子读书的好习惯，从中获得熏陶。

（7）抓住人生关键期。

人一生是有几个关键期的，孩子一般2岁学语言效果很好，3～4岁是树立权威的关键期，如果在关键期内不能充分地把握，那以后对于孩子的培养就会花费更多的心思和精力。家长在相应的关键期内应注意强化孩子相应的能力，这种强化应该通过鼓励的形式，培养孩子的自觉意识。

（8）家长生活的情趣化示范。

家长首先自己需要活得比较有模范性，孩子希望自己的家长生活得非常有品位，不是落伍的，他们对外来的物质、精神的影响特别敏感。家长自己表现得有追求、有品位，能在很大程度上影响自己的孩子。把自己的生活设计好，比如穿很好的衣服去听音乐会，告诉孩子只有具备一定的修养才能接触到高雅的东西，给孩子形成一种心理的触动。

（9）追求做人的高度与目标。

家长培养孩子的目标不要集中在对孩子的技术学历教育上，现在的社会，高学历教育随时都可以获得，而未来真正具有竞争力的是孩子自己的人格，在于"人品制胜"，在于孩子是否懂得关心别人、关注别人。重视自己给别人的感觉，首先自己的心里要有别人。好多孩子得到过多的物质享受，往往对别人没有感觉，变得麻木而自我，在成年以后便不可能塑造良好的人格，实际上已经自小就淘汰了自己。

当然父母参加学校的活动也很重要，一方面是表达了对孩子的关爱，另一方面也使孩子懂得学校和学习的重要性。你还可以为学校组织的实地考察旅行、班上的集会、舞蹈演出等活动出出力，这很有可能会占用你一部分上班时间，可那是值得的。

一般情况下，出席孩子的运动会、音乐会、舞蹈演出、学校的表演以及相关的这类活动非常重要。只要这件事对孩子来说重要，你最好尽可能到场，如果父母能同时参加，且表现热忱，孩子会非常高兴。

当然，生活中的多数父母都认为，他们对孩子的爱，说得多，做得少。所以，在日常生活中，你一定要把自己的语言化为行动，通过自己的行动，让孩子充分感受到你对他的爱。

当孩子向你吐露他的情感时，你既不要大惊小怪，也不要置之不理，此时正是你教孩子如何处理问题的好机会。如果情况是孩子能控制的，那么采取以问题为中心的方法最好。但如果是碰上一些牵涉到孩子无法控制的问题，孩子往往是无能为力的。因此，你要教孩子重点学会用以情绪为中心的方法来解决问题；教孩子学会如何尽可能地调整好自己的情绪；如何换个角度来看待和处理问题；如何控制不满情绪、接受现实等等。

总之，要让孩子学会好好表达内心情感，哪怕只是谈谈自己的心情都有好处，这样，不但有助于帮助解决问题，同时，也能够让他感受到你对他的爱心。

但是，你不要强迫他讲，你能做的，是帮他创造一个轻松的环境，使他能够向你倾诉一切。同时，你还要经常提供一些机会，避开任何打扰，与孩子敞开来谈。

你还要发展你们的关系，可以让孩子提出任何问题，让他能放心地在你面前真实地表露自我、释放情绪，而不用担心你不把他的感情当回事。

不要怕费时间，好好想想如何向孩子表达"我爱你"，把想出来的方法列成表，作为你的行动方案。要知道，你这样做，对孩子的健康成长是很有意义的。

（10）如果你真正爱自己的孩子，但又不知道从何入手，下面几点，将会对你有所帮助。

①说"我爱你"。把"我爱你"说出来很重要，应该经常说。

②在孩子生活的周围，如床旁、衣服口袋里等，放一些心形的图画或"我爱你"的图案。

③用身体语言表示你的爱，如拥抱等。

④为孩子做一本相册或剪贴本，贴上孩子各个时期有代表性的照片或手工，并记录好相关内容，把做好的本子放在孩子房间。这样做，孩子会觉得你很在乎他。如果你已经这样做了，请保持下去。

⑤把孩子的相片挂在屋子里。

⑥给孩子写信，把你看到的他的优点告诉他。

⑦把孩子在学校的好成绩、好的手工、奖状等展示出来，尽量做得有创意。有一家人，把孩子做的美工，用很精致的镜框装起来，做得像博物馆的展品一样，然后与其他艺术家的作品一起挂在墙上。

孩子的心灵是一个没有杂质的净地，没有谎言、没有欺骗，一切都直来直去，他们的行为都是基于想满足自己某种单纯需要所致。

（11）如果爸爸妈妈对他们的行为缺乏敏锐触觉，则可能引起不良的行为问题，如能小心参考下列四点，则有助于了解他们的心理。

四种心理需要：

①父母的爱护和关怀；

②被接受、被尊重；

③得到别人的赞赏；

④在家里有地位。

（12）有些孩子可以利用好的行为表现，来取悦父母得到赞赏，从而满足其心理需要，但有些孩子不能做到这点，当心理需要得不到满足时，便会以不适当的行为作为补偿。

四种不适当行为：

①引起注意。孩子需要得到父母的注意，才会感到自己被父母重视。而当孩子不能通过好的行为取得父母的注意，便会用不对的行为来达到目的。

②争权力。像成年人一样，孩子觉得自己是重要的，需要得到别人尊重和接受。当孩子觉得父母用权力来支配自己，就会以反抗来表现自己的能力。父母愈是行使权威，孩子的反抗就愈大。

③报复。孩子在与父母争权力的过程中，往往是失败者，便转用报复的行为来刺伤父母的心。孩子觉得这样才令父母知道他的重要。

④自暴自弃。当孩子觉得自己全无价值，就连对抗和报复的勇气也失去，则会透过表现无能来逃避别人对他的要求。

过分保护、同情、控制和支配孩子，均是不尊重的行为。负责任的父母应以友善和严谨的态度，给予孩子选择自由，同时让孩子亲历此抉择的结果。

要使教育获得成功，就全面了解孩子身心发展的实际水平，遵循孩子生理和心理的发展规律，以此考虑教什么，怎么教。孩子在生理和心理方面发展非常迅速，独立生活能力和对周围事物的认识能力，以及语言的表达能力，都随着年龄的增长发生变化，所以在早期教育时，既要有一定的难度，又要让孩子经过努力可以达到。如果家长不考虑孩子的实际水平，过难或过易都不能促进孩子的身心发展，无论是让孩子学做一定的家务劳动，还是让孩子学习某些文化知识，都要从孩子实际身心发展出发，遵循从易到难的顺序进行，忽视了这一点就难以获得应有的效果，所谓"跳一跳够得着"就是这个道理。要激励孩子学习某种知识，当这种知识与孩子已有的知识水平相差不大时，他不仅愿学，有能力学，而且也容易引发学习的兴趣。如果相差很大，甚至超过孩子的实际发展水平，他就不愿学，也学不懂，当然就提不起兴趣，甚至产生厌倦或抵触情绪。因此，在家庭教育中，家长一定要全面了解孩子身心发展水平和所学知识的实际水平。在此基础上选择合适的教育内容和有效的教育方法，才能达到理想的效果。

四 什么样的水，养什么样的鱼——氛围

孩子来到世上，命运早就注定了他必归属于一个特定的家庭，这里便是他最早的生存环境。当孩子逐渐长大，他们走向幼儿园、学校乃至更为广阔的社会以后，家庭仍然是最贴近、最密切，因而影响最深、最重要的环境。

家庭氛围也就是在日常生活环境中家庭成员之间相互影响、相互制约中所形成的心理情绪和环境气氛。因为儿童常以家长为最亲近、最直接的模仿对象，形成自己的心理定势和性格特征，家庭氛围的好坏是影响儿童心理、行为健康水平的重要因素。孩子的心灵是洁白无瑕、天真纯朴的。生活在什么样的环境中，就会造就什么样的人。一位著名的教育家曾说过："野蛮产生野蛮，仁爱产生仁爱，这就是真理。待儿童没有同情，他就变得没有同情心；而以应有的友情对待他们，就是培养他们友情的最好手段。"事实也证明了，家庭环境对孩子的成长有着决定性的影响。

1. 家庭氛围对孩子的影响

（1）如何给孩子创造一个和谐的家庭氛围呢？

为了孩子，也为了全家人的幸福，家庭成员应当共同努力，创造一个温馨与和谐的家庭氛围。

①创造良好的学习生活环境。家庭是人基本固定的生活场所，人的一生大部分时间是在家庭中度过的。孩子的生存离不开家庭，首先家长应为孩子创造一个良好的生活环境。尽管每个家庭因经济水平、住房条件各有不同，其布置标准不可强求，但居室布置整洁、色彩素雅协调还是可以做得到的，使孩子能生活在一个环境舒适、宁静、温暖的家庭中。有些家庭不注意环境布置，不讲究清洁卫生，家中家具陈设杂乱无章，污垢处处可见，给人大有一种无立足之地的感觉，这样的环境不利于孩子身心健康发展；还有的家长尽管经济条件很优越，家中布置很有现代气派，家长却忘了给孩子一个游戏的天地；有的家长极讲清洁卫生，各处一尘不染，对孩子限制太多，这也不许玩，那也不许坐，使孩子行动极受限制，这都是不可取的。

家长要为孩子创造平等和谐的学习环境。不同家庭、不同家长的文化背景有着不同的差异。并非孩子不如家长知之多，亦非家长不比孩子知之少。家长要主动为孩子创造良好的学习软环境。无论家长文化程度高低，从事哪种类型的工作，都应尽最大限度抽出娱乐等不必要的消遣时间，介入孩子的学习活动。即使家长没有给孩子辅导知识的条件，哪怕是阅读娱乐报刊、参与社会问题讨论也是对孩子学习的一种示范策动，通过创造互动学习型家庭氛围，激发孩子的学习兴趣。对孩子提出的各种问题，家长都要实事求是地进行解答，限于知识结构较为深奥的问题提倡与孩子共同查找资料讨论解决，切忌摆出家长作风予以拒绝，从而挫伤了孩子的学习积极性。家长不懂的问题也可以向孩子下问，利用孩子成功解决问题的成就心理，将平等、和谐的学习风尚贯穿于孩子成长的始终。

②形成良好的作息规律和生活习惯。家庭当中要形成比较固定的生活作息规律，包括休息、吃饭、娱乐、工作、学习等，每个家庭成员都要自觉遵守，长此以往会促使时间观念的形成，为孩子今后走进学校、社会，自觉遵守集体纪律，维护社会秩序，讲究社会公德良好习惯的形成打下基础。在家中不讲秩序、没有礼貌的孩子，到了学校里上课也会置若罔闻，走在路上面对红绿灯也会视而不见。有的家庭虽为孩子制定了作息时间表，家长却把自己作为局外人，忘记了正常作息，这样对孩子也会产生不良影响。

家庭中的每一个成员还应注意卫生习惯，如饭前便后的洗手，定时换洗衣物，不随地吐痰、扔脏物、经常保持清洁卫生，按时打扫房间等，也是十分必要的。

生活有规律是一个可以让人终生受益的良好生活习惯，对个人的学习与工作都有重要的意义。一个人的良好生活习惯应该在他的儿童时期就着手培养。让孩子知道且习惯在什么时间做什么事，有助于他们有序地生活与学习，并养成严格的时间观念。孩子在长期的有序生活与学习中可以使得自己的自我意识慢慢变得有序，孩子控制自我意识的水平也会因有序的生活节奏而得到发展与提高，并且自我意识能力强的孩子们注意力的水平一般也会很高。能长期坚持固定有序的生活习惯这一过程本身也是对孩子意志品质的一种锻炼，其长远的重要意义也是不言而喻的。

（2）那么具体如何来培养小孩子有规律的生活习惯呢？

①尽量保持孩子的生活起居在所有时间里的一致性。孩子上小学之前的多数时间要在幼儿园里度过。无论是日托还是全托，幼儿园里一般都很注重孩子的生活习惯培养。但是当孩子不在幼儿园的时间里，多数家长没有有意识去让孩子保持在幼儿园里的生活习惯。所以家长应该了解一下自己孩子所在幼儿园的生活规律与作息时间，并当孩子在家时让他们同样按幼儿园的生活要求去做。比如孩子在早上几点起床，什么时间作什么样的运动等。通过家长要求与督促，逐渐让孩子习惯在家里一样保持在幼儿园里的生活习惯。这样长期做下来，孩子自己也能

学会独立，按一贯的生活规律来制定合适的作息时间表。一旦孩子习惯过一种有规律的生活，那么时间观念就已内化成他自己的一种宝贵素质，自我意识的控制力与意志力就得到了长足的发展。

②家长不要替孩子做他自己力所能及的事情。生活习惯除了作息习惯以外，还有如个人卫生习惯、日常家务劳动习惯等。家长应该有意识从小锻炼孩子自己的事自己做的习惯。有这样一位妈妈，她给自己的小孩子擦鞋时只擦其中的一只，这样就迫使孩子为了两只鞋子一样整洁而自己去擦另一只鞋子。这位妈妈就这样无声地引导自己的孩子去做自己能做的事，让孩子自觉养成了个人卫生习惯。要孩子做家务的目的，并非仅是要把繁琐的工作做好，或教孩子"如何去做"。厨房整洁的重要性，比不上发展孩子的责任感、自立能力、自尊心、自信心和办事能力，因为这些都是健康人格的基础。做家务也可帮孩子了解人必须合作和向着共同的目标努力。小孩子几乎从一学会走路，就会产生"帮助妈妈"的强烈欲望，一个两岁的孩子能够替大人去拿和传送东西，甚至能够整理已洗好的衣服。4岁或5岁的孩子能了解简单的命令和替大人办点小事，而且还可以指望他有时会自己收拾玩具、找衣服或端走自己的碗盘。7岁的孩子已经能负担一点家庭责任。当孩子在生活中养成了自己的事自己做的习惯，养成主动做一些家务劳动的生活习惯时，孩子的独力意识与自我责任感就已增强了很多。

最后，家长要让孩子有一定的自由时间和一定的自由权利。良好的生活习惯并不是人人都一个样，每个人都会有自己的个性化风格，因为每个人的个性本来就不同。所以家长应该留给孩子一些自由的时间与权利，让他们自己去支配与发挥。刚开始时家长可以有意引导孩子把时间用在做一些有意义的事情上，但一定不要硬性干预，慢慢使孩子学会有效利用自己的时间去做一些自己感兴趣的有意义的事情。长期自由时间的支配锻炼会逐渐发展出孩子个性化的业余生活习惯，会对发展孩子个性、丰富个人生活起到不可估量的作用。

2. 建立和睦的家庭气氛

（1）营造一个良好的家庭氛围，是父母的责任。

在一个自由度比较大、比较民主的家庭里，父母不仅鼓励孩子敢于说话，勇于发表自己的看法，并鼓励孩子提问题，敢于争论，甚至向家长提出质疑和挑战，这会大大增强孩子的自信心，也有利于发展孩子的思维能力与社交能力。父母应该非常精心地营造一个令孩子身心健康成长的家庭人文环境，让孩子沐浴在一个和谐、文明、健康、宽松的家庭气氛中，培养出孩子活泼、开朗、勇敢、进取的性格，良好的公民意识和社会责任感，树立起他们平等、契约、宽容、创新、共生的现代意识，让孩子懂得：要想成才，先要成人。

（2）家长还应该为儿童创造一个和睦的心理气氛。

研究表明：在民主、和睦、文明的家庭氛围中成长起来的孩子，表现出情绪稳定、情感丰富、细腻、性格开朗、团结友爱、有自信心等特征。这是因为文明家庭能给孩子以安全感，使其置身其中感到温暖、幸福、愉快。

满足了孩子的归属感，在家庭中孩子能感到被爱与被尊重，也学习到如何爱他人，如何尊敬他人，从而增强了自尊和自信。当孩子遇到困难、挫折而灰心沮丧时，可以从家庭中吸取力量，得到指引。家长要把孩子视为家庭中的重要成员，在人格上要平等相待，不要把家长的意见强加在孩子身上，并且要抽出时间来与孩子相处，在日常生活中培养孩子的独立个性，对孩子正当的行为及时给予肯定和鼓励，有不良的行为要讲明道理予以制止，而不能简单粗暴。这样孩子会将家长视为大朋友，从而使家庭教育更能奏效。

做父母的热情、好客、乐于助人，经常保持心情开朗、愉快，可以感染子女及周围的人，使他们也觉得人生充满了和谐与光明。要知道，快乐与痛苦都是会传播的。

在充满亲情与爱的家庭里，每个成员之间会相互依恋，相互交流与沟通，相互学习与帮助。对待家庭中的问题，任何成员面临的压力和危机，都要以相互理解与支持的态度，共同设法解决，做到同心协力、同舟共济。经常在自然融洽的气氛中,组织由孩子的爷爷奶奶和一家三口共同参加的活动,郊游、打球、玩游戏等,也可以由父女、母女合作去完成某些家务,如一起做一顿可口的晚餐。

父母要和孩子一起游戏,一起学习,发展共同的兴趣,和孩子共享经验和成果,增进父母和孩子之间的感情和相互了解。父母要把孩子作为平等的人,尊重孩子的爱好,给他一定的自主权利决定与选择事情;有些事情可以和孩子商量,征求孩子的意见。这种健康的家庭生活、和谐融洽的家庭气氛有助于儿童健康心理的形成和稳定。

(3) 和睦相处,互相尊重,做孩子的知心朋友。

良好的家庭氛围可使孩子养成活泼、开朗、大方、好学、诚实、谦逊、合群、求知好奇、爱劳动、爱清洁、守时守信等好习惯、好品质;不良的家庭氛围,会使孩子染上多疑、自私、嫉妒、孤独、懒惰、任性、不懂礼貌、言语粗俗等不良习气。因为孩子在家,常以家长为最亲近、最直接的模仿对象,形成自己的心理定势和性格特征。家庭氛围的好坏是影响儿童心理、行为健康的重要因素。只有在民主、和睦的家庭中成长起来的孩子,能够表现出情绪稳定、情感丰富、细腻、性格开朗、团结友爱、有自信心等特征。

不能因为孩子小就不尊重他。要把他当作成人一样对待,尊重他,涉及他的事情多征求他的意见,让他感觉到与家长之间是平等的。培养孩子健全的人格,是孩子成长的基础。我们不但要注重培养孩子健全的人格,还应该注重培养孩子的爱心,多和孩子交流沟通。现在,家长把心思全都放到了孩子身上,但孩子并不领情,反而很烦家长。这是家长和孩子之间没有很好地沟通。既然做了,就要让他知道。

(4) 以身作则,言传身教,培养孩子的良好习惯。

中国有句俗语说得好:"近朱者赤,近墨者黑。"这实际上强调的就是耳濡目染的作用。无疑父母的一言一行,对孩子学习、成长,有着深远的影响,切不可忽视。在教育孩子过程中,不仅用说理的办法,同时还要以自己的行为给孩子做出榜样。因为幼小孩子的生活经验和社会知识都非常缺乏,不会辨明是非，时刻都需要父母的指点。应该给孩子讲清道理，告诉孩子怎样做不对，应该做什么，不应该做什么，这些都是非常必要的。但是只讲道理还不够，也难以达到教育目的。而且孩子接受这种说教也只能用耳朵听，听到的是空空洞洞的道理。而父母的言行举止却是从早到晚，时刻都出现在孩子的面前，孩子用眼睛看到的，是具体的、活生生的形象，两者相比，后者比前者更有影响力。因此，在教育孩子时，我们不仅重视对孩子的说服教育，更重视以身作则，在思想品德和行为习惯方面都要为孩子做出表率，做到言行一致，以身作则，为孩子树立榜样。

给孩子创造一个健康优良性格形成的良好环境，便是为他开辟了一条走向成功、幸福的大道，这远胜于留下万贯家财。如果在一个家庭中，父母对生活充满热爱，个性品质健康向上，思想感情积极热情，观念信仰正确得体，风俗习惯有趣活跃，便会使孩子生活在积极向上的心理环境之中，造就孩子的良好个性。

五　做孩子的好朋友，陪孩子一起玩物长志——平等

1. 孩子难管的原因

"现在的孩子难管！"这是现在家长们的一个共同感受。是呀，时代不同了，如果我们再沿袭传统的观念和方法去教育孩子，势必会感到"难管"。

由于历史的原因，父母与子女的关系已形成"管"与"被管"的格局，在这种关系中，孩子总是处于"服从"的地位，显得十分被动。然而，随着时代的发展、社会的进步，促进孩子的内心世界发生了深刻的变化。孩子变了，而我们家长教育子女的观念和方法没变，这便是"难管"的内在原因。

我们不可忽视这样一个事实，随着电视等多种现代传媒方式的普及与发展，随着家庭结构的独生子女化，孩子的心理早熟已成为一个普遍现象。孩子接触、

了解社会的机会增多了，加之又常与成人相处，他就会自以为自己已是个大人了。如果我们家长仍把他当成小孩似的管教，他便感到"瞧不起他"，于是，也就不愿意服从这种管教了。

与孩子交朋友。这是许多家长教育子女的成功经验。

（1）要求家长与孩子之间建立起平等和谐的关系。

在家庭中，不只要求孩子尊重父母，同时也要求父母尊重孩子，孩子不再处于"听话"的被动地位，而是可以自由地发表自己的观点和意见，父母也不再是发布命令、提出要求，而是与孩子商量和探讨。一句话，在这种关系下，家长应抛弃"家长作风"，树立"民主作风"。

（2）要求家长在教育子女的方法上，变"管"为"导"。

过去，我们总是用家长的价值标准作为规范孩子的行为准则，对孩子施行严格的管教，若孩子稍有偏离，轻则婆婆妈妈地说个不休，重则训斥，甚至打骂，硬性要求孩子必须按照家长的意志去做或不做，根本不给孩子发表意见和自我教育的机会。变"管"为"导"，就是要求家长以朋友的身份与孩子谈心、交换意见，用自己的行为和态度给孩子以示范，让孩子耳濡目染，以此来达到让孩子进行自我教育的目的。

事实证明，"难管"的孩子之所以难管，往往是因为他思维活跃、模仿能力强、接受新事物快，而恰恰正是这样的孩子，往往是"易导"的，关键就在于我们家长以什么样的身份、态度和采取什么样的方式方法了。

2. 和孩子做朋友

孩子是祖国的花朵和未来，几乎所有的父母、老师及长辈，都希望孩子们能健康茁壮地成长。我国家庭文化传统上也素有"望子成龙、望女成凤"的说法。但是孩子成才的道路并不相同，每个人都像一条独特的小溪，总选择自己喜欢的流淌轨迹，别人强迫不得。作为家长，我们既以身作则做孩子的榜样，又主动沟通，与孩子交朋友。只有把自己也变成孩子，走进他的世界，和他融成一片。因此，父母是否拥有一颗赤子之心，是非常重要的。所以父母应该以朋友的身份来帮助孩子，而不是以训导者的身份来对孩子的行为指手画脚。要和孩子交朋友，要多站在他们的立场想问题，体会他们年龄状况下的一种心态，才能做到以心交流。比如像早恋等问题，我们都应该站在他们的角度分析给他们听。只有在同一立场上规劝才有效。与孩子保持良好的心灵沟通并非是一件难事，最主要的是看你是否把孩子当作自己的朋友。在我国，受传统理念的束缚，很多家长在主观意识上存在着严重的父权、母权的思想，动不动就说"大人的事，小孩别管""大人讲话，小孩别插嘴"之类的言语，这怎么能不产生代沟？这怎么能让孩子与你畅所欲言？

把孩子当作自己的朋友必须赋予其发言权，不管他的论点是否正确，想法是否单纯，沟通是最关键的。还有就是相互的尊重和理解，孩子有时候也是需要你去理解他，尊重他的想法和意见的，你要在平时的交流中得知他的想法，然后和他分析判断，最后提出你的建议，但是切记不能打他，那样会将你们的关系形成一种对立的关系，最后发展成叛逆型，就是你让他怎么样他偏不怎么样，明知道自己是错的还是要那样去做，他就是要让你知道他是有自己的想法的，在这个时候家长就应该更加重视，不能继续用老办法来教育你的孩子了，要知道，不管是大人还是孩子，都是需要互相尊重的。扪心自问，哪一个家长不望子成龙？可为什么孩子们却与我们的希望有悬殊呢？有体制的因素，社会的因素，更主要的，也是唯一我们可以自己把握的因素，是我们的教育理念和教育方法。制一双鞋，造一所屋子，撑一艘船，驾一辆车，都需要独特的方法，何况要塑造一颗生气勃勃的健全的灵魂呢？真正的教育，是培养孩子的兴趣，挖掘孩子自由天性的潜力，引导他们幸福健康地成长，是快乐教育、赏识教育、自主教育、情景教育，是思维方法训练、生命观引导、世界观培养……是美德教育，更是人性教育。因为孩子首先是一个"完整的"人，然后才能赋予他们其他属性。

（1）现代家长都渴望与孩子交朋友，但事实却非人愿。

为何你和孩子成不了朋友？和孩子交朋友你有何好办法？

①用心灵去接近，十四五岁到十八九岁年龄段的孩子有了点独立精神，对父

母不像小时候那么依赖了，有时对父母的言语表现出逆反心理。这时，父母只要和孩子友好、平等相处，用心灵接近孩子，还是能和孩子交朋友的。

②学点"I服了YOU"。小孩子为什么不乐意跟自己父母说心里话？那是觉得上一辈的人一定不会理解自己的处境和心情。而一些父母，老是固执地抓着过去的"育儿"道理不放，没考虑过"代沟"出现的原因和解决方法。时代的确不同了，但一些人生经验却是很有意义的，只是孩子们往往看不到这一点。既然他们有这样的误解，那就解除它们，多学点时尚的东西，增加点年轻人的活力，时不时也能冒出点"分特""东东""I服了YOU"这样的青春专用语，一定能让孩子眼前一亮，老爸老妈好像并不像他们所想象的那样死板不开化。从言行上有认同感之后，孩子们自然在思想上也会渐渐产生认同感，也就愿意把自己不开心、不理解、不明白的事情跟父母说出来，而对父母的建议也就不会再有那么大的抵触情绪了。

③多给孩子发言权，不要骗他！尽量和他说真话，不过要考虑他的承受能力和想象范围，暴力只会让他更叛逆。有什么事都可以商量嘛！都是一家人，少一点伤害吧！到了孩子非要钻牛角尖的时候，偶尔打一次也可以，打得少打了才会有用，打太多他习惯了就完了。既然要做朋友，那就要像朋友一样对他。

其实孩子很需要家长的呵护、理解与重视。再乖巧的孩子也有不如意的时候，此时，家长应该采用温和的教育方式，不要以高高在上的命令方式管教。要多了解孩子内心的想法，要平等亲切地与孩子进行朋友式的交流，让孩子觉得家长是愿意听自己说话的，家长是为自己着想的，家长是可以信任的。

④做孩子榜样，与孩子交朋友。需要父母以身作则、言传身教，父母是孩子的第一任老师，父母是孩子行为的影子，孩子的行为是父母的折射。在教育孩子的过程中，道德方面的教育是孩子成长的奠基石。家长需要不断提高自身修养，不断完善自己，要求孩子做到的，我们自己必须首先做到，用实际行动进行品德示范。

（2）每个人都是由孩子长大的。

当你成为父母时，也有了自己的孩子，你是否常因为孩子不听话而烦恼？和孩子交个朋友，站在他们的角度思考，你也许会有一些体会。和孩子交个朋友吧！

当孩子遇到不顺心时（如在学校发生不愉快）应该关心问候，帮忙分析，如果是别人不对，就应该帮助自己的孩子找回自信。让他开心，有利于他的成长和对事的正确处理。如果是自己的不对，也不要骂他，只要正确地引导，他会自觉地认识并改正，千万不要训斥，这样很容易伤到他的自尊，会造成心理包袱。

当孩子正面对青春期，意识会模糊，会有一些幻想（很有可能因为好奇而和异性有交往），这是不应该气愤，更不能打骂的。往好的方面想，孩子终于长大了，又增添了一种情感，这时可以和他交谈，了解他的想法，并给出自己意见，但不要把自己的想法强加给他，否则就会出现孩子叛逆的情况。如果他意志坚决，不妨放开手，让他去尝试，但要有一个度，告诉他不能过这个度，不然就不要有想法，一段时间后，他就会尝到苦头。

孩子也是人，他也有自己的独到见解，要善于发现他们的优点，这是很重要的，适当的鼓励有助于帮孩子建立自信，他们也有自尊心，所以即使在打骂时也不要伤到他们的自尊，这样他们才会学着尊重别人，一个得不到别人尊重的人又怎么会尊重别人呢？

其实孩子的思想都是很单纯的，不要以为他们会谈恋爱就是思想复杂，其实错了，孩子永远都有一颗好奇的心，对此也不例外，为什么认为他们单纯呢？就是因为他们想什么就会说出来，不会像成人一样要经过深思熟虑，就因为他们不会考虑说了以后的后果，所以说他们是单纯的，是因为有了不理解他们的父母，才学会了隐瞒和欺骗，其实他们也不想，他们是多么希望父母能理解他们，能帮助他们，可这一切，做父母的并不知道。

要和孩子交朋友最重要的是理解，你不能理解他们，反过来他们也不会理解你们。你是孩子的模仿对象，你是怎么做的有可能自己也不知道，但看到孩子这样，有没有想到自己？放宽心和孩子交流一下吧。

作为父母，恐怕很少有人把自己和孩子放到同一个层面上来，要把自己当作孩子朋友的人，就更微乎其微了。通常来说，我们只是把孩子当作受教育的对象，我们想当然地给孩子灌输成人世俗的思想，让孩子接受成人眼中的世界，以过来人的语气教育孩子。我们从来没想过，孩子也是一个独立的个体，他们有独立的人格，有自己的思维，有自己的想法，虽然可能幼稚，可能不成熟，但那是他们通过自己的双眼对这个世界的感知而总结出来的，我们有什么权利去扼杀它呢？抛开辈分关系不谈，孩子和我们是平等的，都是独立的人。只不过，我们比孩子早到这个世界二三十年。年龄上的差距，直接导致我们不会好好跟孩子相处，不能理解孩子的所作所为。

孩子喜欢玩沙，喜欢搅和泥巴，父母大人就不能理解，那么脏的东西，又不是五颜六色，又没有什么科技含量，还会把自己弄得像小花猫，为什么孩子玩得如此高兴，乐不思蜀？

父母花钱买回来的电动玩具、芭比娃娃，孩子是三分钟的热情，热情过后，置之不理，可对那些破破烂烂的瓶瓶罐罐的兴趣却是有增无减，一个矿泉水瓶盖都可以玩上大半天。父母大人怎么也不明白，那些瓶盖难道被施了魔法，迷住了孩子的心志？

其实，这就是我们和孩子的代沟，我们不知道他们在想什么，我们也无法认同他们的世界，所以，我们没办法和孩子好好相处，家庭战争时常爆发，父母和子女之间的距离被人为地越推越远。当我们有一天蓦然回首，惊恐和孩子之间的距离已隔得如此之远，想要挽救时，却为时已晚。

与其亡羊补牢，不如未雨绸缪。

要想弥补和孩子这几十年时空上的差距，要想和孩子没有代沟，要想跟孩子好好相处，唯一的办法就是把自己和孩子放在同一个层面上，站在孩子的立场想问题做事情，和孩子交朋友。

和孩子交朋友，意味着孩子犯错，你不能一味地责备打骂，因为你这个时候是孩子的朋友，不是父母，而朋友是要互相帮助的。所以，这时，你要善意地帮助孩子消除犯错后害怕挨骂的惊恐，再帮他找到犯错的原因，然后共同寻找一个可以改正错误的行之有效的方法，最后，告诉孩子，犯错不可怕，可同样的错再犯就不应该了。这样一来，相信孩子不会有压力，也会认同你这个父母朋友。

其实，在一个父母都要繁忙工作的家庭中，孩子最缺少的不是和大人一起玩游戏、学知识的时间。因为他每天8个小时的时间都在和幼儿园的阿姨、小朋友们玩这样那样的游戏，学这样那样的知识。他们需要的是在父母的带领下接触社会，去看高楼大厦的铺建，去看上下班高峰的车水马龙，和你一起买东西，一起打扫家庭卫生，或者就是简单地和疲倦的你一起在沙发上躺着，对他们来说可能就是最大的快乐。因为这样，孩子才觉得和你是平等的，他才会融入了你的社会生活。

不同年龄、不同性格的孩子在自我娱乐方面有很大差别，想自己玩的孩子自然会自己玩，这时，作为父母，你千万不要去絮絮叨叨、指手画脚地去教他们了。站在朋友的立场，你要做的只是鼓励和欣赏而已。陪伴孩子并不是非要做点什么、说点什么，你完全可以让孩子在你旁边玩他的东西，而你干你的事情。不要认为这样做还不如放他们进单独的孩子游戏室，对7、8岁以下的孩子来说，就算在玩，他们也不愿意完全离开你，如果你不在，反倒会因为经常想找你而中止自己的游戏。

如果你感到和孩子在一起不是一种享受，那么你的孩子肯定也没有从中得到快乐。你不快乐的部分原因可能是因为你的应付，你并没有真正去爱上这段时间，更不要说去享受了，你没把孩子当朋友看待，而只是纯粹地"陪"孩子。你把你的时间和孩子的时间分得太清楚，并且把这一段时间看成了孩子的时间。这样和孩子在一起，你显得很被动，注定要产生不满足感。每一天都只有24小时，你喜欢在自己的时间里随意收拾房间吧？你怎么知道孩子就不喜欢呢？

所以，不要先把孩子排除在你的世界之外，再专门抽出时间走进孩子的世界，只要有心，只要用心地和孩子交朋友，你们拥有的世界本来就是相同的。

"对孩子说话，要理智思考不要责怪埋怨；叮嘱虽然重要，但要讲到点子上；要放心孩子，放心让孩子去做，做错了，吸取教训，无非花点'学费'；该管的要提出具体思路和要求，做后检查，肯定成绩，纠正不足。"很多教育学者指出，家长们应该做的，就是要提高家教艺术。

和孩子交朋友，就必须了解孩子，善于聆听孩子的心声，善于和他们沟通。家长应该鼓励孩子讲出内心的喜怒哀乐，耐心地听取他们对周围事物或发生的事件的评判。在他们讲述的过程中尽可能不要去打断，不要急于批评或评价。当他们讲完后，你再用十分简练的语言对他的话做一个概述，帮他理清思路。这样他不但获得了尊重，也有利于他们搞清自己的思路，在互相理解与交流中增强对家长的尊重与信任。

把孩子当作朋友，和他谈心。可以告诉他你每天经历的事，也可以问他一天经历的事。如果他告诉你做了什么"不该做"的事情，不要训话，不要生气，多听少讲。当他认为和你聊天没有"被惩罚的威胁"时，他才会无所不谈。刚开始时，如果他有点不敢讲，先对他保证不会生他的气。在孩子的成长过程中家长还要多抽些时间陪陪孩子，慢慢地走进孩子的心灵深处。进而和孩子交朋友，注意和孩子多沟通。不要在孩子面前老是摆出一副家长的姿态，让孩子不敢和你交流思想。把自己封闭起来，慢慢地就会养成孩子孤僻的性格。一个家庭的幸福指数的高低不在乎金钱的多少，而在于家中爱与被爱的那种感觉，让我们和孩子共同营造一座爱的城堡！

所以家长们，为了孩子的成长和发展，为了孩子的未来和明天，和孩子做朋友吧！

六　穿上孩子的鞋走路——换位

1. 孩子到底要什么

当孩子在外面受了委屈，与好朋友或心爱的宠物分离时，他细腻的小心灵会难过半天。假如这个时候孩子向父母哭诉，父母却只是一味地告诉他"没关系，坚强一点""这没什么好难过的""你真没用，还敢哭"，会让孩子觉得父母一点都不能体会他的感受。若父母能以同情和理解的态度对待孩子，适时安抚他，给予些亲情慰藉，相信就会有截然不同的效果。

如今，孩子可以说是家庭的核心。父母对孩子的要求真是"唯命是从"，无论是吃、穿、用、玩，父母都尽最大努力，满足他们无休无止的要求。可惜当孩子们一天天地长大了，父母们却无奈地发现，他们的孩子并没有按照他们预期的方向发展。他们对孩子百依百顺，到头来却收获寥寥。有的父母，还因为对孩子的过分呵护，反而惹得孩子对自己反感，甚至因此造成父母与子女之间的矛盾。

这一切，究竟是怎么了？这可真让父母们不明白其中的原因，他们不得不疑问："现在的孩子，到底你想要什么？"

之所以造成这种情况，一个最主要的原因就是：父母们对孩子的理解太少了，他们总是用自己的思想，去体会孩子的心情，"以大人之心，度儿童之腹"。他们很难客观地站在儿童的角度，用儿童的眼睛观察这个世界，用儿童的心理思考这个世界，因此，尽管他们对于儿童的种种物质的要求尽量给予满足，但父母们给予的，往往不是儿童真正需要的，所以仍然不能够使儿童快乐。

孩子到底想要什么？孩子有时是期望与父母有更多的情感沟通，希望与父母一起游戏、游玩，但是这些却被丰富的物质满足所代替了。其实他们内心深处真正所需要的是物质生活之外的爸爸妈妈的关心和关怀，而这一切却是我们的父母所忽视的。让我们来听听孩子的心声吧！

（1）孩子需要父母的关注。

尽管孩子是家庭的核心，可是这并不意味着他一直是众人关注的对象。因为大多数的父母可能工作很忙，在大人忙的时候，往往孩子就被忽视了，但是孩子们还是很希望父母亲和他们待在一起的时间多一些，陪他们多玩一会。他们不是要父母亲心不在焉地坐在那里，而是要父母亲给予他们全部的注意力。几乎所有的孩子都抱怨父母要做的事情太多，因此对他们注意不够。父母都会关注自己的孩子，但这种关注应该是持续的，要让他们经常感受到被注意、被重视。

（2）孩子需要父母的关心。

在如今快节奏的时代，孩子们需要有形的方式来感受父母对他们的关心与爱护，而这不单是指让孩子吃饱穿暖。父母对孩子的爱，孩子是否感受到了呢？又有多少父母会花时间静下心来听听孩子的声音呢？久而久之，父母成了生活必需品的来源地，而不是爱的源泉。对孩子的爱就应该让他感受到，经常给孩子鼓励、赞扬的表情或亲切的微笑，对他提出的正当的要求，要尽可能地友好地接受并帮助解决，从而让他感受到父母对他的爱。有时诸如亲吻等一些示爱的小动作也能让孩子感到父母对孩子的关心。

（3）孩子喜欢和全家在一起。

孩子们喜欢固定的家庭活动，因为他们可以有一种盼望的心态，当孩子们谈到家庭活动时，他们并不是指那种大把花钱的大场合，孩子们流露出他们是多么喜欢那些平常的、反复举行的活动。对一个孩子来说，这意味着每星期全家聚在一起，租一部录像；意味着爸爸每星期从一套系列故事中给他读上一章。当孩子们讲述这些情景时，你可以从他们的脸上读到快乐与放松。

（4）孩子不喜欢你们大声叫嚷。

当父母亲对他们叫嚷时，孩子们的感觉会很不好，虽然他们也认为有时候叫嚷是必需的，有几个孩子甚至承认，"大声叫嚷是唯一让他们听话的方法"。但是频繁的叫嚷——特别是在父母亲失去控制以后的叫嚷——使孩子很难受。对于大一点的孩子来说，父母的这种怒气还具有传染性。

孩子们都渴望着与父母更多地沟通，他们所提供的信息是我们无法不重视的。为了让我们的孩子有个健康的未来，请真诚地和孩子们交流吧！这样我们才会知道什么是孩子们最需要的东西。

家长要让孩子学会好好表达内心情感，哪怕只是谈谈自己的心情都有好处，这样，不但有助于解决问题，同时，也能够让他感受到你对他的爱心。

相信多数父母都在心里爱着他们的孩子，却没有很好地表达出来，没有让孩子很好地感受到他们对自己的爱。所以，在家庭生活中，你应该很懂得告诉自己的孩子，你爱他。千万不要犹豫，不要使孩子对你的爱产生一种迷惑的感觉。

很多时候我们说：我们要站在孩子的角度考虑事情，用孩子的视角看待世界。尊重孩子，我们总是挂在嘴边，可是谁又这样做了呢？但是也有很多时候我们往往在不经意间忽略了这些，把自己的意愿强加给孩子，没去理会孩子的感受。也许就是在很多个不经意间，我们与孩子越离越远。其实孩子也有自尊心，孩子也怕伤害，父母影响孩子的一生，所以为了孩子，为了孩子一生的幸福，我们要好好培养孩子，教育孩子，我们要尊重孩子。尊重，是美国儿童教育中的重要方式和特殊营养。比如，美国人讲究对孩子说话的口气和方法，不但大人要认真倾听孩子的话，而且有时还要蹲下来同孩子对话，使孩子感到你在尊重他，并可避免他有"低一等"的感觉。

2. 家长该如何做

孩子吃饭时不能硬逼，孩子做错了事不得横加训斥，要孩子换衣服也不可用命令的口吻，否则，都会给孩子的心理上留下自卑的阴影。家长带孩子外出做客，主人若拿出食物给孩子，美国人则最忌讳提早代替孩子回答"不吃""不要"之类的话，也不会在孩子表示出想吃的时候对孩子训斥。他们认为，孩子想要什么或是想看什么，本身并没有错，因为孩子有这个需要，任何人都没有理由来指责，只能根据情况适时适当地做出解释和说明，以做引导。

美国人反对父母在人前教子，更不允许当着人面斥责孩子"不争气""笨蛋""没出息"，因为这会深深伤害孩子的自尊心，父母这样做是一种犯罪。美国父母这样尊重孩子，不仅仅是因为他们年龄小，需要爱护、关心和培养，还在于他们从出生起就是一个独立的个体，有自己独立的意愿和个性。无论父母还是老师都没有特权去支配或限制他们的行为。特别是孩子，在以后的成长中的大多数情况下家长不能代替他们对客观进行选择，所以要让孩子感到自己是自己的主人。

伟大教育家洛克说过："父母越不宣扬子女的过错，则子女对自己的名誉就越看重，因而会更小心地维护别人对自己的好评。若父母当众宣布他们的过失，使他们无地自容，他们越觉得自己的名誉已受到打击，维护自己名誉的心思也就越淡薄。"有人认为美国父母对孩子的尊重是否太过分了，但事实证明，受到父母良好尊重的孩子同父母大多非常合作，他们待人友善，懂礼貌，同大人谈话没有一点局促感，自我独立意识强。儿童心理学家认为，这些都是孩子们受到应有尊重的良好反应。孩子虽小，可是也有自己的感受和心事。对于不同特点的孩子，取得他们的信任有不同的方式，作为家长，应平日多观察孩子的习惯行为，多了解他们的心灵接受方式和程度。这样在孩子有心事的时候，让他能感觉到你能理解他，能明白他的意思，并可以帮他解决问题，这样才能达到与孩子的心灵沟通，取得孩子的信任。

（1）当孩子闹脾气批评一顿不妥。

过去很多家长看到孩子闹脾气，一般都会狠狠地批评一顿，非要把孩子的情绪压下去不可。看到孩子沮丧的样子，总会批评孩子，非要孩子装出一副"笑容"不可。这些沮丧的孩子，本来心情就不好，希望从父母那里得到一点支持和安慰，殊不知却多受一次奚落，心情比原来更加糟糕，孩子内心的痛苦程度可想而知。

谁都爱自己的孩子，哪家的孩子病了，做父母的有几个不是细心照料呢？孩子出门，哪个母亲不是左叮咛右嘱咐要穿够衣服呢？但光是这些生活上的照料是不够的，更重要的是对孩子心灵上的呵护。

（2）让孩子有发表意见的机会。

不要老怪自己的孩子"不听话"，作为长者，比少年人有丰富的人生经验，应该跟你的孩子一起分析问题。要让孩子心悦诚服，就要让他（她）有发表自己看法的机会，而不是要以一种居高临下的态度去迫使他（她）顺从你，这样的话你孩子的身心健康就会受到扭曲。

（3）还有一些家长觉得孩子不听话，就"没面子"。

所以即使知道自己不对也不肯承认自己的错误，非要坚持到底不可。为何他们不好好想想，究竟是你的"面子"重要还是你孩子的心理健康重要？是你的"面子"重要还是你孩子的前途重要？

（4）别怪孩子不如自己优秀。

不要怪你的孩子愚笨。我们经常会听见有人评论某人：他（她）的父亲（或母亲）那么能干，为什么他（她）那么糟糕呢？其实，从科学的角度来分析，一点也不奇怪———孩子所表现出来的是他（她）的长辈没有被人看到的隐性基因（暗的一面），那也是父母遗传的结果。不要老埋怨你的孩子像他（她）爸爸，那不是孩子的过错，是父母把他（她）生成这样的，谁叫你不能把自己的"优秀品质"遗传给他（她）呢？

孩子的性格、心态与父母的态度有着密不可分的关系。一个长期在批评声中长大、连随便讲一句话都要受到奚落的孩子，不可能成为一个有思想、有个性、有领导才能的人。一个长期积怨的人，又怎么去爱别人？作为父母，当你看到自己的孩子与你的期望值有一定距离的时候，你首先应该从自己身上寻找原因。每一个年龄阶段，父母们都要学一点心理知识和情绪辅导知识，让我们身边的孩子健康成长。

父母是孩子的第一任老师，对孩子一生的发展十分重要。因此家长与孩子的沟通至关重要。

①身教重于言教。家长首先要注重自身的修养，树立自己的威信。一个不爱学习只顾自己吃喝玩乐的家长，一问三不知的家长，品行恶劣、行为庸俗、自私自利、不孝敬老人的家长是不会培养出好孩子的。

②要注意亲子教育。孩子非常在乎父母是否全身心投入关注他们成长，有的父母虽然与孩子常年在一起，但不一定经常沟通。大多数父母都是以忙为理由，忽视亲子教育。父母的亲子教育应走在孩子的生理心理发展的前面，所以父母应全身心地投入孩子的教育，不断学习，提升教子能力，方可赢得孩子的尊重和爱戴。

③营造一种良好的知识环境。孩子学习要有一个好的小环境，不求高档，但求氛围，学生学习的时候要避免不必要的家庭闲谈，朋友聚会等等尽量少在家中举行。还有就是要创造和睦、祥和、稳定的家庭气氛，父母不要经常打架、吵闹，影响孩子的心理发展。

④无条件信任孩子。父母是孩子的第一任老师，更是孩子的终身榜样。孩子身上的优点、缺点、好习惯、坏习惯基本上来自父母和周围环境的熏陶。所以要求孩子做到的，父母首先要做到。欣赏孩子的优点，尽量包容缺点，用放大镜看孩子，要知道世界上没有完美的孩子，再完美的孩子都有自己的缺点。父母无条件信任自己的孩子是与孩子沟通交流的重要基础。

⑤多赞美、少批评。恰到好处的赞美是父母与孩子沟通的兴奋剂、润滑剂。家长对孩子每时每刻的了解、欣赏、赞美、鼓励会增强孩子的自尊、自信。切记：赞美鼓励使孩子进步，批评抱怨使孩子落后。

⑥纠正孩子的关键性缺点时一定要注意考虑成熟，选择最佳地点和时机。

最后请家长们记住以下几句话：教育孩子的前提是了解孩子。赏识才能成功，抱怨导致失败。

七　在孩子的心里撒下一颗爱的种子——关心

1. 关注孩子心灵的健康

强迫症、自杀轻生、校园暴力、杀害同学、心理年龄低下……无论是打开报纸还是网络，几乎每天都能看到这样的字眼，几乎每天都能看到这样的孩子做着这种或那种的"傻事"。

是孩子天生基因有残缺，还是他们本身素质就低下，才会让诸多"傻事"频频见诸媒体？根本原因也许不在孩子，而在于我们的教育缺乏心理养分，家庭教育尤为如此。全国知名少年儿童心理健康专家刘伟就曾经指出过："忽视孩子的心灵成长，是中国家庭教育的最大盲区。"

从古到今，父母们都有望子成龙、望女成凤的迫切心愿，然而，这种心愿更多时候被诠释得过于单一，在某种程度上甚至被理解为"唯有读书高""唯有才艺高"。因而，大多父母都只关心孩子的两个方面，学习和身体健康，而忽视了孩子的心灵成长，这是不科学的。当然，这并不是说学习和身体健康不重要，而是说孩子需要的不仅仅是这些，还需要充足的心理养分。大多数家长感觉心理教育看不见、摸不着，是虚的。但实际上，没有健全的教育如何能培养出心智健全的孩子呢？而且，没有心灵的教育，很多其他教育也是很难有良好效果的。

有心理专家指出，每个"问题孩子"的后面必定都站着一个"问题家长"。这句话不一定是绝对的，但至少也说明家庭教育是影响孩子一生成长的重要因素。父母给孩子的影响在初期是看不出来的，一些负面影响和心理创伤会慢慢沉淀在孩子的心底，长大以后，一些让他们不能适应的因素就会导致问题的积郁爆发。山东高等医学专科学校心理咨询中心每年帮助三四百名本校和外界大学生处理心理问题，发现大约70%以上的心理问题源于不当的家庭教育。这些根源于家庭的心理问题往往表现为冷漠、自私、偏执、多疑等等，其背后是人格不健全、扭曲以及人格障碍。由此可见，仅凭学习成绩很难预测孩子的将来。

对于一些执著于考试成绩的父母，心理学家也讲到，影响考试成绩的要素，排在第一位的是考试时的心理，第二位是考试前的心理，第三是学习方法，第四是基础，记忆力则排在第十七位。这都说明了，拥有良好的心理素质，是孩子走向成功的一个很重要因素。而好的心理素质，则是从好的心灵教育中得来的。

健康美好的心灵是在和谐美满的家庭中塑造出来的。家长在关注孩子学习和身体健康的同时，必须重视孩子的心灵成长，给孩子提供足够的心理养分，让孩子拥有健全的人格。同时，在家庭中，父母双方还要努力扮演好自己的角色，关注自身的心理健康，以良好的心理素质和人格去影响孩子、熏陶孩子。只要家长在生活中变得更有情趣、更民主、更尊重信任孩子、更爱与孩子交流沟通、更爱学习……那么，就可以为孩子打下良好的人格基础，提高孩子的生命质量。

据《中国青年报》报道，北京师范大学发展心理研究所"中小学生心理素质建构与培养研究"课题组发布的一项调查显示，在北京、河南、重庆、浙江、新疆5个地区抽样选取的 16472 名中小学生中,小学生有异常心理问题倾向和严重心理行为问题的比例占到了 20.6%,初中生有异常心理问题倾向和严重心理行为问题的比例占 17.1%,高中生有异常心理问题倾向和严重心理行为问题的比例是 17.3%。

调查表明,在中学生中,师生关系、亲子关系很差和较差的比例在人际关系六项调查指标中都排一、二位;小学生的"孤独""考试焦虑""敌对"以及初中生和高中生的"交往焦虑""敏感性""考试焦虑""敌对"等严重的情绪问题,在情绪状况调查的八项指标中都排前列。

虽然看上去这一比例并不高,但如果乘上全国中小学生庞大的基数,存在心理问题的中小学生数量也足以让人为之捏把汗了。

健康美好的心灵是父母留给孩子最好的财富,经营我们的家庭,给孩子一个健康的心灵。孩子的心灵成长和身体成长一样,需要各种的营养。孩子的心灵成长需要八大营养元素:肯定、自由、情感、宽容、梦想、尊严、宣泄和磨难。

(1)肯定。

今天的孩子最需要的是什么?

今天的孩子最缺少的是什么?

孩子的心灵就像干涸的小树苗,渴望得到灌溉,这种灌溉不是知识的灌溉,而是渴望被肯定,渴望得到积极的评价。

用欣赏的眼光看待孩子是现代父母送给孩子的最好的礼物。父母若期望孩子成人成才成功,最佳的办法就是:永远做孩子的欣赏者,培养孩子的自信,欣赏孩子的才华。

肯定是心灵成长的关键,表扬能使孩子更聪明,要适时欣赏自己的孩子,看到自己孩子的进步,不要总拿自己孩子的不足和别人孩子的长处相比,要看到孩子的长处,经常地鼓励和表扬孩子,好孩子是夸出来的,要给孩子以信心,如果孩子没有自信心,将一事无成。对于自己的孩子要多伸出你的大拇指,对孩子发出内心的赏识,说:"你能行,一定能行!"

(2)自由。

一个人的思想在没有禁锢、没有限制的情况下,是自由奔放的,充满活力的。

培养孩子，更得需要一个自由、宽松的发展空间。那些"很棒"的孩子，很有创造力的孩子，身边都有一个善解人意的妈妈，或者有一个本身就很有创造力的爸爸，也或者有一个很赏识他的创造才能，对他的奇思妙想很感兴趣的人，这样的孩子无疑是幸运的。

所以我们的父母要学会给孩子松开翅膀，让他们自由飞翔！

要给孩子足够的自由空间，孩子也是有思维、有主见的，有自己的兴趣和爱好，也需要别人的尊重，我们也要从孩子的角度去分析和思考事情，不要以家长的权威独断专行，强行安排孩子的生活和学习，而不考虑孩子的兴趣和感受。尤其要给孩子读书的自由，不断激发孩子读书的兴趣，让孩子主动地去学习和阅读，从而进一步提高孩子的阅读能力。有良好阅读能力的孩子思维活跃，想象力丰富，思想自由奔放，充满生命的活力。但是我们必须做好对孩子阅读的引导，让孩子阅读健康的书籍，与时代发展相适应的书籍，从而培养孩子有创新能力、有思想、有个性，让他快乐成长。

（3）情感。

情感是人格发展的重要方面，是培养孩子成长的重要环节，也是薄弱环节，现在的孩子情感冷漠，觉得父母为他们做什么都是应该的，天经地义的，对他人没有关爱，没有爱心，自私自利。要对孩子的心灵多一份爱，要让孩子从生活琐事中体会到别人对自己的关爱，体会到家人和社会给自己的温暖，体会到自己得到的温暖是别人用辛勤的付出换来的，同时也要让孩子体会到自己是社会一员，别人也有可能需要自己的帮助，自己的帮助也会给别人带来快乐和幸福，体现出自己的价值。从而让孩子有感恩之心，会感恩父母，感谢老师，关心同学，因为善良而被社会所接纳。

（4）宽容。

任何人都难免犯错误，何况一个处在成长中而且涉世未深的孩子呢？因此，我们不要怕孩子犯错，要谅解孩子犯的错误，常言道：孩子犯错误上帝也会原谅。关键是孩子犯错误有缺点如何正确对待。作为家长既要有接受孩子可能要犯错误的心理准备，也要有承受孩子犯错误的心理素质，要用心灵沟通，要和风细雨地教育，帮其改正错误。慢慢地引导孩子在犯错误后认真总结经验，吸取教训。鼓励孩子敢于面对错误，正确改正错误，使以后不犯或是少犯同样的错误，这样也教会孩子如何宽容别人，正确地与人交往。

包容能培养孩子的情怀，使他能够不回避错误又能善解人意，在包容的环境里长大的孩子将极富于耐心。

而父母的包容是孩子心灵的港湾，是孩子就可能会犯错误，父母要给他改错的机会。每个孩子都是在不断地犯错、认错、知错、改错中成长的。孩子犯了错误，要给他改正的机会。

当一个人绝望的时候，最需要的就是亲人的包容。爸爸妈妈永远是孩子心中最后的底线，家庭永远是浪迹天涯的游子最后的归宿。

我们提倡包容孩子，是给孩子一个自省的机会，这对孩子人格的培养大有好处。这会使孩子拥有健康的心态和面对挫折与失败时采取积极的人生态度。

（5）梦想。

孩子天生都有梦想，而童年和少年时期则是梦想的故乡。

梦想是鸟儿飞翔的翅膀，不展开翅膀，你永远不会知道你究竟能飞多远。一个人心中拥有了梦想，就会在生活中充满希望，就会在生活中不断地创造生命的奇迹。

所以当孩子告诉你他的梦想的时候，不管是否切合实际，鼓励他。

多彩的梦想是人生的宝贵的财富。人的一生能走多远，很大程度上取决于他在童年的梦想有多宽。梦的天地越宽，他能走得就越远！很多成功都是通过梦想实现的，只有梦想才能给我们锁定奋斗目标和方向，只有想飞的人才能真正飞起来。心中有美好梦想的人未来才会充满希望，因此我们要激发和开发孩子丰富的想象力，拓宽孩子思维空间，在祝福声中让我们的孩子走向世界，记住梦想是孩子成长的动力。

（6）尊严。

一个人的心灵世界是靠尊严来支撑的。我们要培养孩子从小就要有骨气、有尊严。尊严是人生的丰碑，尊严的丰碑树立起来，人生就会创造辉煌；尊严的丰碑一旦倒塌，心灵就会被践踏。贫困、残疾家庭出生的孩子需要尊严，那些学习差的孩子也需要尊严，有时候这些父母、老师眼中的"差生"需要的不是分数，而是尊严。所以我们的父母要注意，孩子的表现再不好，也要给他尊严。

（7）宣泄。

每个人心中都会产生不满，这种不满情绪要有发泄的渠道。好比气球，只充气不放气，迟早会爆炸。人如果不及时将不满情绪宣泄，同样会爆发。不良情绪在人的体内会产生毒素，还会助长癌细胞。

发泄不良情绪的办法有三个。一是运动，运动可以消除心理疲劳，也可以疏解心中的不快。所以父母们不要过多限制孩子们运动的时间。二是释放，找个知心朋友谈心，聊一聊就可以把心中的不满和抑郁释放出来。所以有时候孩子上网交流或者打电话未必是坏事，只是时间要有节制。三是忍耐，忍一时风平浪静，退一步海阔天空。中国有些话说得很好："难管之理宜停，难为之人宜厚，难处之事宜缓，难成之功宜智。"这就是劝人们不要过于钻牛角尖。

那么我们的父母需要做什么呢？成年人有很多烦恼，想说给人听；孤独的孩子也一样，想把心事说出来，但找不到倾诉对象，所以父母们要学会耐心地听孩子诉说心灵。

（8）磨难。

人不经磨难难成大器，孩子心灵的成长也需要磨难。

没有经历过饥饿的人，不知道什么叫温饱；没有经历过寒冷的人，不知道什么叫温暖；没有经历过苦难的人，不知道什么叫幸福。

"自古英雄多磨难"，世界上成绩卓著的人，都是身经磨砺、百炼成钢的。

所以我们的父母要给孩子以经历磨难的机会。

2. 心灵环保佳句，关注孩子心灵成长

将心比心，多替别人想一想。

心中充满着绿意。

时刻心中有爱，常保惜物之心。

时时保有敬人、爱人的赤子之心。

常怀喜悦、感恩、慈悲、施舍，不让心灵物化。

给枯黄的心灵植上一片绿。

把自己的欲望降到最低点，把自己的理性升到最高点。

常常清理心中不必要的垃圾，在心中不堆积任何垃圾。

不是外表做环保，而是要打从心里做环保。

以良知和爱在心中植出大自然。

心灵深处，常存善念。

心存环保，身体力行。

心田保有一片净土。

做任何事情，第一要从心做起。

多付出些耐心、爱心。

看山又是山，看水又是水，使烦恼是非消失于山水之间。

从自省的功夫做起，凡事反求诸己，做到"己立立人己达达人，己所不欲勿施于人"。

保有一颗无私的心，时时去帮助别人。

给心灵一个无污染的空间。

一颗虚心向别人学习的心。

不断地回收有用的精神食粮，让我们的心灵不虞匮乏。

保持平常心。

以开明宽阔的胸襟，去接受包容各种不同的思想观念。

遇到挫折，检讨自己。

八　孩子有自己的时间表——自由

1. 给孩子安排自己的机会

什么样的孩子才是快乐的孩子？我们每个人的经历都会告诉自己，自由的孩子是快乐的孩子。在儿童时代大家都很贪玩，其实玩是孩子的一种学习的方式、交友的方式，是他锻炼胆量、磨炼意志的方式。有的时候他这种玩能给他带来很大的成长的动力以及人生的启示。

想想童年中让你最难忘的事情是什么。是在课堂里上课吗？是在家里写作业吗？很可能都不是，最难忘的可能就是你和伙伴玩的时候。玩的时候你能否痛痛快快地玩呢？当你写完了作业，完成了学习任务，能不能痛痛快快地玩呢？

那么为什么现在的孩子有的时候对事情缺乏热情？可能就是他自由的游戏太

少了。他内心的情感不能释放，他那种主动性没有激发出来，所以他是被动的。一天的 24 小时都是大人给安排，什么时候上课，什么时候自习，什么时候写作业，什么时候睡觉。没有自主性的生活，孩子就不可能有热情。一个人如果总是被动地生活，那他的人生是很可怜的，他就不是一个真正的人，不能对自己负责。如果我们回想童年，非常感谢父母和老师，就是因为我们当时能自由地安排，自由地生活。自由激发了我们的梦想，让我们兴趣盎然，虽然经济上贫穷，但是我们精神上是快乐的。一个自由的童年是人一生中最宝贵的财富。

　　父母都希望孩子能按自己的要求安排时间，都希望孩子生活没有危险，但是，如果你控制了孩子所有的时间，也就意味着你控制了孩子的生活、快乐和意志，这样给孩子带来的必然是被剥夺自由的痛苦。连自由都被剥夺的人，你还能指望他独立、有思想、有创新吗？

　　一个不能安排自己时间的人，怎么能长大呢？越被严密监视的人，逃跑的意识越强烈，何不让孩子自己把握自己的生活呢？况且，疲惫不堪的人，应该有理由放松身心。只要孩子不选择危险的活动，父母就应当宽容。

　　在对待孩子方面，原则是：学习很重要，但培养健康人格更为重要。不论进行什么方面的教育活动，都不可忘记这一总的原则。

　　一个具有健康人格的人是自由的人，而自由主要体现在这个人能够自由、有选择地支配自己的行为。这种自由感不是凭空产生的，其中，很大一部分来自童年时期对自由支配时间的体验。但遗憾的是，在 1996 年的一份调查中发现，城市独生子女每日可支配的自由时间只有 68 分钟。这说明我们没有给孩子足够的可自由利用的时间。相反，我们却用功课和其他有关学习的活动占满了孩子的时间。

　　自由支配时间，还意味着儿童具有热情的实现自我、用创造性的方法表达自我的机会。剥夺儿童的自由支配时间，实际上是在剥夺儿童成长和发展的机会。对城市独生子女的调查表明，有更多自由支配时间的独生子女，自信心更强，并且比自由时间较少的孩子有更强的成功需要。因此，父母们应转变观念，帮助孩子有效地利用时间，发现生活乐趣，展示自己的才华，让孩子成长为具有健康人格的人。

　　这里是一个少女对母亲的宣战书，原文如下：

　　我感谢你生育了我，但我不是你的奴隶，我是一个自由的人，从今天开始，如果你还想要我这个女儿，必须做到以下10条：

不许动我的书包、抽屉；不许看我的聊天记录、日记；不许强迫我必须穿你买的超级难看的衣服；不许拦截我的电话；不许当着亲戚朋友的面说我比别的孩子差；允许我每天晚上有1小时的自由支配时间；允许我每周日休息时9点起床；允许我的朋友到家里做客；允许我听孙燕姿、周杰伦的歌；允许我反驳你的意见。

如果你做不到其中任何一条，我宁可露宿街头……我说到做到！

宣战书里的每一个字，都代表着当代孩子们歇斯底里的心灵呐喊；宣战书里的每一句话，都是孩子们真实处境而反馈到生活的真实再现。

这份宣战书，绝不是孩子心灵呼唤的个例，而是铺天盖地在当今众多家庭里父母动用的教育方式。

孩子翻版不平衡的心理，来自父母的不公正行为——父母对孩子在人权上的侵害、权利上的剥夺、人格上的侵犯、自由上的侵占。

错不在孩子的撕裂呐喊，而在父母自以为是的侵权。

（1）剥夺了孩子的自尊。

每个人都有自己的隐私，隐私是受法律保护的。之所以受法律保护，是因为它的空间只属于自己，而又极易被人窥视；是因为它的隐秘性是脆弱的，是不堪一击的。

孩子和成年人一样，是作为人的一个个体立足于家庭，立足于社会的，是一个独立的载体，有着属于自我的空间，而且是全方位的只属于自己的空间。

青春期的孩子，处于心理断乳期。

他们的第一断乳期，要求的是脱离父母的管束；他们的第二断乳期，是要求有自我的空间独立。

断乳期间，他们需要证明自己在长大，他们渴望自由的空间扩大，他们需要充足的时间增大，他们需要自我位置的确定与肯定的认可。

比如那个女孩上述所要求的五个不许，电话、书包、抽屉、日记不许偷偷看，比较只能纵向与自己相比，而不能横向与同学对比。其实，这就是要求父母的尊重、信任和理解。

（2）剥夺了孩子的自由。

没有人不喜欢自由，也没有人喜欢被人强迫的意愿，更没有人愿意自己强加于自己的不愉快。

自由是每个人的祈求，也是每个人的权利。大人如此，孩子也如此。给孩子自由，就等于给孩子独立于自己的机会。

父母的责任在于，教孩子怎么做人，教孩子怎么运用自由来安排自己的生活和学习，教孩子怎么学会控制自己而能独立于社会。

强迫孩子，只能滋长孩子长不大的依赖心理，给孩子自由就等于给孩子抓住让自己长大的机会。你不给孩子锻炼自己的机会，孩子怎么能长大？什么时候能长大？

有父母说，现在的孩子太难管，几乎管不住了。

其实，不是孩子难管的问题，也不是管不住孩子的问题，是父母没有给孩子从小独立自主的机会。孩子的性格与发展，来源于平时的行为和生活习惯。一点一滴的良好生活习惯，促成的是孩子的品性与人格。好习惯好品性的孩子，根本用不着也不用父母操心，孩子平时的行为习惯已经奠定了孩子们的自觉自愿。

所以，好孩子的一切品性与习惯，全在于父母的调教与梳理，而调教与梳理的前提是：给孩子充分发展自己的自由，让孩子顺其自然地发展自己。越是没有空间自由的孩子，逆反心理的程度也越强烈。

（3）剥夺对孩子的信任。

有一篇《母亲与家长会》的文章，说一个母亲通过每一次的家长会，把老师对孩子的评价，以赏识的口吻反馈给孩子，用以增加孩子对自己的自信。幼儿园如此，小学如此，中学也如此，直到儿子真正优秀起来，考取了理想的大学。

儿子发自肺腑地对母亲说：从小我就一直自卑，一直认为自己什么都不行，是你把老师的表扬和鼓励带给了我，让我有了自信。今天，我终于明白了，不是老师在表扬我，是你费尽苦心，用自己的表扬，附加在老师的身上。我之所以能有今天，都是母亲你给予的鼓励。感谢母亲给我的至亲至爱，感谢母亲拯救了一个濒临死亡而甘愿堕落的灵魂，让我拥有了今天的一切，这个奇迹是母亲你的独创，这绝对是我想也想不到的奇迹再生。

这是个聪明的母亲，对本不争气的儿子因材施教，而获取硕果。

这个硕果就来自于母亲对孩子的信任。一个聪明的孩子，行与不行，并非完全取决于自己本身，还取决于父母教育孩子的方法得当与否。

没有不成功的孩子，只有不成功的教育。孩子的失败，实际是父母教育的失败。父母对孩子的信任，是因材施教孩子的基础。

少女对母亲的宣战书，应该给我们做父母敲响了警钟。

我们爱孩子，先要教会孩子做人；然后要调理孩子的心理素质；最后要重视孩子的非智力因素，比如品格、人性、良心、兴趣等一些抽象的东西，这才是孩子行为习惯的关键。

与学业相比，孩子的做人与非智力因素要比学业更为重要。孩子属于社会，要立足于社会，父母就要教会他适应社会，适应生活。

青春期是孩子开始走向人生的启蒙阶段，起步是关键，关键在父母。孩子的宣战，就是父母对自己的宣战。

愿天下的父母，行动起来，帮助孩子们正常度过这段人生的朦胧阶段。

孩子的断乳期，也非常需要我们父母的扶持。

2. 让孩子享受自由的乐趣

家长要学会怎样给孩子自由支配的时间，让孩子享受自由的乐趣？

（1）学习时间和玩乐时间要分开。

有的父母总是埋怨孩子写作业太磨蹭，边写边玩，却不知道这些坏习惯可能正是自己给孩子养成的。因为父母经常无限地给孩子加压，使孩子没有玩的时间，复习了这科又复习那科，都复习完了以后还要做些高难的题目，这样做不仅使孩子对所学的科目厌烦，而且容易使孩子养成磨蹭的坏习惯。孩子没有自己可支配的时间，只好采取迂回的办法，以争取可玩的时间。

（2）每天给孩子留出可支配的时间。

一些父母总怕孩子的时间空下来，当孩子写完作业以后，马上给他安排了画画，刚画完画，又安排了学外语，外语学完了还有钢琴。这样做的结果，是使孩子没有了自己的意志和想法，几乎成了一个机器人，在大人的紧张安排下失去了自我，以至于越来越懒散、麻木和消极。

（3）不能让自由成为一匹脱缰的野马。

自由是需要的，每一个人都需要自由，每一个孩子也需要自由，没有自由就不可能有创新，就不可能有民主，就不可能有身心充分的发展。但是自由不是无边无际的，自由是要受到一些制约的。父母有责任告诉孩子有些事情是危险的，规则是要遵守的。

有一天晚上，邻居家女孩给她妈妈打电话："今天考完试特别累，我在同学家里玩，玩得特高兴，我想今天晚上住在这里行不行？"她妈妈说："不行！""为什么呀？"女儿问。她说："你是一个未成年人。国家法律规定，未成年人不能夜不归宿，必须回家。"女儿说："没什么好担心的，我在同学家里呀！"她妈妈说："我知道你在同学家里，但是她的父母不在家，未成年人未经双方父母的许可不能夜不归宿，因为有可能会发生意想不到的危险。"

这就叫有一定之规。给孩子自由，但不能够让孩子随意地滑向任何一个方向，一定要给他立下警示标，此路不通，这个办法不行，必须要怎么样。因为任何自由都应该和责任相对应，责任、权利统一，有自由就有义务，有义务你才享有自由。所以每个家庭一定要给孩子确立一些家规。

九　不要以爱的名义伤害孩子——空间

1. 给孩子自由

给孩子私人的空间，让孩子有自己的时间。理智型的孩子需要高度隐私，如果不能获得属于自己的空间和时间，他们就会感到烦躁和焦虑，因为他们只有在自己自由的时间和空间里才能回顾一些事情，并获得在日常生活中体验不到的安定情绪。因此父母要给孩子足够的私人空间和时间，注意时空管理。

现在许多家庭都是独生子女，再加上父母望子成龙心切，对孩子的要求多之又多，恨不得孩子是个全才，今天发表大作，明天上台演出，后天出国留学。父母的这些要求，使得孩子有学不完的东西，今天上作文补习班，明天上舞蹈艺术班，后天学英语等等。结果孩子没有一点属于自己的时间。在父母的这种高压政策之下，孩子的特长不仅得不到发展，也很难成为父母所希望的全能型人才，急功近利的教育，完全是拔苗助长，贻害无穷。因此，家长要重视孩子的个性发展，同时社会各界尤其是学校要注重孩子的全面素质发展，不要单纯地以分数来论孩子的短长。只要孩子心智发展全面，将来就能成为一个对社会有用的人才。

那么，怎样才能给孩子一个自由空间呢？方法很多，"独角戏"就是其中之一。"独角戏"不仅能给孩子广阔的空间，帮助孩子学习专注身边的事物，更能帮助他们发掘自我和培养创意，为孩子日后的学习打好基础。

所谓"独角戏"就是让孩子单独活动，给孩子自主权。

让孩子演好"独角戏"，家长应该注意以下几方面：

（1）保持恰当的距离。

在训练孩子的独立能力时，父母不能紧紧地盯着孩子，这样孩子会感到很不自在；也不能干涉孩子玩，否则孩子就没有自由发挥的空间。父母要和孩子保持一定距离，给孩子自由的空间，当孩子遇到困难时，父母要给予指导，帮助孩子树立信心，战胜困难。当孩子沉浸在游戏中时，父母应该慢慢退出游戏，但不要让孩子觉察到。

（2）给孩子选择时间的权利。

父母要留心选择训练孩子独立能力的时间。一般来说，孩子吃饱了、休息好了，是"独自玩耍"的最佳时间。睡醒之后也是训练孩子独立能力的大好时机，这时候可以让孩子自己玩15～30分钟。父母不要只想到自己的时间安排，当孩子需要父母时，不要因为忙碌而把孩子安排在玩具堆中。

（3）给孩子提供适合的玩具。

玩具是孩子独自玩耍的亲密伙伴，根据孩子的喜爱，可以给孩子多提供一些玩具，让孩子有所选择。例如软棉球、胶圈、小汽车、积木、盒子等等，都是能训练孩子的好玩具。在婴幼儿时期，父母就让孩子演好"独角戏"，当孩子进入学习时期，给孩子自由的空间，这就能很好地训练孩子的独立能力、创造能力，使孩子的心志得到全面发展。许多孩子没有自由的空间，不得不学各种各样的课程，这不仅让家长们的钱包变瘪，还消耗孩子大量的精力，对孩子的健康成长还很不利。有了宽松的时间和空间，孩子才能迸发出创造的火花。如果一味要求孩子做他们并不感兴趣的事，会使他们产生厌烦心理。

　　为了使孩子将来能较好地融入社会，引导他们学会处理人际关系非常重要。家长要尽可能带孩子出去玩，鼓励他们与同龄的小朋友进行交往，并且要允许孩子有自己的小秘密。所谓"秘密"，就是隐蔽起来不让外人知道的事。每一个正常的人都有秘密，当然孩子们也不例外，没有什么值得大惊小怪的。假如一个人什么秘密也没有，那么这样的人也太平淡无奇了，就像是一片没有绿洲的荒漠。关键问题是孩子心中秘密的性质如何，作用如何，对孩子的成长有何影响。

　　孩子心中的秘密，依据存在的范围看，有学习中的秘密，也有生活中的秘密。比如：考试即将来临，有的孩子给自己定下目标，争取在全班进入前几名，这个目标是给自己定下的，在没有实现之前，是不让别人知道的，这就是学习中的秘密；在班委会中，每个班委都在为本班作贡献，假如其中一位班委工作非常出色，那么其他班委心中就有一种紧迫感，暗暗给自己定下工作目标，计划如何开展班级活动，调动同学们的积极性和创造性，加强班集体的凝聚力，这就是工作中的秘密；生活中的秘密可就复杂多了，比如喜欢交什么样的朋友，崇拜什么样的人物等等。

　　孩子心中的秘密，一般是相对的，具有针对性。有只让家长知道的，对老师和同学来说是秘密；有只让老师知道的，对家长和同学来说是秘密；有只让同学知道的，对家长和老师来说是秘密。或者出现更多的交叉情况。比如说，有的孩子对老师和同学隐瞒其父母的文化程度及知识水平，怕被老师和同学瞧不起；有的孩子对老师和同学隐瞒其家庭自然结构。家庭自然结构对孩子健康有直接的影响，这里主要指不完整家庭，即由于离婚、遗弃或其他原因造成的不完整家庭，尤其是离异或遗弃，对孩子的影响最大。

　　孩子心中的秘密，依据作用的正负效果来看，有所谓"好的秘密"也有所谓"坏的秘密"，前者指对孩子的成长有良好促进作用的，比如前面所提的学习中的秘密和工作中的秘密；后者指对孩子的成长有消极影响的秘密，比如前面所提的家庭自然结构的秘密。当然我们不能简单地把秘密划分为好或坏，关键看秘密对孩子成长的作用和影响以及如何作用于孩子的内心世界。

在我们的生活中，许多父母提到孩子的隐私问题，都会觉得不以为然，认为小小的一个孩子，没什么隐私可言，孩子在父母面前不应该存在丝毫秘密。为了能更好地了解孩子，父母看看孩子的日记或信件是天经地义的事。

然而，这些父母的做法往往会遭到子女强烈反感和抗议，父母们有这种想法，完全是把孩子当作自己的所有物，一个附庸品，而没有把孩子当成一个具有完整人格的独立人来平等看待。更有甚者，习惯于对孩子过度保护和包办一切的教育方式。当发现孩子对自己有所保留，竟千方百计地翻看孩子的书信和日记，然后把其中的一些内容当作孩子"错误行为"的证据，拿去指责孩子，结果伤害了孩子的自尊心。

当然，这些父母的出发点并不坏，他们担心子女出事，有时也确实是为了更多地了解子女。但是，那种方法是不可取的。因为每个人都有不想或不愿被人知道的事情，孩子也是一个独立的人，他们也不例外。如果父母换个角度来考虑，假如孩子偷看了父母不愿意让人知道的信件或日记之类的东西，父母的感觉又怎样呢？因此，父母只有把孩子当成一个独立人来看待，保持孩子和自己在人格上是平等的心态，才会尊重孩子的隐私。

孩子的秘密也是孩子生活的一部分，没有秘密的孩子长不大。孩子的秘密中有着成功的喜悦，失败的痛苦，有对人生的困惑和对理想的追求。当父母不尊重孩子的秘密时，其结果肯定是孩子对父母反感，不信任父母，一旦双方形成隔阂，彼此就难以沟通，父母就无法了解孩子。所以父母在对待孩子隐私的问题上，必须注意以下几点：

①要有正确的态度。要知道孩子心中秘密的存在是很正常和普遍的事，没有什么值得大惊小怪的。家长应以从容不迫的态度，认真、仔细地对待这些问题。不要一有风吹草动，就草木皆兵，如临大敌。要客观地分析这些秘密。有的秘密或许只能孩子自己一人知道，就让这一份秘密埋藏在孩子的心中，让它成为永恒。如果什么都想知道，其结果可能是什么都不知道。

②要注意引导方法。家长应根据孩子的兴趣、爱好及才能，允许自由选

择，不必多加干涉。并努力创造一些条件，发展和发掘孩子的内心世界，减少神秘感，培养独立意识和创造精神。家长应全面了解孩子的学习状况，辅导孩子完成家庭作业。指导孩子正常地与人交往，对孩子进行青春期性教育等等。家长应多与孩子谈心，这种谈心不是父母和子女间遮遮掩掩的交流，而应是热忱地平等交流，只有这样才能谈出一片新的天地，从而了解到孩子心中的秘密，并根据秘密的性质和作用，尽量帮助孩子减少心中不必要的秘密，以减轻心理上的负担。

③长期培养孩子对父母的信任感。兑现对孩子的承诺，不能兑现也得说清理由，取得孩子谅解。

④承诺为孩子保守秘密，一定要守信。需要揭秘时，应鼓励孩子自己揭，而不是父母做主包办。

2. 给孩子抒发感情的机会

孩子有很多充沛的感情，让他自己自由地发泄出来，也是一种尊重他自由的行为，并且感情是人受外界事物刺激而引起的心理活动过程，它伴随着对事物的认识和感受而产生、发展和变化。孩子随着生理、心理能力的发展，感情就会越来越丰富，表达的方式也会越来越多样。作为家长，应该尽可能让孩子自由地抒发感情，以促进孩子的身心发展。

怎样让孩子自由地抒发感情呢？

（1）家长首先必须接受孩子的感情。

孩子抒发感情的方式是多种多样的，有时会自言自语，独自微笑；有时会用敲打东西表示高兴，用手舞足蹈表示狂喜；有时会用乱扔东西表示不悦，用大哭大闹表示受了委屈。孩子不管用什么方式表达感情，都是希望爸爸妈妈等人能够接受。如果不被接受，反被用强制的方法压抑，孩子的身心健康就可能会受到损害。因此，爸爸妈妈必须接受孩子的感情。孩子用哭来表达感情，结果被家长接受，孩子就会感到宽慰；如果被武断地否定，孩子就会痛苦。所以，有经验的爸爸妈妈在孩子哭的时候，不管他哭得怎么不对，当时都不批评或制止，一定等到孩子的情绪平定之后再加以教育。

（2）为孩子创设自由抒发感情的条件。

孩子有感情就要抒发，家长应该为孩子创设自由抒发感情的条件。两岁左右的孩子，语言表达能力逐渐增强，这时可以教孩子唱儿歌、诵儿诗、说童话故事等，使孩子学会用"唱""诵""说"的方法来抒发感情。3岁以后的孩子感情更加丰富，表达方式更为多样，他们很喜欢画画、跳舞、唱歌、朗诵、讲故事等，家长应为他们提供这些方面的条件，如画画的纸、笔、颜料；跳舞、唱歌用的歌曲磁带、舞裙、舞鞋；朗诵、讲故事的书等。孩子得到这些东西，将会欢欣雀跃，此后他们的感情将会进一步得到自由抒发。

（3）支持孩子自由抒发感情的活动。

孩子们之间有着共同的语言和感情，他们常常会三五成群地聚集在一起唱歌、跳舞、谈笑、游戏。这是孩子自己真正的天地，他们无忧无虑，无拘无束，各自淋漓尽致地抒发感情。对于这种活动，家长不应干涉，应该给予支持和鼓励。即使孩子在这种活动中发生了什么矛盾，出现了什么问题，家长也不必大惊小怪，应该满腔热情地予以指导，帮助解决。

长期的追求完美、注重结果的教育思想让我们总是按捺不住自己急躁的教育性格，心急地把预设的结果和自己认为孩子喜好的创意早早地想和他们分享，这样做可能给那些动作慢、感情脆弱的孩子，在心理上造成了负担和压力。或许，我们应该多启发孩子思考，多给孩子留点自己探索的时间，让他们自由自在地探索周围未知的世界，用独特的视角去欣赏每一个孩子活动的过程，等待他们自己创造"奇迹"。然而，很多时候我们并不能做到这一点。所以我们更应该去尝试，充分尊重和信任孩子，让每个孩子都能按照自己的学习习惯和节奏去行动、探索，鼓励他们用自己的力量去解决所面临的问题，诚心欣赏每个孩子获得的经验，为他们的成功喝彩！

十　让"良言"如阳光照亮孩子的心房——交流

1. 不要用命令的口吻对孩子说话

无论是成人还是孩子，只要他有了一定的思维能力，一般说来，都有尊重事实、尊重逻辑、尊重人类生活的基本准则的愿望。指出一个观点违反事实、违反逻辑、违反基本准则，对于驳倒这个观点通常是有决定性作用的。家长教育孩子也应遵守此规则。但由于家长本人素质的限制、文化教育程度的制约，能否准确判定事实是真的、逻辑是正确的、基本准则是合乎人性的才最重要。如果家长把握不好这一点，教育孩子就会成问题。当然，对于事实、逻辑和基本准则，也许会有不同的理解。你给你的孩子下了那么多的命令，划定了那么多的框框，要求孩子绝对"臣服"，完全按你的意图去做，而你本人并非一定能尊重事实、尊重逻辑、尊重基本准则，久而久之孩子就会发现有问题，在孩子的脑海里你的形象就难免不受影响："你还整天吹胡子瞪眼地命令我呐！你那一套也稀松平常。"

因此，不管你怎么强调"这是老子我说的"，如果你不能做到以身作则、以理服人，就很难使孩子"心悦诚服"。你没有权力把自己的意志粗暴地强加于人，尽管他是你自己的孩子。

（1）家长应选择合适的方法鼓励孩子大胆尝试，又暗中关注，让孩子体会自主探索的快乐。

既要想到儿童观、科学观，又要注意自己的言行，遇事要冷静；既要做幼儿活动的观察者，适时的指导者、支持者，又要把和蔼可亲的美好形象留给孩子们，而不是用强制性的语言去命令他们。

不能用"我命令你……""我警告你……""你最好赶快……""我数到一、二、三……""否则……""你真笨""你太让我失望了""不可以……"等带有指挥、命令、警告、威胁、责备、谩骂、拒绝等负面意义的说话语气，也不允许用教育忌语。什么是教育忌语呢？教育忌语就是有些话是不能说的。因为父母对孩子说的话，对孩子的影响很大，有的话甚至会影响孩子的一生。教育忌语也可以称为软暴力，即说伤孩子的心的话，包括性别歧视，对孩子不理不睬，伤孩子的自尊心等。家庭教育是一个神圣的事业，神圣的事业就一定有所禁忌。那种侮辱孩子的话、歧视孩子的话是绝对不能说的。

（2）从孩子的身心特点来看，孩子非常敏感，他敏感就在于你是不是尊重他，是不是侮辱他。

作为父母，你批评孩子是可以的，但要注意的是，在批评孩子的时候，要从尊重孩子的角度出发，确保孩子不受身心伤害。如果说你是从一种尊重孩子的角度，你把孩子当成一个好孩子来说他的时候，你怎么说他，他都可以接受，他相信爸爸妈妈是为了他好；但如果你侮辱他，用侮辱人格的语言伤害他，那孩子是不能接受的，孩子可能用强烈的反弹来对抗，甚至有非常可怕的后果，这是我们要注意的。所以说我们要记住这样一个原则，可以批评孩子但是不能侮辱孩子，否则可能有悲剧发生。

批评是这样，表扬也是一样的道理。有这样一个故事：

一个妈妈看到孩子手工做得不好，情绪不高，妈妈就说："儿子，你手工做得很好，你是很有天才的、很有创造力的，我看你是很好的。"没想到她儿子却说："妈，你这不是侮辱我吗？全班都知道我做得不好，你还说有天才，弱智的孩子大概才会得到这样的表扬，你以为我听不出来？你是在挖苦我、讽刺我，你太虚伪，你根本不说实话。"妈妈非常尴尬，没想到孩子会想得这么深刻。

所以要特别注意，我们用表扬的方法引导孩子，要注意表扬要具体、要准确、要及时，否则可能也会伤害孩子。

有一位中国学者去北欧，见到一个五岁的小女孩，这位学者对小女孩说："你长得这么漂亮，真可爱。"没想到不久，小女孩的父亲对这位学者说："你伤害了我的孩子，你要向她道歉。"学者十分不理解："我夸你的孩子，我怎么错了，道什么歉呢？"小女孩的父亲说："你夸她的漂亮，不是她的功劳，是父母的基因决定的，跟她本人没有关系。所以你这样说她，实际上是说她是因为漂亮才可爱，这对她是一种伤害。如果你觉得因为她的微笑，或者她有礼貌而表扬她，她才乐意，这些才是她自己努力的结果。"这位学者听了，非常感慨。后来他真的向这个孩子道了歉。

实际上小女孩父亲提出了一个很耐人寻味的问题。我们表扬孩子，表扬她的地方要准确。这个准确就是说，不是表扬她的生理的、先天的方面，而是要表扬她的后天努力。

著名儿童心理学基诺特归纳了不适宜教育孩子的10种语言：

不宜恶言。不要说"傻瓜""没用的家伙"等。

不宜侮蔑。不要说"你简直是废物"等。

不宜过分责备。不要说"你又做错事，真是坏透了"等。

不宜压抑。不要说"闭嘴""你怎么这样不听话"等。

不宜强迫。不要说"我说不行，就不行"等。

不宜威胁。不要说"我再也不管你了，随你去吧"等。

不宜哀求。不要说"求求你别这么做好吗？"等。

不宜抱怨。不要说"你做这种事真令我伤心"等。

不宜贿赂。不要说"你若考100分，我就给你买自行车、手表"等。

不宜讽刺。不要说"你可真行啊！竟敢做出这种事来"等。

总而言之，当我们教育孩子的时候，一定要注意表达方式，多一些鼓励多一些指导，不说伤害孩子的话，要记住一些教育忌语。

（3）不要用侮辱的话批评孩子。

批评孩子是正常的，因为对孩子伤害最大的往往不是批评而是轻蔑，如当孩子犯了错误的时候，千万不要说"你是个坏孩子，你将来什么地方都不要就公安局要你"；当孩子考试不及格的时候，你也千万别说"你是个傻孩子，你是榆木疙瘩"，这些话千万别说；当孩子做了错事的时候，建议父母要跟孩子讲你是一个好孩子，我们相信你是一个好孩子，但是你这件事做得不对，伤害了别人你要承担责任；当孩子考试成绩不好的时候，我们说你是个聪明的孩子，你是能学习好的，但是这一次你没考好要找找原因。如果用这样的一种态度对待孩子，孩子就不会在挫折面前倒下而会勇敢地、顽强地站起来。

（4）表扬孩子要具体、准确。

比方说，孩子你今天的碗刷得很干净，你今天的地扫得很干净，你今天的被子叠得很整齐，我很高兴，我觉得你真是干家务的内行；对孩子的学习来说，你学习的时候很专心，没有站起来走动，或者说比过去走动少了，你的字写得很认真；对于孩子的娱乐来说，你能够按规定时间玩游戏机，能管得住自己，真的很不容易。所以说表扬孩子是一门艺术，对孩子表扬时要注意，表扬要及时而具体、表扬聪明不如夸奖努力等等。

做父母的一定要记住，没有孩子是喜欢听着命令长大的。

2. 父母要学会建议性的口气

建议的口气有利于培养孩子的思维和判断能力，父母平时对孩子说话时，往往会说成"你要给我……"的命令型。这样的命令，并未考虑尊重孩子的人格和自主性，只会让孩子感到害怕或反感。

如果把这样的命令改为"你能不能……""你试着……如何"这样建议的话语，会起到完全不同的效果。这个时候，孩子会觉得父母是在跟自己商量，在征求自己的意见，他首先会觉得自己是受了重视。在心理上，他更容易接纳父母的要求。同时，他也会随着父母的引导，郑重思考要做的事，做出决断，并考虑该如何做，这对他的思维能力和判断能力，也是一种有益的锻炼。

（1）父母要学会多商量，少命令。

比如提醒孩子该做作业了，可以这样说："到时间了，你是不是该做作业了？"而不要直来直去地说："别看电视了，快去做作业！"再比如请孩子给家长做一件事情，可以这样说："你能帮我把那件衣服拿来一下吗？"而不要说："把那件衣服给我递来。"如果孩子帮你做了，你还要记得说一声"谢谢"。这样，孩子就会感觉你很尊重他，心情会很愉快，而且也很愿意听家长的话。

父母要学会引导孩子，有意识地提出选择项，让孩子自己做出决定。比如，孩子在家里无事可做，千万不要动气命令他："马上给我看书去！"而应该问他："你不打算去看会儿书吗？"孩子会自己去考虑听父母的，还是该干别的。总之，他会慎重对待家长的话，而不是产生反感。

还要少训斥。家长对待孩子，要像对待成人一样，不要有一点错就总是板着脸指责他，而是应该委婉地指出来，尽量避免伤害他的自尊心。

如孩子的作业字迹太乱，家长可以这样说："你做作业的速度挺快的，真不错。不过，要是能再把字写得整齐好看一点就更好了！我相信你要是认真写，一定能行！"家长切不要在作业本上指指点点，愤愤地说："你看你，这写得像什么字呀？乱七八糟的！"

有的家长可能会这么认为：把孩子当一个成人，委婉地给他指出缺点，他能改吗？若有这份觉悟，他还叫什么孩子！

其实相反，家长越是尊重孩子，孩子就会越自尊，越是自尊，他就越会注意修正自己的言行，以更加赢得别人的尊重。因此，委婉地指出孩子的缺点反而会比赤裸裸的训斥效果好得多。

当然，具体情况还得具体对待，对于孩子的坏品行、坏习惯等原则问题，父母不必要委婉，但也不可采用训斥的方式，而是要平等而又严肃地与他谈话，指出其危害性，要求其改正，并定出一些惩罚措施。这样的态度比打骂责备更容易让孩子接受。

（2）多和孩子交朋友，少窥探孩子的"隐私"。

很多孩子都特别反感家长翻看自己的书包，偷看自己的日记。而家长之所以这么做，主要是想借此了解自己孩子的所思所想，担心孩子有什么事瞒着家长，有利于及时教育。家长的想法没有错，因为孩子毕竟是需要父母的教育引导的。但是，难道没有更好的办法了解孩子吗？有！那就是多和孩子交朋友。家长平时应多抽时间和孩子聊聊天，问一问孩子学校的事情，人际关系情况，对一些事物的看法等等。

如果孩子告诉你一些真实感受和想法，如对某男同学有好感，或某男同学对她有好感等，千万不可指责她，要站在孩子的立场先去理解她，然后告诉她该怎么办。对于孩子遇到的一些人生困惑，父母要耐心地给他们指导帮助，为他们答疑解惑。这样，孩子感受到父母对自己尊重和信任，他们也会越来越信任父母，就会把父母当成倾诉对象，而不是保密对象了。

父母错了，或违背自己许下的诺言时，如果能向孩子说一声对不起，可以帮助孩子建立自尊，同时能培养孩子尊重人的习惯。可我们却常常忽略这一点，总认为他还是个小孩子，懂什么！在潜意识中，有的家长可能会认为"他"是我的孩子，我们就有权利也有责任管他的一切。殊不知，这样不仅会阻碍孩子的成长，而且常常伤害了孩子的自尊还不知道。

给孩子一些"良性刺激"，家长要摒弃命令式的管理，代之以支持孩子、激发孩子的潜能，对他们态度真诚、关心、宽容，使教育过程更富有人情味。我们应该积极地营造和谐、愉快、充满爱心的家庭和社会氛围，这样对人、对己尤其对孩子都是有益的。良好的人际关系，是一个人修养的综合体现，而对孩子的影响实质上就是一种"良性刺激"。

美国一位早期教育学家说："不要让孩子的心灵装进恐惧、忧虑、悲伤、憎恨、愤怒和不满，这些情绪和情感，有害于孩子的神经、引起身心虚弱。同时，孩子会由于这些情感而得病，影响身体健康。要让孩子寄喜悦于昨天，高高兴兴地进入梦乡，抱着喜悦的希望早起。"

十一　给孩子100%的爱，也要给孩子100%的尊重——尊重

1. 让孩子感受尊重

每个孩子都有一颗敏感的心，父母对孩子的态度无论是写在脸上，还是"憋"在心里，孩子都能感受得到。孩子就是在尊重中学会尊重的。如果孩子自己没有感受到应有的尊重，要他如何去尊重别人呢？

今天的孩子最需要的是什么？是吃、穿、玩方面的吗？不是。是知识吗？今天的孩子已经学到了许多以前需要成人后才能学的东西。孩子最需要的是尊重，是来自父母的真爱。娇惯、溺爱或恨"铁不成钢"地指责孩子都不是真心爱孩子的表现，尊重孩子才是对孩子的真爱。耐心对待孩子的每一个问题或要求，认真倾听。

不要因为太忙太累而简单应付："问这问那，有什么好奇怪的？""我正忙着呢，问你们的老师去！"因为这样会让孩子觉得你在敷衍他。或许有的问题你一时难以回答，说声"抱歉"，并说明你的原因，表明你的诚意，孩子会理解的。

不轻易给孩子许诺，一旦许诺，就一定要实现，让孩子觉得你是值得他信任的。而一旦孩子失去信任，他就不会把"心"掏给你，你也就会失去影响力，即使采用严厉的责罚，也只会把事情弄得更糟。

不要把孩子拿来同别的孩子做比较。比较不仅会使"强"的孩子变得骄傲，使他在其他的小朋友面前"神气""特殊化"，而且会使"不如别人"的孩子变得自卑。要多对孩子进行纵向比较，关注孩子的"今天"与"昨天"，发现并肯定孩子的每一个进步，哪怕进步是一丁点，它都会给孩子带来惊喜与鼓励。

多让孩子参与成人的活动，包括谈话。大人只顾自己说话，或者只顾自己看电视、娱乐，将孩子"晾"在一边，这样会使孩子感受到冷落。你不能说："小孩子家懂什么，自己玩去！"或"小孩子能干什么，还不如我自己利落。"应鼓励孩子参加进来，让孩子觉得你是真的把他"当回事儿"，他的努力对你来说很重要。孩子觉得自己受到重视，就会产生自我成就感，并体验到平等，同时也对自己的行为负起责任来。

教育孩子首先要尊重孩子，以平等的态度对待他们。

家长必须加强自身的修养，多深入孩子们生活和学习的圈子之中，知道他们想些什么，愿意做些什么，与他们建立一种相互尊重、平等互信的关系，使之在一种理解、信任、宽松、和谐、积极奋进的环境中学习和生活。作为家长，要能帮助孩子解除忧虑，排解困惑，让他相信你、佩服你、愿意与你交朋友。若能如此，那你一定是位非常成功的或特别优秀的家长。把孩子当作家庭的、在人格上平等的一个成员，而不是作为消极的、被动的"管束对象"，应该尊重他们的兴趣、爱好，支持他们有益、有趣的活动。父母想要孩子做的事，如果和他商量，往往会收到很好的效果。例如："今天是星期天，咱们先去公园玩，回来再收拾你的玩具柜呢，还是先收拾玩具柜再出去玩呢？"经过孩子同意先做什么，他们就会认真对待，积极地整理玩具和图书。孩子通过父母对他的态度，使其情感得到了愉快和满足，因此愿意听父母的话，愿意接受父母的教育。如果父母总是一味地命令，对孩子大声吆喝，孩子玩得兴趣正浓，非逼着他去洗澡不可，当然会使孩子不高兴。即使需要去洗澡，也可用缓和的口吻跟孩子商量着说："毛毛该洗澡了，你还准备玩多久，5分钟行吗？"孩子会高兴地点点头。过一会，妈妈可以说："就要到5分钟了，赶快收玩具吧，不然水要凉了。"孩子情绪愉快，会很快地按妈妈的要求去做。

尊重孩子还必须了解孩子，不但了解他们的兴趣、爱好，还要了解他们的优点、缺点和特点，真正地理解他们，才能做到有的放矢。对孩子的要求、教育，才能做到适时、适度，不仅有分寸，而且能被孩子接受。

俗话说：要想得到别人的尊重，就得先尊重别人。对孩子也是这样：要想得到孩子的尊重，你就应先尊重孩子。

每个孩子都有一颗敏感的心，父母对孩子的态度无论写在脸上，还是"憋"在心里，孩子都能感受到。孩子就是在尊重中学会尊重的。如果孩子自己没有得到应有的尊重，要他如何去尊重别人呢？

那么，怎样让孩子感受到尊重呢？我这儿有几点做法和大家一起学习、分享：

（1）耐心地对待孩子的每一个问题或要求。

认真倾听，不要因为太忙太累而简单应付或者嫌烦，这样孩子会感受到你在"打发"他。或许有的问题你一时难以回答，请说声"抱歉"，并说明你的原因，表明你的诚意，孩子会理解的。

（2）不当着孩子的面与别人谈论他的不是。

大人不喜欢被当作别人的"谈资"，孩子同样如此。特别是不可以当着孩子的面与别人说他的不是之处，这会让孩子觉得暴露了缺点，很没面子。也不要不管孩子愿不愿意，要求他向客人展示什么，这样会让他觉得被摆布。

（3）正确对待孩子的犯错。

犯错是每个孩子成长的脚印，不犯错的孩子是没有的。对于孩子的犯错，不能不管，关键是怎样去管。不是粗暴干涉，或者严厉惩罚，而是民主地就事论事。可以这样问孩子："喂，我觉得你今天好像变了一个人，怎么回事啊？"或者可以这样问："这不像是你应该做的事啊！"或者可以严厉地指出："我没想到你会做出这样愚蠢的事，你令我很失望！"父母要给孩子思考并改正的机会，因为即使犯错，孩子也是值得尊重的。

另外，大人最好少用命令、教训的口气、语调同孩子说话，要尊重孩子，多用情感交流的语言，让孩子觉得你是在与他谈心，始终保护他的自尊心。还有，要多让孩子参与成人的活动，包括谈话。应鼓励孩子参与进来，让孩子觉得你真的把他"当回事儿"，他的努力对你来说很重要。孩子觉得自己受重视，就会产生自我成就感，并体验到平等，同时也会对自己的行为负起责任来。

在我们的周围，有自尊心强的人，也有缺乏自尊的人，追究起来，多与从小的经历有关，而且环境与教育起了很大的作用。自尊心是成才的要素之一，事业有成者，无一例外都是自尊自强的。然而，自尊心又是容易在儿时被忽略的，因为婴幼儿是弱小的、依附的，大人往往不注意尊重他们，无视他们自尊的需要，甚至压抑他们的自主、自立，往往伤害了孩子的自尊，自己却全然不觉。

美国心理学家罗达·邓尼说过："父母错了，或违背自己许下的诺言时，如果能向孩子说一声对不起，可以帮助孩子建立自尊，同时能培养孩子尊重认错习惯。"但是，很多大人在这种情况下，不屑于这样做，他们明知自己错了，却对孩子文过饰非，甚至不当一回事。大人的想法往往是：父道尊严，怎能认错？小孩子知道什么？没必要认错……在他们的眼里，孩子是弱小的，是不能和大人平等的。如此培养出来的孩子，能自尊吗？能尊重人吗？

自尊来源于受到尊重。儿童受到尊重时，会产生良好的自我感觉，产生积极、主动的心态，总是有良好的自我感觉，自尊就会萌发起来，这对孩子很重要，只有自尊，才能增加自强、自立的精神。

在我们的周围，往往有一些不懂得尊重别人的人，他们的人际关系多是不好的，并由此给生活、工作和他人造成消极影响。究其根源，多是因为在儿时缺乏被尊重的感受，缺乏尊重人的习惯。

可见，培养孩子尊重人，要从尊重孩子入手。尊重孩子不是表面文章，是正确的儿童观的自然反映，也就是说，正确看待孩子，才会由衷地尊重孩子。现代教育认为，孩子再小，也是一个独立的人，孩子和大人在人格上是平等的，所以孩子和大人的关系应该是相互尊重的。

有一位爱花的父亲，看到幼小的女儿用剪刀把开得最美的一朵花剪了下来，父亲对女儿咆哮起来。女儿望着大发雷霆的父亲，吓坏了，原来活泼可爱的孩子开始变得沉默寡言起来。后来这位父亲才知道，其实女儿剪下那朵花，是想送给上晚班的妈妈。父亲无论如何懊恼，也没有办法再让孩子恢复到过去活泼的样子。

有些父母在许多时候都犯下了同样的错误，孩子和花，孰轻孰重？为了花或者为了某些东西而伤害孩子，本末倒置的事情我们做过多少呢？

对于父母来说，尊重孩子似乎是一件很难做到的事情。

如果随便问一位父亲或母亲，你爱自己的孩子吗，可能答案都是同样而且肯定的：爱！但是如果问，你尊重你的孩子吗，可能得到的答案就不是那么肯定了。往往因为父母以爱的名义，行使着自己享有的权利时，就容易忘记孩子的权利。

人是有尊严的，即使是弱小的人、贫穷的人同样有自己的自尊。因此，父母在给孩子表达关爱的时候，要特别注意尊重孩子，没有尊重的爱是一种伤害。

有一位少年无奈地说："有一幅漫画，画的是一个鸡蛋就要孵化成功，可是等蛋壳破了的时候，小鸡发现蛋壳内已经有了一层紧密的牢笼了，我觉得我就是那只小鸡，而我的妈妈就是以管着我为乐，烦死了！"

这可能代表着许多被父母"管"得没有自由，"管"得失去自己的权利的孩子们的心声吧！

现行的语文教科书有一篇日本作家写的文章，说有一个孩子非常喜欢葫芦，但是他的爸爸对他的爱好很讨厌，最终将孩子收集的葫芦一个一个全毁掉，扼杀了孩子的爱好。面对亲人对自己爱好的扼杀，孩子应该怎么办？

我们能不能让孩子选择一条更好的路呢？允许他们去发展自己的兴趣，实现自己的愿望，这本来就是他们应有的权利。毕竟每个人差异是很大的，我们不能规定所有的孩子做同样的事，走同样的路。众所周知，没有兴趣，就没有学习。所以，能不能尊重孩子的兴趣，就是是否真正爱孩子的重大区别点。我们要特别珍惜孩子的爱好，这是他美丽人生的幼芽，这是他灿烂梦想的尝试，剥夺了他的这种权利是很残忍的，也是很愚蠢的，即使他的爱好很可笑，也应当尊重。

从尊重孩子开始，才能真正地接近教育的奥妙，给孩子一个恰当的舞台。

①多问孩子的想法。父母在决定某件事情的时候，应该问问孩子，"我这样做你能接受吗？""你有什么样的想法呢？"等等。

②关心孩子的情绪。有的孩子由于性格内向或者不愿意真实表达自己的意愿，往往会在情绪中体现出不满，这时候父母应该多加注意，并及时发现，再耐心和孩子沟通，不要忽略你无意中的言行对于孩子造成的伤害。

③不要逼迫孩子"交代思想"。也许是父母们爱子心切吧，总希望掌握孩子的一切所思所想，如果能变成孩子肚里的小虫更好。尊重孩子不应该逼迫孩子"交代思想"，当您的孩子烦躁不安或闷闷不乐时，请告诉他："如果你愿意，我希望倾听你的心里话；但如果你不愿意，我也不勉强。"

如果父母单纯地严厉禁止，甚至加上斥责、打骂，可能得到的结果就是完全不一样的，可能孩子再也不会喜欢童谣，孩子再也不会编写童谣了，孩子创作的激情与智慧从此被阻断。在孩子身上一棵曾经萌芽的幼苗，可能再也不会长高、长大、长壮。

在日常生活中，父母面临着各种危险，稍不留神就可能剥夺孩子的主人地位，轻视孩子的智慧，甚至会扼杀孩子的天赋才能，使孩子在家庭、学校中变成了"奴隶"，只能按照父母的期望与要求走一条和别人类似的道路。

这绝非危言耸听。关键的是，我们作为成年人，应该尊重孩子、尊重他们的智慧，和他们一起探索前进。

④不要小瞧孩子。经常听到有些父母对于孩子的言行嗤之以鼻，只不过是小聪明，没什么了不起的。要知道，这样的说法会极大地挫伤孩子的自尊心，不利于孩子的成长。

⑤留心观察孩子的才能。每个孩子生下来都是天才，这话一点不假。每个孩子身上都会有某些天赋，某些较突出的能力，只要父母用心一点，就能在日常生活中观察到。如有的孩子爱唱歌，一听到音乐就能有节奏地摆动身体，父母要做的不是加以制止：太吵了，安静一点！而应该发现孩子的能力，并给予肯定：不错，爸爸妈妈都不会你就会了。这样的表达会让孩子充满信心，"我是聪明的，我是有本领的"，这种自信会影响他的一生。

陪同孩子一起分享他的智慧。有些孩子很擅长讲故事、手工制作等，这都可以说是孩子的智慧，聪明的父母应该听孩子讲讲故事，陪孩子动手制作，当你亲眼、亲耳体会到孩子的能力时，你会更加惊讶孩子的智慧，对孩子刮目相看了。

2. 尊重孩子应该怎样做呢？

可以参考以下做法：

认真回答孩子提出的问题，如果不知道，就说："对不起，我也不知道，我们一起来研究吧！"这完全不会影响大人在孩子心目中的形象，只会让孩子感受到真诚。

对孩子许下的诺言，要认真对待，不能兑现时，也要对孩子有交代，不能不当一回事。这不仅是让孩子体验"言而有信"，更能从中体会出大人对自己的重视。

孩子为大人做了事情，大人要说谢谢，不仅是因为礼貌，更是让孩子感受人与人之间的尊重，不能认为孩子为大人做事是理所当然的。

和孩子说话时，要看着孩子的眼睛，孩子就会觉得你尊重他，你是认真对待他的，此时不要忙于做别的事，更不要心不在焉。

倾听孩子的说话，不要随意打断或制止孩子，要让孩子把话说完，像和大人交谈一样对待孩子。

多征求孩子的意见，鼓励孩子有自己的看法和见解，在发表意见时，大人和孩子是平等的，可以保留意见，但是，谁也不应该强加于谁。

尊重孩子的不同意见和反对意见，不能大人"常有理"，也不要简单地否定，尽量用商量的办法解决问题，让孩子感到自己是家中平等一员。

重视和爱护孩子的作品，尊重孩子对他作品的态度，不得到孩子的同意，不随意处置孩子的作品。

尊重孩子的隐私，不强迫孩子公开自己的小秘密，不得到孩子的允许，不随意翻动孩子的东西，不强硬掏孩子的衣兜，让孩子有独立感。

不随意代替孩子回答问话，不当着其他孩子的面议论自己的孩子，在公共场所或客人面前，要给孩子留面子，使孩子自己看重自己。

如果家长错了，要主动向孩子认错，并诚恳地表示歉意，不要遮遮掩掩，不要羞于启齿，更不要欺骗孩子。

批评孩子时，要给孩子解释的机会，允许孩子申辩，切不可对孩子说损伤其自尊心的话语，让孩子正视错误但不自卑。

不要随意给孩子下消极的断言，如"你真笨"。不要经常将孩子和别人相比较，特别不要以他人之长比孩子之短，不要让孩子相形见绌。

放手让孩子自己去解决伙伴间的争端，一般情况下，大人不要插手，尊重孩子的独立自主，孩子会从解决争端中受益多多。

不要戏耍孩子，不要用孩子来取乐，不给孩子起"外号""绰号"，更不能在自己心绪不好时，把孩子当出气筒。

宽容孩子的意愿，尊重孩子对朋友和活动的选择，大人可以向孩子提供意见，但不要强迫孩子接受，让孩子意识到自己是独立的个体。

尊重孩子的气质特点，尊重孩子的兴趣爱好，不将自己的兴趣强加于孩子，可以引导，但不能主观替孩子做决定。

要顺其天性，不逼着孩子去做他力所不能及的事情，不将自己过高的期望强加给孩子，让孩子总是自我感觉良好。

十二　把握爱的尺度，再富也要穷孩子——适度

1. 家长要学会藏起一半爱

爱的教育存在于家庭亲子间，爱的教育超越了一般教育中人教人知识、人管人行为的形式，而是人感化人、人启发人的整体人格教育。

以爱的对象以及对孩子的人格而言，爱孩子是没有条件的；从教育方法的层面看，把爱当作教育的方法或手段，爱的施予是有条件的。孩子能力所及的事做到了，因而获得父母的爱，这样才有教育意义，才会使孩子体验到爱的真实与价值。比如要求一个资质中等的孩子在校成绩名列前茅，是不合情理的苛求，除了因此疏远亲子关系之外毫无积极意义。而要求10岁的孩子每天放学回家后及时完成作业，否则不答应他周末去看电影的要求，这样的爱才合情合理。

曾经在网上非常流行一句话：父母要学会藏起一半爱。其实天下的父母都是真心爱孩子的，但不一定会爱。爱孩子是要有原则的，迁就孩子不是真正的爱，而是害！

犯罪心理学家李玫瑾说：父母对孩子过分的爱，不仅不能让孩子学会爱，反而会使孩子觉得自己就是家庭的中心，进而变得自私，甚至冷酷、残暴。

法国著名教育家卢梭说过："当一个孩子哭着要东西的时候，不论他是想要更快地得到那个东西，还是使别人不敢不给，都应当干脆地加以拒绝。如果父母一看见自己的孩子流泪就给他东西，就等于鼓励他哭泣，是在教他怀疑你的好意，而且还以为他的硬讨和索取更有效果。"

孩子的欲望是无止境的，总有一天，你会拒绝他。而此时的拒绝会比当时的拒绝给孩子的打击要大得多。当孩子放纵的欲望最终被拒绝时，轻者会造成孩子的焦虑恐惧、烦躁不安和悲愤绝望的心理，他会觉得世界上谁都跟他过不去，严重的情况下，还会引起孩子的轻生自杀行为。

如果你想培养一个无赖，那就尽情去放纵他、迁就他；如果你想培养一个很棒的孩子，那么面对孩子起初的不合理要求，你就要坚持用爱的原则、爱的理由去拒绝他。

过度保护在我们的社会生活中，由于"独苗苗"现象的普遍存在，孩子变成了家里的"小皇帝""小公主"，因而也自然成为爸爸、妈妈、爷爷、奶奶、姥姥、姥爷的聚焦中心，六双眼睛时刻关注着孩子的动静，唯恐有点闪失。加上孩子的能力本来不足，做任何事情，笨手笨脚，动作又慢，很容易产生自信心不足的心理。大人在一旁看着，情不自禁地发急，往往自己动起手来，越俎代庖。

久而久之，孩子什么也不会干，于是家里的六双手更"有理由"抢着包办代替，剥夺孩子自己做事的一切权利。孩子无从学习动手做事，他的自信心也越来越没有了。家长过度保护的另一种表现，是恐吓手段。比如，不让孩子出家门"闯祸"，偏说什么"外面有大灰狼""有坏人要把你带走"的谎言，使孩子只能老老实实地待在家里。这样孩子是变得听话了，可是，他的自信心也吓得没有了。

一个高情商的孩子比高智商的孩子更容易成功。在孩子成长的过程中，我们首先关心的是孩子是不是在健康成长，能不能适应各种环境，会不会与人相处，有没有一个乐观的心态。

天下父母谁不对子女倾注一片爱心？谁没有过望子成龙的一片痴情？到头来能够让父母感到无限欣慰的固然不少，但事与愿违的却为数更多，这种情况古往今来不乏其例。有些家长更把孩子视为掌上明珠，把所有的爱和希望全部寄托在这个孩子身上，对孩子过分地溺爱、迁就和顺从，缺乏应有的道德教育，使孩子成为家庭中至高无上的"小太阳"。久而久之，孩子就有可能在父母"爱"的怀抱中养成自私自利，不尊敬长辈、不爱惜财物、任性、骄横和依赖等不良品性，做出有害于他人的事情，有的甚至走上了犯罪的道路。

那么，父母应该怎样把握对孩子爱的尺度呢？

①尊重孩子的人格，爱护他们善良美好的心灵。做父母的不要总以为孩子年幼无知，忽略了对孩子应有的尊重，高兴时百依百顺，生气时就横加指责。这样会使孩子无所适从，伤害孩子的自尊，从而使其养成不良的心理。

②满足正当的需要，抑制不合理的要求。对于孩子提出的意见和要求，父母要善于倾听，如果是正当的需要，就给予适当的满足，反之，就应当和蔼地拒绝，坚决抑制，千万不要因孩子的无理哭闹而迁就顺从。

③注意培养孩子良好的行为习惯和生活自理能力。我们认为，要时刻为孩子的未来着想，千万不要包办代替，应及时教孩子做一些力所能及的事。如孩子玩完玩具后让他自己收拾好；吃完饭把凳子放回原处；稍微大一点的孩子，可以教他洗自己的手帕、袜子，扫扫地等。

④家长对孩子的要求要具有一致性和连贯性。父母两人不要一个严一个宽，今天要求孩子这样做，明天又要求孩子那样做，一天一个样，各唱各的调，使孩子思维没有定规，无所适从。这样无形中削弱了父母的威信，为孩子的不良行为制造了"防空洞"。

⑤和孩子不要疏远。现在我们大部分家长为了工作或者自己的天地将孩子寄托给长辈，如果长期这样，你们和孩子心灵得不到沟通，思想得不到交流，孩子平时有些细小的错误，不能及时发现，更不能加以纠正，俗话说："冰冻三尺，非一日之寒。"

⑥爱要有度。孩子是家长的心头肉，家长爱孩子理所当然，但有时不一定全部表现出来。在学校门口经常看到有些家长开着小轿车送孩子上学，有的确实离学校很远，这情有可原，但有的离学校三四米，也开着车子送孩子上学，这难道就是我们家长对子女的爱吗？

在日本有一位大岛先生，每天上班开着漂亮的汽车，可就是不肯顺路送10岁的儿子上学，想搭一段路都不成。有一天，儿子生病背着大书包艰难地往天桥上走，忽然看见爸爸在桥下等他，大岛为儿子擦去汗水，提起书包带着儿子上桥。他对孩子说："不要怪爸爸，你现在是学生不能坐车上学，将来你长大有出息了，一定能买一辆比这更好的车……"

大岛和我们家长一样也很爱孩子，但他爱得更深层、更科学。作为父母，我们要学习这种教育方式，培养一个独立、自立、有处理能力的孩子。

⑦再富不能富孩子。现在生活水平条件好了，我们有些家长对孩子有求必应，花钱择校，请家教，买高档的衣服，名牌的鞋子，买手机……都说再穷不能穷孩子，要让孩子在师生面显得富有，生怕别人瞧不起，这样做不仅让家庭苦不堪言，对孩子成长也是弊大于利。

其实，在别人眼里孩子没有贫富之分，最怕的是孩子知识的贫富。不管怎样在孩子身上花钱要有约束，再富不能富孩子。

⑧家长言行要慎重。俗话说："其身正不令则从，其身不正虽令不从。"这也是对家长们最起码的要求。有一位家长，孩子每天回去都不想做作业，为做作业的事总也拉开嗓门，问他："当时你在干什么？"那位家长说："在看电视。"教育专家建议说："从今天开始，你到家后就看书、读报试一试看。"经过一段时间的实践，家长反应："孩子到家后，也主动拿起课本做作业。"现在父子俩每天都在一起学习。

喊破嗓子不如做出样子，榜样的力量是无穷的。家长永远是孩子的榜样和示范，给孩子树立一个良好的榜样，哪怕做一个不露痕迹的暗示，讲一个感人的故事，也许不着边际的一次问寒问暖，轻描淡写的一句鼓励，或者一个简单的爱抚动作都会荡起孩子心中的涟漪，起到无声胜有声的效果。

总之，爱孩子应该从教育目的出发，对孩子提出合理的要求，做到"严中有爱""爱中有严",正确把握住爱的尺度,这样才有利于孩子的健康成长。

2. 家长要学会用好方法爱孩子

天下没有不疼爱子女的父母,但如果把爱他们看成是给子女们提供丰厚的物质财富明显是狭隘的,这样只会使他们没有自我奋斗的意识,丧失独立创业的能力。家庭是社会的细胞,父母是孩子的第一任教师,为了子女的前途,父母们都用心良苦,而最后的结果常常不尽如人意,原因何在呢?这主要是由于他们爱孩子的方式不正确,父母缺乏明智的家庭教育所致的。

(1)爱他们,就要让他们成为一个德、智、体、美全面协调发展的人。

在教育孩子成才的同时,要教育孩子成人,要知道成人比成才更重要。在父母们看来,孩子的分数是最重要的,只要孩子学习好,就万事大吉。父母们往往忽视了诚信、义务、合作等良好品德的培养,忽略了健康人格的构建,因此就容易造就出一些智力优秀的"歪才""邪才"。

中央电视台《新闻调查》播放的《"神童"的成长》节目中,讲述一位湖南神童魏永康的成长故事。这个"神童"4岁开始读小学,三年时间完成了小学六年的课程,在8岁时,他进入中学学习,13岁开始读国家重点大学——湘潭大学,17岁就考上了中科院的硕、博连读。可是尽管他智力超群,但是各方面的机能却非常短缺,他的自理能力也特别差。上大学时,魏永康从未自己洗过衣服和袜子,陪读的母亲从来也没有要求他洗过,洗头都是母亲给他洗的。在"万般皆下品唯有读书高"的母亲眼里,只有学习才是最重要的。他的母亲经常跟他讲,这些事不会做不要紧,将来读博士毕业,当上科学家后,可以请保姆帮忙,只要专心搞他的事业就行了。在魏永康的成长过程中,由于母亲的陪读和严格的监督,他缺乏自己的空间,没有时间和同学们进行接触,所以一天天长大成人的他,却不懂得如何跟周围的人交往和交流。由于长期生活不能自理,并且知识结构不适应中国科学院高能物理所的研究模式,已经上了三年研究生的魏永康,最后被中科院退学回家了。

魏永康中止学业回家一事,在全国引起了轩然大波。对于今日的魏永康来说,完全归咎于他妈妈的教育方式,与其说是孩子的"神童"路,倒不如说是母亲的"神童"梦，成与败都是他妈妈一手造成的。魏永康的人生历程，是一幕现代版的《伤仲永》，让人深思，令人伤感。

重知识轻能力培养不可取，重智轻德同样也不行。举国震惊的马加爵事件，2000年浙江金华市学生徐力用铁头打死了生他养他的母亲，浙江教育学院周英民用裁纸刀杀害同学洪某并将同学石沉西湖等等，这些层出不穷的青少年犯罪事件一直在向人们敲着一声声的警钟。

一个人是否能成才成功，智力因素往往仅占20％，而另外起作用的80％却是人格因素。在孩子成长的问题上，父母应始终保持一颗平常心：孩子的智力可以不超常，但孩子必须身心健康。因为积极的人格因素和良好的品质是孩子从容应付一生荣辱、坎坷的保证。其实，孩子长大后，纵有满腹经书伦理，而没有实际能力也难有大的发展。现在提倡实施素质教育，就是要使受教育者的智力和体力得到充分而完善的发展，即德、智、体、美全方位的协调发展。

（2）爱他们，就要让他们经历磨难和挫折。

一个真正成才的人，应具备各种优秀的才能，如富有创造性和个性，经得起在逆境的磨炼以及程度较高的文明素质等等。对孩子的过度保护，会造成孩子心理承受能力差和欠缺健全的人格。很多家长总是千方百计为孩子遮风挡雨，以为这是对孩子最大的关心和爱护，殊不知，这样等于在孩子成长的道路上挖掘了一个温柔的陷阱，掉进陷阱里的孩子由于被剥夺了失败和挫折的机会，不会犯错误也不懂得改正错误，自然也得不到经验和教训，因而永远不会学到过硬的本领。失败和挫折是人生的学校，它能折磨人，更能考验人、教育人、锻炼人，使人学到许多终生有益的东西。

（3）爱他们，就要在他们面前树立良好的榜样。

一个人的成长过程中，家庭是他性格着色的第一个染缸，家人是他行为塑造的第一任教师，所以为人父母言传身教尤为重要。如今，有些家长自己挥霍浪费、嫖赌逍遥，却要求孩子艰苦朴素、勤俭节约；有些家长自己看不起读书人，却要自己的孩子学有所成等等。其结果往往事与愿违，主要是因为他们只注重言教，而不注重身教。

《论语》上还记载了孔子弟子曾参（即曾子）的修养原则："吾日三省吾

身"。他时常也用这个原则来教育自己的孩子。

有一天，曾参的妻子要上街。小儿子拉着她的衣襟，又哭又闹，要求跟着去。曾参的妻子被闹得没有办法，就对孩子说："你留在家里，妈妈回来杀猪给你吃！"孩子听后就乖乖地回家去了。曾参的妻子从街上回到家时，看见曾参拿着绳子在捆猪，旁边还放着雪亮的尖刀，正在准备杀猪呢。他的妻子赶忙制止他说："我刚才是和小孩子说着玩的，并不是真的要杀猪呀。"曾参说："孩子是不能欺骗的。孩子小，什么也不懂，只会学父母的样子，今天你说话不算数，就是在教孩子讲假话。再说，母亲骗了孩子，孩子觉得母亲的话不可靠，以后对他进行教育就难了。"结果，他真把家里的猪给杀了。

也许曾家的这口猪还没有养到该杀的时候，他杀了这口猪虽然是一个很大的损失，可是，换来的却是在孩子面前树立了一个诚实的形象。

孩子生下来就是一张白纸，他通过观察和模仿学会生活，而父母的一言一行对他们都有着深刻影响。父母不屈不挠、奋发向上的人生态度和人格力量为孩子树立了良好的榜样。有时，家长并不经意的一笔，往往会出现意想不到的效果——或是大写意的泼墨画，或是污染了整张白纸。为了孩子明天的灿烂，做家长的一定要小心描绘今天的一笔一画。